药企战略·运营与医药产业重构

杜臣◎著

中华工商联合出版社

图书在版编目（CIP）数据

药企战略·运营与医药产业重构/杜臣著. —北京：中华工商联合出版社，2020.1

ISBN 978-7-5158-2638-7

Ⅰ.①药… Ⅱ.①杜… Ⅲ.①制药工业－产业发展－研究－中国 Ⅳ.①F426.7

中国版本图书馆 CIP 数据核字（2019）第 274625 号

药企战略·运营与医药产业重构

作　　者： 杜　臣
责任编辑： 于建廷　效慧辉
责任审读： 郭敬梅
封面设计： 仙　境
责任印制： 迈致红
出版发行： 中华工商联合出版社有限责任公司
印　　刷： 河北宝昌佳彩印刷有限公司
版　　次： 2020 年 3 月第 1 版
印　　次： 2020 年 3 月第 1 次印刷
开　　本： 710mm×1000mm　1/16
字　　数： 260 千字
印　　张： 20.75
书　　号： ISBN 978-7-5158-2638-7
定　　价： 125.00 元

服务热线： 010－58301130
团购热线： 010－58302813
地址邮编： 北京市西城区西环广场 A 座 19－20 层，100044
http：//www.chgslcbs.cn
E-mail：cicap1202@sina.com（营销中心）
E-mail：gslzbs@sina.com（总编室）

导读

本书最关键的亮点是将对医药产业的深度认知与前瞻性的发展趋势结合起来，将高屋建瓴的战略思考与接地气的经营操作相统一。在推动医药人跨越“知”与“行”鸿沟进程中迈出决定性一步。

本书的特色有以下五个方面：

第一，这是一位企业家、资深职业经理人亲手撰写的“实践论”。作者杜臣先生是恢复高考后的首届本科生，亲身经历了中国企业从计划经济到市场经济的转型历程。杜臣先生有38年工业企业经历，25年制药企业副总裁经历，15年制药企业董事长、总裁经营管理实践经历，书中的许多案例和观点都是他思考、探索与实践的结果。

第二，本书的主要篇幅成形在最近5年。作者在经营管理中，边实践边写作，并发表在各种权威报刊、媒体上，这些内容在一定程度上反映了中国医药行业这十年的集体思考、实践和探索成果。

第三，在内容上，既将医药产业分析综合，同时又能够跳出医药看医药，横向、纵向对比，将医药产业带到一个更大的视野中去认知。

第四，将狭义的药企经营、管理与学习型组织、企业家精神、领导力、私董会等最新而且成熟的经营措施有机融合，对于推动经营者成长、脱胎换骨有很多助益。

第五，将影响经营的表象问题与药企经营深层症结相结合。不仅看到成长性、盈利能力、经营安全，还引导读者注意到现行法规的局限性，从而更加注重对企业治理层面的完善和优化。

本书按照战略思维逻辑将内容分为产业生态、战略、运营与并购、决策、人才、领导力六个方面，涵盖了转型时期药企经营的核心内容。战略一定是具体企业一定发展阶段和特殊环境下的产物，没有放之四海而皆准的战略。而运营是一定战略和战略环境下配称的结果，战略与运营是不可分割的，就像决策与执行一样。如果说中国药企过去 40 年最大的遗憾是战略缺失，还不如说是战略执行出现了问题。许多药企的战略即使不是十全十美，但是如果能够得到有效执行，那一定也是有优势地位的药企。而人才特别是具备领导力的人才，是药企经营最重要，也是最容易被忽视的领域，更是做好了耗费资源不多而做不好损失很大的领域。经营者改变企业容易、改变自己难。如果不能改变自己，其他的也改变不了。这六个部分是各有分工但是浑然一体的一个整体。

本书无疑是给企业董事长、总裁这个层面经营者读的，如果你读进去了，会感觉到作者不是在说教，而是一位老兄在敞开心扉地侃侃而谈。

对于处于企业决策层的副总裁、总监和各类首席官，本书无疑对你的成长更有助益。

对于正处于成长阶段而有志于成为职业经理人的人才，本书会让你知与识的“胃口”大开，它道出了教科书所没有的成长道路。

医药产业特质与共性竞争要素

改革开放之初，中国医药产业虽然底子薄、创新能力弱，但由于医药人勤勉、具有企业家精神加上全球化推动和不断学习、借鉴，仅仅用40年的时间就走过了发达国家上百年走过的道路：医药市场从短缺时代、低水平过剩时代快步走向创新、高质量发展时代。

即将到来的这个创新和高质量发展时代可能既不同于过往的40年，也与发达国家曾经走过的道路不同，那未来的医药产业会是什么样子？将面临什么样的挑战？未来的医药产业环境会怎样？人力资源会怎样？技术进步将给医药产业带来什么影响？中国药企如何立足于世界健康产业之林？

要厘清这些要素和内容需要对医药产业有深度认知。

一、医药产业与一般产业的共性要素

（1）总体上都遵守价值规律，虽然在价值实现过程中有百姓收支水平约束和政策干预。

（2）产业发展水平、能力受同期技术水平限制。

（3）在同一外部环境、政策中，同一产业中不同的企业发展水平受经营水平约束和影响差别很大，总体上同一环境和政策中不同的企业会有不同吸引、整合和凝聚资源的方法，所以经营效果和效率不同。

（4）从理论上说，有限责任制公司除非在章程中约定接受条件，否则是可以“长命百岁”的，但是在实际运行过程中，真正历经波折而不倒的企业很少。据权威机构于 2018 年 5 月 14 日发布的一份报告，在调查全球41 个国家中，有5 586 家公司的历史超过200 年。另一家全球调查机构公布的结果是，截至 2019 年 9 月底，全球超过 100 年历史的公司约有 2 万多家。为什么理论与实际差别这样大？套用托尔斯泰的一句名言：“幸福的家庭都是相似的，不幸的家庭各有各的不幸。”在目前乃至可以预见的未来，经营环境乃至企业内部资源动荡、复杂、快速变化、模糊，让企业长命百岁的因素越来越少，而使企业致死的因素越来越多。

当然，还可以举出更多的共性例子。

二、医药产业独特的个性化要素

（1）由于药品对人的健康和生命至关重要的特点，无论是在市场经济国家还是在非市场经济国家，药品市场从来就没有纯粹的市场化。从药品准入到产品标准乃至价格，都要受到管制。所以，药品市场受市场化与非市场化混合机制规范，其运行规律难以捉摸并充满不确定性。医药产业从来都不是也不会是完全市场行为，因为这个产业肩负着诸多无法替代的社会责任。

药品价值实现流程见图 1。

（2）药品市场产业生态涉及多个利益主体和管控方面，不像其他产品经营生态仅仅有原料供应者、生产者、经销商、消费者（或法人，或个人）。医药产业生态从准入方面看，有候选药品临床前后的多个审批阶段直至取得生产批件；从监管方面看，有药品生产质量管理规范（GMP）、药品经营质量管理规范（GSP）、药品非临床研究质量管理规范（GLP）等多个规范性标准，市场运行包括从制药企业到医药商业再

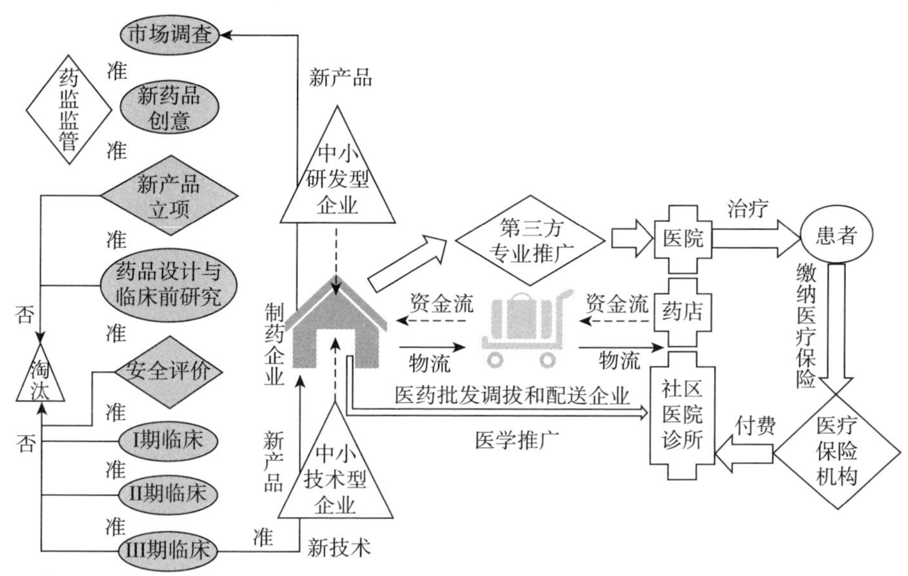

图 1 药品价值实现流程图

到医疗机构（或药店）直至患者；从支付方式方面看，有各类保险机构、医疗保险部门、政府部门。

医药产业生态见图 2。

图 2 医药产业生态图

这还不包括各类药品研发机构、临床试验业务（CRO）、合同加工外包（CMO）、专业智库、各类专业协会等。这些利益主体无疑会影响药企经营并增加复杂性。

（3）在许多产业中如果不是前三名就难以生存，而医药产业具有很多、很强的市场细分，只要在某个细分领域独占鳌头就可以获取垄断利润，就可以生存并发展。医药市场除行业标准确定的六十几种治疗领域外，每个领域又有非常多的横向和纵向细分。

（4）药品与具体治疗者的身体、情绪状态及遗传基因有关，药品的疗效乃至安全性与医生具体的处方、用药指导有关，影响因素众多而紊乱，总是存在诸多不确定性，而其他产业则要好得多。

（5）原创性的医药新技术、新产品，从立项到产品上市需要 8 ~ 12 年时间，就是 Me - Better 非原创技术也要 5 ~ 8 年时间才可以市场化，这是其他产业无法想象的长周期。

（6）药品价值实现过程不像其他产业的产品，在医院治疗患者使用药品就是实际购买者，但不是决定用药者，大部分购药款由保险公司支付，前提是患者必须购买医疗保险，而价格由医院决定，前提是医院从国家集中采购系统进药并由集采系统决定进药价格。这样就造成使用者基本无权决定用什么药，也无权决定价格和付款，而其他产品使用者就是购买者或其亲友，使用者或购买者就是付款者和定价者。药品行业用药者往往是通过缴纳医疗保险来获得治疗和用药，决定用什么药的往往不是用药者而是医生，药品价格也往往由医疗机构决定，而药品招标、集采等活动对药品价格具有重要影响。

（7）药品的价格组成中不像普通商品是“财务/会计”意义上的成本加利润和税产生，其中包含了较大比例的研发费用。在药品研发费用中，也不仅仅是这个药品从初期设计到上市投入费用的总额，往往还包括了大量的临床试验费用，特别是候选药品失败的“沉没成本”，这是一般产品无法比拟的。

药品成本组成同心圆见图 3。

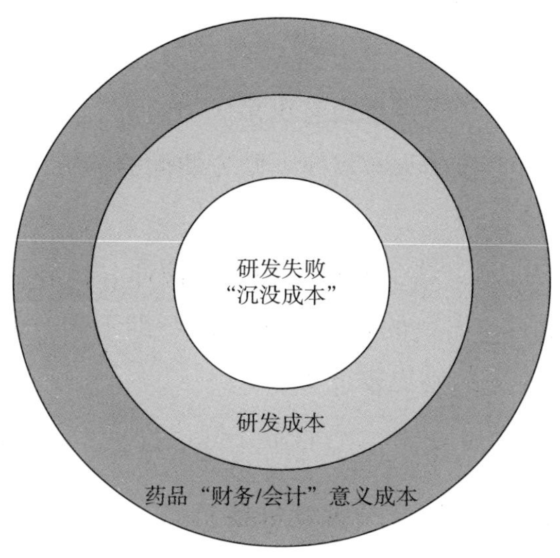

图 3 药品成本组成同心圆

药企只有对医药产业与其他产业的共性因素和个性特点有深度认知，才能够用好、用足特定环境下的各种资源，同时在医药产业特殊规律指导下发挥内部资源的最大价值和协同力。

三、医药产业关键竞争要素

抛开产业成熟程度和发展阶段来谈产业关键竞争要素是不现实的，这是笔者与一般的咨询师和顾问最大的区别。

（一）药品短缺时代关键竞争要素

（1）只要拥有更多药品文号，不论市场上有多少重复文号。药品短缺时代疾病谱中，由于贫穷和卫生状况不好造成的营养不良带来的疾病和由于传染带来的疾病占有相当大的份额，如果所拥有的药品是治疗这几类疾病的药品更好。

（2）良好的关系。包括申报产品、药监等领域，将在资源短缺情况下获得优先配置资源的机会。

（3）勤劳。勤能补拙。在产业运行机制处在初级阶段时，谁跑得快、跑得勤，谁更努力，谁就会有更多成功的机会。在这个阶段成长起来的药企，老板都有过坐火车硬座、啃方便面的经历，勤跑市场是最关键的因素。

（4）灵活的机制。这个阶段，愿景、使命、核心价值观，甚至战略和流程、制度等“虚”的东西对企业的帮助不大，善于捕捉市场机会并调整企业发展方向则比较重要。

（5）做大。规模大，才会有政策支持、名誉支持、市场地位。

（二）低水平过剩时代关键竞争要素

（1）销售手段不断翻新在这一时期非常重要，过度销售在这个阶段开始形成潮流，抗生素泛滥在这个时期最为猖狂，销售费用越来越高于研发费用甚至超过管理费用。

（2）产品方面，独家产品、独家剂型、首仿成为受青睐的竞争手段。

（3）中标、高价格药品、进入医保目录成为新竞争关键要素，这个阶段的政府事务主要是做这方面的工作。

（4）新药研发对市场的支持主要集中在中药注射剂上市，这是缔造十亿元以上销售额产品比例最高的剂型。

（三）高质量发展时代关键竞争要素

（1）规范。规范经营是底线，没有这个底线，其他的优势就难以发挥，所以规范在这个时代就是关键竞争要素。

（2）创新。竞争优势从药品短缺时代有产品可买，在低水平过剩时代的价格空间大，在医保目录，再到高质量发展时代以安全和疗效为基础的产品与技术创新。这个阶段的创新在本书付梓之际还只是药品创新阶段的初期，个别企业在尝试经营和管理模式创新，罕有药企进行技术平台和基础技术开发创新。但是，只要中国经济发展进程不被截断，基础和技术平台创新时代一定会到来，并支撑中国医药产业登上全球医药产业顶峰。

（3）战略。过往 40 年的发展实际上是要素型发展，一个好产品，或者一个优秀人才，或者一个好方法都可以诞生一家优秀药企；而在未来，将从要素竞争转向药企整体和战略竞争。战略能力将是药企赢得竞争不可或缺的关键要素。

（4）药企运营机制。截至目前，中国药企在运行机制创新方面仍处在探索阶段，还没有形成完整和系统的良性运行机制。而这种机制是企业家摆脱日常事务，将领导力资源投入更重要领域的前提。

（5）差异化。药品行业是最具差异化经营的产业之一，可以在治疗领域、给药渠道进行有效组合并深入细分，找到自己擅长的领域，避免同质化竞争。

（6）聚焦有限领域。不论企业规模有多大，与需求相比，资源总是有限的。应该聚焦有限领域发展，将发展节奏及步伐与可掌握和可控制资源相匹配。

（7）领导力。模仿西方经营的领导力，以及延续过去 40 年依靠惩罚、无所不能老板、单纯的金钱奖励提升业绩的时代已经越走越远；领导力需要适应即将到来的时代。

目录

第一章　产业生态篇

第二章　战略篇

第三章　运营与并购篇

第四章　决策篇

第五章　人才篇

第一章

产业生态篇

第一节 药企深陷“五大困局”

由于工作关系，笔者从 2017 年至 2019 年连续参加了近二十几场涉及医药产业的座谈会、论坛和企业家沙龙，座谈会一般都是由国家或地方政府有关部门组织，而论坛和沙龙基本都是由专业智库或论坛平台组织。会议内容一般都是围绕当期出台的国家产业政策，也有的是就医药产业发展面临的比较集中的问题进行交流、探讨和研究。

在与参会企业家对这些会议效果进行评估时，大家有个共同的感觉，就是这个时间段召开的会议与以往参加类似会议最大的不同在于“氛围”。能够被邀请参加会议的药企掌门人多数都是改革开放后成长起来的，经历了医药产业政策、环境和市场的“春夏秋冬”，一般都是比较乐观、有活力、充满睿智的。而这段时间的会议中，感觉到这些药企掌门人普遍比较焦虑、迷茫。

再看看 2018 年年底到 2019 年年初药企每年必开的年会，多数药企年会的氛围和主题与以往明显的不同，就是从“冲！冲！冲！”“再上新台阶”变为“转型”“活下来”“坚持”等，既包括一些“明星”药企，也包括一些在爬坡的药企，都感觉到生存的压力、困惑、迷茫和无助。

从资本市场视角看医药产业。2018 年年中是医药市值的分水岭，上半年市值一路走高，恒瑞医药、复星医药、康美药业等明星药企市值分别登上千亿元、两千亿元市值，业界还有期盼上三千亿元市值的愿望。但是年中一过，各路药企市值一路疲软，跌下千亿元圣坛的不止一家。无论是市盈率（PE）还是其他，资本都反映 2018 年上半年和下半年融资与投资都是冰火两重天，既不好融资也投不出去，直到本书定稿

（2019年年末）之际，各类资本市场中涉药股依然冷清。

药企内部的研发部门、商务拓展（BD）部门和营销部门也都感觉到几丝凉意。产业上下无不惊呼：医药产业怎么了？

冷静下来，通过对前40年医药产业发展脉络、政策、数据的梳理，将同期中国医药产业与美日欧医药产业发展相对比，经过访谈大量处于上升期、衰落期和徘徊期医药企业家，我们有一个共同的感觉，就是中国医药产业正面临“五大困局”，即低成本困局、习惯困局、方向困局、研发和创新困局、资本困局。

一、低成本困局

很多药企在药品短缺和低水平过剩时代，“低”成本仿制了若干“新”药，这些“新”药或者已经申报但如石沉大海般没有回音，或者已经进行一半，或者已经拿到产品文号但市场接受程度低；一些药企也仿制了像替尼这类肿瘤药；也有一些药企当初为了快速扩大规模收购和兼并了一些价值不高的药企；更有一些药企图便宜招收了一些“低成本”的员工，甚至骨干员工。

但是，医药新政实施以来，一个药品几十个文号的不再审批，纯粹改剂型而没有创新的仿制药不再审批，申报时属于比较新的药品在研发过程中发现为数不少的药企都在仿制这类药，形成千军万马过独木桥的情况，这实际上也是另一种“同质化”，即从药品同质化到研发同质化；花多少真金白银并购的药企在新政情况下也陷于“鸡肋”困境，对母公司价值不大而包袱却不小；至于“图便宜”招来的员工，由于习惯和年龄的原因，技能和心态都难以改善，致使药企陷入使用贡献不大、不用代价不小、培养提高成效不大的局面。

在中国经济从高速度、数量型、粗放式向中低速、质量型和精细化转型过程中，在医药产业从不规范向规范过渡，从国内新药标准向全球新药标准提升，从仿制药赚大钱向创新药才有竞争力转型过程中，上述四个方面集中爆发使为数不少的药企陷入低成本困局。进，盈利能力越来越低，资源不足以进；退，负担重，拔不出脚，迈不开腿，舍不得沉没成本。

二、习惯困局

医药产业新的生态环境、新的游戏规则需要新的思维方式和不同于以往的创新型人才。而掌门人多数都是在前40年中成长且依靠摸爬滚打实干出来的，过去的“成功”让以往的惯性思维、经营管理习惯甚至思维方式都很难在短时间内改变。掌门人无力，比如，极端的集权、随意而又频繁的变化、自觉得“无所不能”的心态、摊大饼式的发展模式、什么钱都想赚的观念。

听命式的人才在新生态环境下，一时难以有符合发展规律的主见，你想让他独立做主他一时难以适应。但是，新生态需要面对客户及时做出判断和决定，传统的人才和组织架构难以适应——人才无力和组织无力。

在前40年中，同质化竞争的仿制药只要培育成“神药”、独家、高价、新营销模式都可以赚大钱，而在国家集采和控制辅助用药的局面下，仿制药中的“神药”、高空间药的盈利空间被大大压缩，发展再投入的基础被严重削弱——资金、资源无力。

三、方向困局

许多药企知道自己的企业存在问题而且是非常大的问题，但不知道问题在哪儿，有的也知道问题在哪儿，但是病灶不对；有的药企既知道有问题也知道问题在哪儿，而且病灶指向正确，但是不知道从何处着手解决。因为切入点不对可能“鸡飞蛋打”，既没解决问题又会造成新的问题——内部迷茫。

面对左右摇摆和前后矛盾的产业政策，面对已经形成的资源和产业生态需要的资源的不匹配，许多药企感觉发展环境和趋势越来越难以理解，向哪个方向发展才是坦途呢——外部迷茫。

四、研发和创新困局

为数不少的药企实际上最近十年在研发上的投入一直在增长，但是医药新政出台后一些药企发现，许多处于研发过程之中甚至已经拿到批准文号的药品都是“沉没成本”，市场价值不大，投入与产出严重不成比例——研发陷阱。投入多不一定产出多，战略决定出路。

五、资本困局

长期以来，走向创新型药企的基本资本积累逻辑就是依靠仿制药积累资金、积累经验、积累人才，而在全国公立医院采用集中采购后，这一希望几近破灭，需要探索其他途径获取创新发展需要的资本，起码要其他形式的配合和协同。同时，随着药企盈利能力被削弱，资本方在药企发展中的主导作用进一步加强，特别是“对赌”协议越来越普遍，在满足要求资本方药企的同时，资本对药企长远和健康发展的伤害也越来越大。不用外来资本，发展进入瓶颈；引进外部资本，则揠苗助长、“冲刺”伤害发展后劲，造成药企的资本困局。

一些掌门人整天忙，也非常累，但是企业效率低下的局面没有改变，甚至还有持续恶化的趋势——忙的陷阱。忙和累，不一定有好结果，战略决定胜负。

一些方向正确、战略正确的药企也不一定有好的结果——战略陷阱。执行力和领导力制约战略落地。

现实中，一些药企陷入其中一种陷阱，一些药企陷入两种以上陷阱，也有为数不少的药企同时深陷五种陷阱。

第二节　医药产业“四大生态”重构

以2015年7月22日“临床数据自查”为标志拉开中国医药新政序幕，在医药新政启动后的短短两年多时间内就出台上百条重量级政策，涉及面之广、介入之深、配套措施之严密、对产业影响之大，实属罕见。

医药新政以来出台的全国性医药产业政策见表1－1。

表1－1　医药新政以来出台的全国性医药产业政策

类别	领域	出台政策	类别	领域	出台政策
医药	研发	临床数据自查	医保	收入	完善筹资机制
		优先审评审批			延长退休年龄
		药品上市持有人制度		支出	医保支付方式改革
		化药注册新分类标准			发展商业健康保险
		国家局当选ICH成员			医保控费
医药	生产	仿制药一致性评价	医保	体制	四个统筹
		环境保护法			六个统一
		药品工艺核查			大病保险
		飞行检查			医保全国联网
		反不正当竞争法			异地就医直接结算
	应用	限抗/限中药注射剂			医保局成立
		辅助用药目录	流通	采购	国家组织集中采购

续表

类别	领域	出台政策	类别	领域	出台政策
医疗	公立医院改革	医药分开	流通	采购	GPO
		医疗服务价格上涨			医院二次议价
		严控医疗费用			原研药价格谈判进入医保
		县级医院改革及诊疗下沉			进口抗癌药零关税
		取消加成		药价	药价市场化
		药占比			国家药价谈判
	分级诊疗	医联体			以量换价
		家庭医生		批发	营改增
		分级诊疗			两票制
		区域医疗资源共享			取消第三方物流审批
	促进社会办医	取消“两定”		零售	处方药外流
		社会办医纳入医疗定点范围			鼓励连锁
		医生多点执业			医院不得托管药房

竞争、产业发展、医药新政、国际化和移动互联网及大数据五大主流因素的共同作用，使中国医药产业发展生态正在进行“四大重构”。

一、生存要素发生颠覆性变化

（一）人脉

在已经过去的40年中，不仅从银行贷款需要找人，申报产品（药品注册）需要找人，甚至想通过GMP认证、提高药品价格、招投标等一系列事情都必须找人，否则就会“吃亏”，如你的产品价格很难提高，你的产品注册不是石沉大海就是需要反复提交莫名其妙的材料。在已经到来的时间里，上述现象一时还很难完全避免，但人脉的作用将会大大降低并存在非常高的法律风险，监管、审批部门的依法行政将会越来越规范。

四年来，国家有关部门制定和发布了大量政策文件规范医药产业政商行为，内容覆盖医药、医保、医疗、医药商业，从国家层面医改纲领性文件到具体操作流程、办法、制度基本实现逻辑的闭环。

那些仅仅发育出“关系”“人脉”功能，而战略能力、创新能力和运营能力发育不全的药企，未来的日子不仅面临着急切的“补课”，日子也比较难熬。

（二）边缘策略

就现实而言，讲规范性，做得比较好的是在华的外资药企，其次是国有药企，民营药企也有非常规范的，但是不规范、走法律边缘政策的药企多数集中在民营药企里面。一方面，违规管理、违规经营、违规操作；另一方面，依靠“人脉”去摆平。在医药新政出台后，这样一条横行近 40 年的“潜规律”正在被打破。从给医生的“兑费”、商业贿赂到 GMP、GSP 等认证，不规范风险非常大，规范不是药企的能力而是底线。

（三）研发成本低

在过去 40 年中，没有研发部门或者说虽有研发部门但没有项目、没有预算支持的药企估计占全部药企的一半以上，而且这些药企活得还挺滋润，依靠粗放型经营、同质化，普通药照样赚大钱。没有研发成本或者说研发成本低的药企的净利润率基本在 8% ~20% 。可以说，这些药企赚的钱基本是从牺牲未来、不做研发“省”下的。

但是，在医药新政以后，“滋润”的药企慌了，因为没有积累，没有超前的投入，眼看着正大天晴、恒瑞医药等药企每年都有新药落地，眼看着其市值攀登千亿元线、两千亿元线。

做创新药是这样，是不是做普药就不需要技术进步和研发呢？不是的。看看全球仿制药巨头 Teva、Mylan、Actavis 和 Sandoz，这些药企每年的研发和技术创新费用占销售收入的比重目前还高于中国创新药和仿制药企业平均费用比例。仿制药不创新也没有出路。

（四）培育“神药”

目前，国家正在推行的辅助用药目录等四个药品目录针对的就是“神药”这个“病灶”。虽然目前国家对“辅助用药”概念还缺乏明确的界定，对以量确定的规则存在诸多异议，但是“神药”缺乏应有的疗效支持，而且占用了大量的医保费用，对于这两点不纠正是不行的。

为了培育“神药”，为数不少的药企使用了所有合法和非法办法去实现，包括提高药品价格、增加对医生的金钱激励比例、“人脉”进医保，塑造“独家”药品不行就“培育”独家剂型甚至独家规格，手段层出不穷。虽然所费资源不薄，但“神药”的疗效、安全性没有根本性提高。

未来，“神药”难有生存空间，这个曾经的发展“法宝”不灵了。

（五）规模

以规模取胜是过去40年药企发展的主流趋势。牺牲利润、牺牲技术进步、牺牲新药研发、牺牲人才激励去扩大规模，这是目前药企处于尴尬处境的主要原因。因为有规模，就会取得地方政府的赏识，就会有政策支持，就会有税收支持。

但是，丢掉利润，丢掉技术进步，丢掉新药品，丢掉对人才的激励后果也是显著的，规则重塑使原来起非常大作用的“规模”不再给你带来荣誉、人脉、政策支持、税收支持、话语权，而是成为你发展的泥潭、陷阱。

（六）一招灵

在过去40年中，另一条生存规则就是基础和创新能力不强的药企，只要取得了一个优势，就可以实现突破。

未来，战略方向如果错误，跑得越快死得越惨，越忙会越乱；整体能力决定发展质量，“一招”不再灵了。运营能力不足会影响营销能力的发挥，战略不明会使研发沉没成本提高，人力资源发展能力不行会使“能人”成为风险因素，等等。

二、产业结构发生颠覆性变化

医药新政启动以来，若干政策推动产业结构正在发生颠覆性变化：

（1）没有明确的指令，但是实际上“原研药”已经寿终正寝。这种过专利期的药品由于其执行全球性标准并有规范的生产质量管理体系，在中国长期享受准专利药品待遇，这种药品在未来将从产业皇冠层跌落到主流层，与通过仿制药一致性评价药品享受同等待遇。

医改新政前后药品市场结构金字塔见图 1－1。

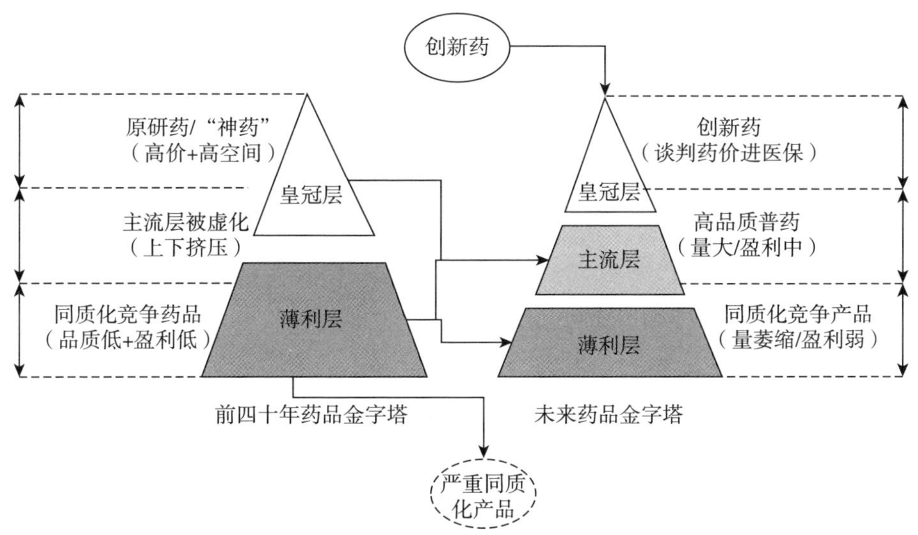

图 1－1　医改新政前后药品市场结构金字塔

（2）那些疗效难以确定、安全性难以把握、价格偏高的“神药”将分化。能够通过技术进步和研发证明其疗效并保证安全性的“神药”将从皇冠层跌落，在主流层找到自己的位置；那些无法证明疗效而且安全性没有革命性措施保证的将直接跌落到薄利层。

（3）创新药一直受到“重视”，但短时间内难以进入医保。对于花费巨资、煎熬十几年获得的“重磅炸弹”，如果没有全球市场支撑，没有医保准入，这些煎熬和花费很难在短时间内回收，所以资本方手握巨额资金也不愿意对此进行投资，这也是中国长期以来创新药少的最大症结。医药新政以来，创新药可以通过谈判进入医保，从而给医药创新留出发展空间，所以其能够登上产业结构的皇冠层并独享一定时期最丰厚的回报。

（4）过去处于底层的同质化竞争产品，如果能够通过仿制药一致性评价以证明其疗效和安全性，有望进入主流层，享受更广阔的市场并在市场准入上简化手续，降低进入成本。

（5）疗效不明确、安全性无法保障，而且同质化严重的普药，保留成本很高，将在未来丧失市场地位。

三、国际化规则颠覆：从产品层面国际化到制度层面国际化

产品层面的国际化在过去的40年中一直在进行，从产品出口到技术出口，从跨国医药巨头进入中国到中国药企在境外并购药企，中国早已成为化学原料药全球第一大出口国和生产国。近年来，合作研发、出售新产品境外许可证也偶有发生。

从医药新政启动以来，GMP和GSP更多地采用欧盟和美国食品药品监督管理局（FDA）标准，新药从中国国内新药标准到全球新药标准实现历史性跨越，承认境外临床数据，加入人用药品注册技术要求国际协调会议（ICH），所有这些都预示着一个趋势，那就是中国医药产业即将从操作层面的国际化向制度层面的国际化发展，并将带动更多环节和领域的规范化。

四、死亡规则颠覆：从盈利多少到生死存亡

由于上述三个方面（生存要素发生颠覆性变化、产业结构发生颠覆性变化、国际化规则颠覆）的颠覆性变化，造成药企未来的命运也将发生变化。

过去是赚多赚少、发展快慢、规模大小的问题，而未来则是生死存

亡的问题。

过去一些药企想死死不了，不是它的生命力有多旺盛，而是地方政府舍不得它贡献的国内生产总值（GDP），是银行怕形成死账，是地方政府怕造成药企员工失业无法承担，是市场规则混乱滋养了僵而不死的药企。

而未来，本土化将让位于全球通行的规则，政府和业主越来越能够接受企业的“生老病死”这样的合理规则，没有死就难以有新生。

中国改革开放再出发，就是要打破落后、自以为是的规则，就是要执行全球通行的标准、全球通行的规则，这也是中国医药产业整体发展的需要。

“四大生态重构”造成部分药企的“五大困局”对中国医药整体并不是坏事，是重生的开始，是超越的开始。

环境、竞争和生态的重构，需要掌门人和药企各级经理人适应“时”和“势”的变化，增强“难”和“忧”的意识，把握“稳”的要义，强化“进”的措施。

第三节　中国医药产业未来的挑战与机遇

从 2015 年新一轮医改推动以来的医药产业发展进程呈现出来的迹象和趋势分析，医药产业生态已经发生根本性变化。

一、医药产业未来的挑战

（一）低增速、低药价和高成本的挑战

从 2010 年起，医药产业年增速从 20% 左右高空逐步回落，2015 年

已经降到 9.2%，2018 年虽有小幅提升，考虑到“两票制”带来的“高开”因素，在未来五至十年中，还有继续回落的空间和可能。

受人口老龄化、疾病谱变化等因素的影响，医疗费用增速加快，如果不能有效降低药品价格或剔除“神药”对医保的无效占用，医疗保险存量和增量都将难以承受。

在药企，新版 GMP 带来基础设施投入增高、制药装备价格上升、人力资源成本升高、研发风险及费用增高、环保成本上升、能源费用上升、土地价格上升等因素，都将推动药品成本刚性提高。中国药企研发费用占营业收入的比重在 2% 左右，而跨国医药巨头的投入都在 8% 以上，有的企业高达 20%。长此下去，中国医药产业与世界先进水平的差距会越来越大。

由此形成低增速、低药价和高成本挑战，急需中国药企提高运营效率并探索高附加值之路。

（二）新药研发市场区域性束缚的挑战

随着国家医药产业政策特别是新药报批政策的调整和规范，高研发成本、高淘汰率、长研发周期是药品研发环节的必然趋势，在可预见的将来，中外药品研发成本将会日益趋同。但在制剂方面，中国医药产业在境外的市场占有率与我们 GDP 和人口所占的比例严重不协调，市场占有率低的结果就是我们高昂的研发费用无法在全球市场分摊，在药价和成本双重压力下的研发困境可想而知。

（三）新药、新技术与新装备“三叠加”的挑战

很多人认为“中国医药产业缺乏的是新药”，实际上这只是表象，中国医药产业真正的问题在于制药技术落后而且研发重点都放在产品上，致使后劲不足，缺乏原创技术。同时，中国制药产业的技术装备也难以跟上产业发展的步伐，很少有根据技术量身定做的技术装备。如此现状，即使有好的技术和新产品工艺，也难以制造出好的产品。要想解

决中国医药产业技术升级转型问题，必须同时在新技术、新药和新装备方面进行投入，这种三重叠加的研发和创新压力，对中国医药产业整体挑战非常巨大。

（四）自身能力不足无法应对现实高要求的挑战

国家推动绿色发展理念，而中国制药产业特别是原料药产业废水、废渣、废气、噪声污染非常严重。原因可能有很多，但背后的症结则是环境保护技术研发不足、环保约束不力、环保技术装备落后，与国家、时代和百姓对制药产业环保要求的差距越来越大。

在制造技术上，百姓对医药要求的本质其实并不是完全高大上的新技术和新产品，而是质量过硬、安全和有确切疗效的药品。在这一点上，制药企业的现状尤其不能令人满意，里面包含复杂而又系统的原因，包括制药工艺水平不高、制药装备技术水平低、质量标准低、操作人员专业技能低，更在于整体管理水平不高。

在组织规模上，即使在目前移动互联技术蓬勃发展的情况下，规模经济依然是比较普遍的经济规律之一，企业可以集中资源获得技术更先进、更有效率的经营要素，可以在更广阔的层面分担成本。但是，我们的组织能力、制度能力和流程能力，以及科学决策能力还停留在简单业务阶段，所以小企业病和大企业病同时存在，先进的组织形式和经营要素在中国医药产业尚难以发挥良好作用。

（五）多元化吸引与自身专业能力不足的挑战

中国医药产业目前正经受低增长压力、快速成长愿望、规模经济攀比和其他产业机会吸引这样四重奏，为数不少的企业正在走向多元化方向，越来越多的企业将资源投向所谓的大健康产业。笔者并不是完全反对多元化，而是建议医药产业在走多元化道路时要慎重。

（1）是否走多元化道路受资源有限性的约束。所有的企业包括先进巨无霸企业，资源与需求相比，永远都是短缺的，不要被自己的规模、暂时的成功和虚荣心所蒙蔽。

（2）专业能力的约束。许多走多元化失败的企业都不是由于市场的停滞，而是由于自身专业能力不足。

（3）内部机制能否涌现出与实际控制人一样责任心的人才，这才是真正的挑战。

我们看到许多曾经走多元化和相关多元化的世界级医药跨国巨头纷纷将其非医药主业进行剥离，有的企业甚至在其医药主业中继续聚焦，而将处于竞争第二、第三、第四位的业务剥离，但中国药企却在走相反的道路。要坚持差异化和聚焦原则，慎重选择多元化道路，否则这种多元化将不是盛宴而是陷阱。

二、把握外部市场和内部经营中的机会

（一）寻求未被满足和新产生的市场需求

展开中国百姓群体最新疾病谱和有效医疗谱，可以看到中国最近40年新药研发追求的目标多数是大市场、多发病和常见病市场，这类市场目前是低水平同质化激烈竞争与高质量药严重缺乏同时并存的市场。而在狭小、发病率不高、不常见病、疑难症市场，也就是所谓“罕见病”和“孤儿药”市场，几乎就是处女地。随着国家政策的调整，解决了环保和成本困难的原料药具有非常好的市场机会，老药新适应证开发、中成药开发、中西复方药开发、生物药开发、用生物技术改造传统制药产业、药食同源中药保健品和疾病预防品的开发，均具有非常大的机会和广阔的市场。

（二）兼并、重组和整合

过去十几年时间，医药产业内的兼并、重组和整合多数都是按规模原因进行的，这造成目前企业集中度虽有提高，但大而不强、大而散，

所以规模经济规律无法发挥作用。简单的算术相加对企业自身和整个产业健康发展价值不大，在未来的十年中，我们会看到粗放兼并、重组和整合的负面效果。未来医药产业兼并、重组和整合的市场机会将会围绕企业价值做强而展开，所以差异化定位、互补性并购和专业化重组将成为主流，而且母公司将会更注重重组后企业整体的整合效果和价值。

（三）重视差异化的战略经营

一提到战略，许多人会联想到虚无缥缈的东西，况且目前环境和资源都在快速变化，不确定性空前严重，所以对战略不是束之高阁就是嗤之以鼻。实际上，越是在环境和资源快速变化的时代，不确定性越严重的时候，发展战略越重要。不同的企业会有不同的战略，但差异化战略应该是不同企业共同的选择。中国医药产业 40 年发展历程中之所以出现诸多困难，实际原因和症结都与同质化越来越严重有直接关系。

所谓差异化，就是为企业和产品、市场和目标客户寻求一个独特的定位，然后以不同于竞争对手的方式去经营。同时，在品牌、技术等方面与战略相匹配。同样的普药，为何同仁堂的卖得好？同仁堂抓住了“传统工艺”和“地道药材”两个关键，从而从一般的普药混战中脱颖而出。所谓差异化战略，不仅仅是指产品的差异化，实际上，在企业经营的方方面面都可以找到创新和差异化的突破点，然后持之以恒，将运营与战略相匹配。

（四）盘活存量资源，提高运营效果和效率

1. 盘活产品资源

中国多数药企特别是有历史的药企都存在大量“休眠产品”群。这些产品或者由于同质化严重，或者由于成本居高不下，或者由于工艺没有打通等原因而休眠。目前，国家有关部门正力促这部分药品选

择新的命运，未来医药市场普药文号会急剧减少，但普药仍将是主流产品，那些差异化做得好、产品制造水平高的普药仍有机会服务于百姓。

应对这些产品进行战略评估，根据现行政策及发展趋势决定产品前途，对有市场潜力的产品实行一品一策，通过打通和改进工艺、提升标准、进行差异化定位创造上市条件；根据具体产品市场情况和自身特点对产品重新定位，采用聚焦策略。对于同质化严重、无法差异化的产品文号及早舍弃或剥离。

2. 盘活人力资源

有相当数量的药企同时存在两个相互矛盾的难题：一方面是企业掌舵人感觉人才缺乏、无人可用、人力资源成本太高；另一方面则是员工特别是经理人怨声载道，积极性和创造性远没有发挥出来，员工流动性大。如果员工的积极性和创造性没有被充分发挥出来，再好的资金资源、产品资源、技术资源都难以创造市场价值。未来国内医药产业人力资源状况还将持续变化，经理人心浮气躁、频繁跳槽现象还会持续一段时间，人力资源成本将继续攀升，人力资源的流动性仍会持续。

究其原因，一些药企决策者在对待人力资源方面的认识显然还与企业实际需要存在巨大差距，没有将人力资源管理作为一门对企业盛衰成败起决定性作用的科学来对待。人力资源出现问题时饮鸩止渴，没有问题时束之高阁；想起来人力资源是战略，想不起来就是事务。

解决的途径除了重视人力资源外，更重要的是对人力资源进行科学管理，制定可以落地的人力资源战略和策略，将人才培养和使用结合起来，将使用人力资源智慧、才能与获得员工的心统一起来。对关键人才和高级管理人员，企业决策者要改进与这些人才的交流、沟通方式，用信任凝聚力量。

提升经营水平，提高运营效率。这几年，笔者有机会参观考察国内多家制药企业，几乎都是位居国内医药工业年度百强榜前五十位的企业，在为这些企业突飞猛进发展和漂亮的硬件赞叹的同时，也深刻感觉到这些企业光鲜外表下面隐藏着诸多弊端，有的企业还特别严重，轻者影响优势发挥，重者可能会毁掉企业几十年创造的价值。这些弊端包括内部机构混乱、权责不清、战略不明、定位不准、员工心散、智慧无法凝聚、运营效率低下、浪费严重、人才外流。如果企业能够对上述项目进行专业化盘点，有针对性地去解决，每一项都将提升企业的竞争优势，化解风险。

（五）踏踏实实创新，而不是穿新鞋走老路

1. 产品创新

一提到产品创新，就想到几亿元人民币、十年开发周期的煎熬，这是全新产品必需的过程，付出多、失败多，所以成功后回报也丰厚，这就是跨国医药巨头极力追求新产品的核心原因。同时，开发非新药的新适应证，改进给药渠道，改进有效成分释放方式，改进工艺，降低消耗，用环保工艺和安全工艺替换落后工艺，给产品以新的定位，这些都是产品创新的重要命题。

2. 技术创新

长时间以来，中国药企一讲到研发首先想到的就是产品研发，在资源的实际投入方面，对技术的研发也远远小于产品研发。而一个企业甚至国家层面，如果长期没有技术创新，在产品研发方面投入再多都难以有实质性的突破。如果一家企业想持之以恒地生存和发展，技术创新研发是不可或缺的一环，包括化学药的合成、纯化和结晶技术、有效成分释放技术、制剂技术，中成药的提取、纯化技术，用生物技术改造传统化学药和中药产业，等等。

3. 技术装备创新

产品和技术创新需要技术装备的支持，在中国医药产业目前情况下，制药装备企业与制药企业分离多、合作少，制药企业的实际需求无

法得到满足，制药装备企业又觉得没有创新源头和动力。要从根本上解决这些问题，国家政策要支持，技术装备企业要有动力源头，制药企业要参与其中，用最新、最成熟的技术武装制药产业，实现智能制造目标。

4. 经营和管理方式创新

首先是不故步自封，不被传统习惯所束缚，根据市场竞争实际需要采取恰当的经营和管理措施，实践是最好的创新土壤，根植于实践和现实的土壤去创新就永远不会落后和掉队。在经营和管理方式创新方面，机会多多，但是药企受制于眼界和习惯思维，迈不开创新步伐。

5. 尝试合作

药企三十几年的发展，最大的遗憾就是互相之间合作少，单打独斗多，所以难以成就大事。以契约和信任为纽带，各个企业之间完全可以在产品研发、市场拓展、产品生产等领域发挥各自所长，共享发展成果。合作的另一层意义就是各自进行差异化定位，各自走专业化道路，避免造成小而全、大而全的同质化竞争。

中国医药产业正走在通往未来的十字路口，何去何从，需要产业政策制定者、药企和全社会共同思考和努力。

第四节　转型期药企发展的三大主流趋势

从 2015 年 7 月研发数据自查开始的医改新政以前所未有的力量推动医药产业转型，透过眼花缭乱的产业变革和变幻莫测的环境，我们可以看到医药产业在可以预见的未来主要呈现以下三大主流趋势。

一、数字化转型

这种转型将涵盖制药产业几乎所有领域和环节。新 IT 技术特别是网络技术、大数据技术、移动互联、智能制造，以及虚拟现实/增强现实（VR/AR）技术，将改变药品产品线的选择方式、研发方式、技术进步方式、生产方式、营销方式、品牌推广方式及与客户甚至患者的沟通方式，是千百年来一直期望而无法实现的个性化、精准化、协同化经营。在新 IT 技术下均可以实现并在逐步超出人们当下的想象力，具有无限的可能性，值得挖掘。过去药企的 IT 部门是服务和支持部门，在未来将会成为战略主导部门，通用软件一统天下的时代将一去不复返，而个性化和通用化软件的结合将是必然趋势。

二、技术进步

过去，一谈技术进步就意味着新产品、新技术。实际上，一家药企要想创造差异化和持续的竞争优势，既要在高大上的新产品、新技术方面去创新，又不能忘记每位员工的岗位微创新，而且这可能是最现实和具有巨大潜力的资源。同时，要看到我们过去从国家的“368”计划到各个药企的技术进步战略，都注重应用创新而将原创留给未来，40 年过去了，中国必须调整技术进步策略，要有计划、有步骤地拓展原创空间，不能总走捷径。另外，由于当前国家之间的竞争和对知识产权的保护，走捷径的局限性越来越大，风险越来越高。当然，各家药企要量力而行，有资源、有条件、有成为国际先进药企希望的要早走一步，而条件不具备的要在应用创新和仿制方面继续努力并积极创造条件进行更深入的创新。

随着产业集中度的上升，以及大型药企内部整合的完成，将会有越来越多的药企能够进行全产业链创新并形成集约优势。

三、领导力转型

中国药企领导力的核心是掌门人深度认知自己并战胜自己，在可以预见的未来主要还是提升觉察力、倾听力和行动力。在中国从计划经济走向市场经济的过程中，涌现出众多勤奋、有商业洞察力和拼搏精神的医药企业家。这些企业家适应了那个时期客户、企业规模、经理人和员工的特性，开会基本是一言堂，与下属交心基本是靠骂，业绩基本靠压，对下属不是下命令就是给答案。

在中国进入新时代背景下，客户在变化、政策在变化、环境在变化、经理人在变化、员工在变化，许多过去成功的经营和管理方式已经不再适用，而对于新的方法，这批管理者多数还没有掌握或适应。

未来的药企领导者需要改进自己的倾听能力，在第三个层面实现倾听的有效性。在人际关系领域，倾听被划分成三个层次：第一个层次，听者理解了信息内容和事实；第二个层次，听者理解了讲话者的方式和情感；第三个层次，听者理解了讲话者的意图和原因。

未来的药企领导者需要提升以下两方面的能力：

（一）提升觉察力

觉察力是领导者经营企业必不可少的一种思维优势和能力。“凡事预则立，不预则废”，这个“预”，就是指觉察力、预见性。正确地把握事物，必须“预”，得准备，得觉察，得从周围大量的信息中挖掘出于己有利的、防备有害的。要能够辨别和提炼出有用的信息，找出事物的发展规律，敏锐体察到事物的动向，及时地关注并且善于发现其中的“机关”，从而解开“密码”。

（1）要觉察自己。有自知之明，知道自己的决策和措施会为企业带来什么结果和影响。

（2）要觉察下属。如果连一个完整汇报都听不完，就不用说觉察了。

（3）觉察自己的企业。处于什么状态，有什么机会，有什么风险，这些都是适时需要反思和关注的。

（4）要觉察环境和政策。

（二）提升行动力

许多药企领导者并不是没有感觉到机会、风险，而是缺乏行动力，在等待和拖延中丧失机会。

药企不论未来环境和资源如何变化，只要抓住这三大主流趋势并主动变革，就会争取主动。

驱动上述三大主流趋势的因素非常多，一些因素是显性的，一些是隐性的，可以归纳出以下九个关键因素。

第一，加入 ICH。当地时间 2018 年 6 月 7 日下午 1 点 30 分，在日本神户举行的国际人用药品注册技术协调会（ICH）2018 年第一次大会上，中国国家药品监督管理局当选为 ICH 管理委员会成员。ICH 是被全球主流国家认同的全球药品标准和技术协调机构。虽然中国从加入到完全融入这个组织还需要时间，特别是市场的反应还需要更长的时间，但加入 ICH 和 No3.0 版开放的叠加作用将对中国药品市场产生深远影响。其中，No1.0 指始于 1978 年的自主开放，No2.0 指始于中国加入 WTO 这一轮开放，No3.0 则指本轮自主与环境逼迫叠加的开放。这一趋势可以从 1997 年日本加入 ICH 后药品市场及竞争情况得到借鉴。

第二，推行 MAH。中国药品上市许可持有人制度已经从试点到全面推行，虽然短期还没有看到明显的效果，这与配套措施是否健全、产业调整涉及大量资产退出和转型等环节有关，但对制药产业的影响将是战略性和历史性的。MAH 和其他政策在催生未来中国医药产业集中度提升的同时，分工也将进一步深化，专业化的研发、专业化的药品制造、专业化的营销、专业化的第三方检测及专业化的物流机构将通过合同和网络实现价值最大化。

第三，新药重新定义和审批政策向创新药倾斜。越来越多的同质化竞争产品将边缘化，近四年来，药品审批数量急剧下降与创新药快速上升和审批时间大大缩短的事实再一次证明中国药品市场及竞争方式在发生重大变化。

第四，各种因素的综合作用使药品市场竞争方式从过去在终端环节大量投放广告，甚至夸大疗效、低价竞争、同质化仿制、商业贿赂促销、单纯的销售竞争向重疗效、重综合成本、重技术含量、重品牌、重战略及整体竞争转型。

第五，药品采购、制造和流通环节更加规范和严格监管。

第六，员工特别是经理人的心态、地位和支撑策略都在发生变化。过去，员工大多注重稳定、薪酬、当期收益、忍耐性强；而在未来的队伍中，员工的参与意愿、自主决策意愿、被尊重意愿及获得长远收益的意愿会增强，忍耐性会下降，药企要重新梳理自己的人力资源战略，适应员工队伍的变化。

第七，新 IT 技术特别是网络技术、大数据技术和移动互联的兴起，并对医药产业各个环节的深度渗透，将深刻影响医药产业竞争、战略和未来。

第八，医药对外开放进入 3.0 阶段，就是标准、制度与国际主流市场接轨、同步阶段。

第九，药品审批向创新药倾斜，对没有新价值的纯仿制药是沉重打击。

医药产业三大主流趋势和九大影响因素图见图 1－2。

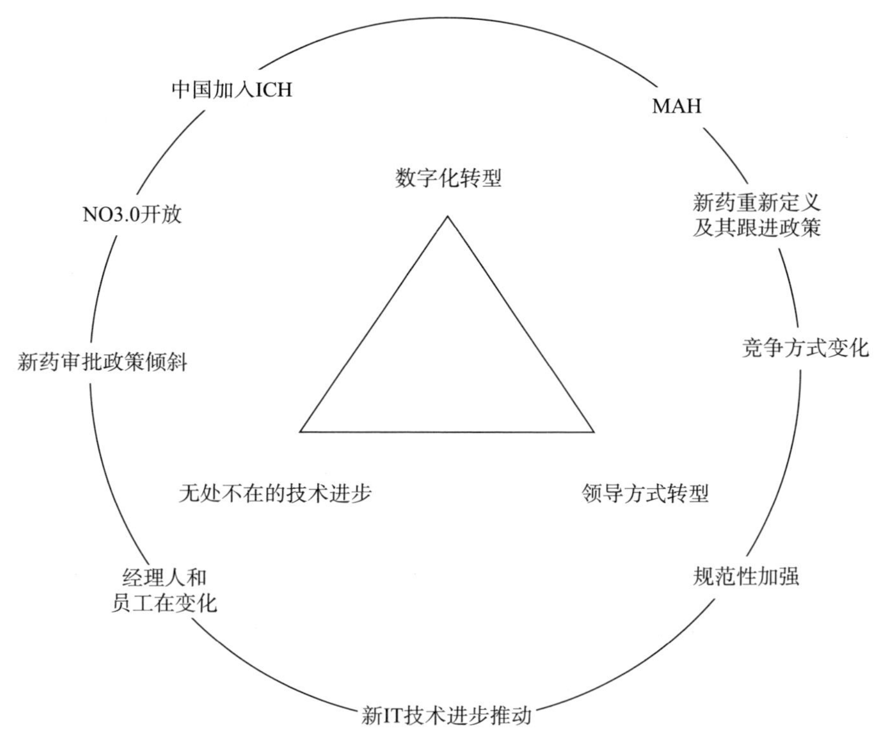

图 1-2 医药产业三大主流趋势和九大影响因素图

第五节 中国制药产业在分化中成熟、发展

由于产业政策、产业竞争特别是经济大势，中国制药产业正在分化成以下三个层面：

第一个层面的药企为未来而战。它们没有将主要资源和精力放在当下，与目前的竞争对手厮杀，而是将目标放在未来二十年能够成为世界级制药企业并为此而布局，这些药企已经完成原始积累和市场化转型，并找到了制药产业在市场化环境中的生存和发展模式。

第二个层面的药企仍在为规模而战。这些药企不遗余力地扩大规模，或者首仿，或者兼并，甚至多元化，在“百强”外的要进入“百强”，在“百强”内的要进入前十强，断杀不可谓不火热，竞争不可谓不激烈。

第三个层面的药企正在为生存而战。这些药企或者还没有过2010版GMP，有的药企虽然过了2010版GMP，但是还在为是否进行仿制药一致性评价、怎么过仿制药一致性评价而发愁。用“步履维艰”来形容处于这个层面的药企比较恰当。处在这一层面的制药企业，不仅是进难，而且是退也难。因为处于这个层面的制药企业众多，是否退出？退出的代价能否承担得起？如何退出？对这些药企来说都是难题。

如果说还有一个层面的企业，那就是跨界进入的小型创新型企业，这些企业依靠新网络技术、移动医疗技术和个性化诊疗技术等切入医药市场，前景如何还需要在实践中判断。

实际上，决定制药产业分化的因素早已蕴藏在产业发展过程中。

目前，处于医药工业百强榜内的企业大多数都是于1986年以后或从国有企业转制，或白手起家。在这30多年中，制药产业在国家经济快速发展的大潮中匆匆前行，医药产业规模与国家GDP一样都成为仅次于美国的第二大市场。不仅如此，在需求迅速扩大的同时，仿制药获得巨大发展，污染企业与清洁企业同时在市场竞争，技术水平高的产品与技术水平低的产品同台竞争。通过商业贿赂、不规范竞争和数据造假，一些企业不仅生存了下来，还积累了巨额财富，有些企业已经将这些财富重新投入企业发展。三十多年来，医药市场鱼龙混杂，有时规范企业竞争不过不规范企业，产生劣币驱除良币的结果，规范企业与不规范企业共享经济快速发展的成果。

时间进入2015年，国家经济进入新常态，GDP增幅回落在7%左右，制药产业增幅也从20%多下降到9%左右，产业分化开始显现，经营管理精益化好一些的与差一些的制药企业感觉到不同的前景。有远见的制药企业，已经在早期对产业进行技术、研发、品牌、精益生产、市场布局，并与其他企业逐步拉开了距离。2015 年 1 月 1 日《中华人民共和国环境保护法》（以下简称《环境保护法》）开始执行，制药企业特别是原料药企业以忽视环保取得的低成本时代已经成为过去。以此为开端，“环境保护法”“药品上市许可持有人制度”“两票制”“医保控费”“营改增”五项措施陆续落地。这些政策从成本、产业数据、研发、规范销售、破除药品文号与制药企业捆绑制度和降低药品价格等多个方面改变了制药产业走向，加速了产业从混沌向分化的转型。

同时，国家出台的《2025 中国制造》《医药产业“十三五”规划》和近期出台的“两化融合”企业清单都清晰地指向制药产业的未来。应该说，目标已经明确，产业竞争态势逐步清晰，关键看制药企业如何抉择。

目前优势企业之所以走得比较好，主要原因就是在 10 年前甚至 15 年前就开始布局，有些企业十五年前销售收入只有一亿多元，但在研发方面的投资与其利润额差不多，说明其股东并不想将投资企业吃干榨净，这体现了这些制药企业决策层的远见和卓识。一些我们今天看似非常风光的制药企业几乎都是在 10 年前甚至更早就开始布局，所以才有今天的成果。同样，为了企业的未来，这些企业又在为未来 20 年布局。过去制药业内人士常讲一个新产品要 10 年 10 亿美元的代价，而今我们可以看到，每个新药从创意到成功上市最少要 10 年，投入要增加 50% 即 15 亿美元，这就是全球制药产业的现实。

这里所讲的优势企业与半官方发布的医药工业年度百强榜没有必然的联系，因为这些企业实际上还仅仅是“百大”，要想成为“百强”还需要付出艰辛、历经痛苦乃至拥有非凡的智慧。用我们已经认识到的产业发展规律来衡量今天的百强企业，未来 20 年仍然在百强榜内的企业不会超过一半甚至不会超过 30% 。

哪些企业能够在未来的环境中生存、发展？

能够解决目前药学没有解决病症填补药品市场空白的制药企业，这类企业研发能力极强，愿意持续投入并不怕失败，不断有新药上市，最终修成正果。

经营和管理精细化能力强的企业，这些企业不一定总是有新药诞生，但是能够将普药做到与原研药一个水平甚至能够超过原研药的水平，具有规模优势，其市场定位适合发展中国家的收入水平。

创新能力极强，适应市场能力强，能够采用最新技术武装制药产业并为上述两种企业服务，在上述两种企业空白处生存的小企业，能够在未来的环境中生存、发展。

在上述三种企业中存在的共性是走聚焦道路，能够集中资源做强主业，国际化能力强。那些追求规模而走多元化道路的企业，那些热衷于在大健康产业中的多元化企业，那些没有能力进军国际市场的企业，注定是要在风雨飘摇中生存的。

原因很简单，在有限资源与无限成本的博弈中，那些选择集中和聚焦的制药企业将更有希望立足。在药品专利期有限而研发周期越来越长的背景下，一个重磅新药如果不能在全球市场上分担研发成本，那是灾难而不是成功。

决定企业分化的因素是决策者的远见、及早布局、战略选择、创新能力和内部精细化管理水平。

对目前的优势企业也不是一点风险没有，隐藏在优势企业背后的最大风险是决策者如何完成交接班，如何让后来的决策者也能够具有这些远见和卓识。那些已经完成决策机制的企业要好些。

这样的分化对中国制药产业整体并不是一件坏事，分化的结果是提升和淘汰，产业内企业数量会减少但竞争能力会更强。对四千多家制药企业来说，何去何从在于选择，如果你在十年前忘记了选择，那么今天不要错过，要及早行动。

第六节 “两只蝴蝶”加速医药产业洗牌进程

20世纪70年代，美国气象学家洛伦兹在解释空气系统理论时说，亚马孙雨林一只蝴蝶翅膀偶尔振动，也许两周后就会引起美国得克萨斯州的一场龙卷风。后来，人们就将这种初始条件下微小的变化能带动整个系统的长期的巨大的连锁反应的现象称为“蝴蝶效应”。

上述故事讲的是自然界以小引大连锁反应的现象，在人类社会特别是经济生活中，同样具有“蝴蝶效应”。

中国医药作为一个产业来发展是改革开放以后的事情。20世纪80年代末90年代初的市场化进程造就了今天医药产业的规模、市场格局，成绩就是群雄并起、快速发展，用短短30多年时间就以极低的成本解决了百年来百姓药品供应不足的问题。缺点就是结构性过剩与不足同时存在，产业大而不强、分散，资源投入产出效率低下，技术、药品创新不足，对环境损坏过多、过大。

从21世纪初特别是2007年前后，整个产业界都在思考产业向何处去的问题，也有一些企业进行了一些有益的探索。但是，根本性、趋势性转折点发生在2015年。

2015年1月1日《环境保护法》开始执行，2018年“4+7”国家集采、辅助用药目录也开始推行，这些政策、措施组合上市将从根本上改变制药产业的生态环境、市场规则、竞争格局。在这多方面的政策组合中，起关键作用的是“药物临床试验数据自查”和“仿制药一致性评价”两项政策，笔者将这两项政策比喻为“两只蝴蝶”。在可以预见的未来，这“两只蝴蝶”小小翅膀的联动必将引起医药产业的根本变化：由大向强转型，由仿制主导向创新主导转变，医药产业由分散向集中过渡，由粗放经营向精细经营升级，这是中国医药产业转型升级最现实和难得的机遇。

“药物临床试验数据自查”及其配套措施，包括其回顾性自查和检查及修改药品注册办法，从源头上解决了长期以来药品工艺、疗效和质量标准不一、数据作假和良莠不分的问题，对规范、创新和有良知制药和研发企业是巨大鼓励。提高了门槛，压缩了大量质量不高申报材料，为真正的创新药评审创造了条件。不仅如此，这一组合措施给医药产业发出了明确的信号，就是要踏踏实实做技术和产品创新，要按照批准工艺生产，不要再走边缘化、概念性道路。

“仿制药一致性评价”解决了新药、原研药、进口药与仿制药质量不一致的问题，这项政策落地并坚持下去，不仅会提高国内百姓用药质量和安全性，而且将改善中国制剂在国际市场的品牌定位，会改变国际市场对中国药企的心理定位并增强信心，加速仿制药替代进程。

我们已经推行的1998版和2010版GMP认证，对于解决药品差错，改善生产环境起到根本性作用，但大量的资源投入没有解决制药企业技术升级换代、产业经营转型、产品创新问题。“药物临床试验数据自查”和“仿制药一致性评价”这两项政策恰恰弥补了这个缺憾，这两项政策不仅影响药品和医药技术研发及生产环节，还将对制药装备、制药工艺、市场营销、产品定位乃至人力资源都将产生不可估量的影响。

与此同时，“环境保护法”“药品上市许可持有人制度”“两票制”“医保控费”“营改增”等措施的实施，与“药物临床试验数据自查”和“仿制药一致性评价”形成明显配套关系。

2014年4月24日发布并于2015年1月1日实施的《环境保护法》被称为史上最严的环境保护法，对制药企业特别是原料药企业的废水、废渣、废气、噪声分类提出最严格的要求，同时环保部对各地环保执法提出改善措施，立法和执法联动的结果是：不仅会改善制药企业周边和排放影响区域环境质量，原料药企业过去依靠环保欠账盈利的模式不再有用。如果联系到“医保控费”和国家集采这两项措施，制药企业遭遇成本上升和“医保控费”两处夹击，必将推动制药企业提高运营效率，否则难以消化环保成本上升带来的冲击。还有就是对产品结构的影响，制药企业为了生存和发展，不得不提高产品技术含量和附加值，无形中会改善产品结构，淘汰落后和同质化严重的产品。

研发数据和质量的提高，仿制药与原研药质量的一致，必将推动药品生产工艺的提升，对成熟、先进和高质量制药装备的需求也将上升，必将推动制药装备企业提升研发档次，从而带动整个制药产业的转型和升级。

“药品上市许可持有人制度”将从根本上鼓励医药产业中的研发企业、制药企业、医药商业企业及个人在医药技术和新产品方面的投入，减少产能重复投资，节约社会成本，将社会中现已存在的隐形药品产权实际持有人合法化，保护了这部分人的权益，结果将是药品技术和产品创新的繁荣与发达。

正在推行的药品营销“两票制”及各地自发的“一票制”，主管部门希望能压缩药品流通的中间环节费用。

“营改增”的落地，不仅降低药企成本，也使医药营销环节更加规范，减少不确定性风险。

从分析“两只蝴蝶”这两个关键政策，联系到“环境保护法”“药品上市许可持有人制度”“两票制”“医保控费”“营改增”五项措施，再看看影响中国医药产业未来五年乃至更长时期的《中国制造2025》《医药工业“十三五”规划》《中医药发展战略规划纲要（2016—2030 年）》，我们就可以对整个产业未来发展趋势有一个比较清晰的判断。

历史潮流浩浩荡荡，尽快实施转型、升级，共同推动产业健康发展，这就是医药产业的必由之路。

第七节　六问“4 +7”

被称为中国医药产业“又一个里程碑事件”的国家组织药品集中采购试点（以下简称“4 +7 集采”）于 2018 年 11 月 15 日发文，12 月 6 日开标，12 月 8 日医保局就发表了答记者问，官方反应不可谓不快。但是，方案出来后业内对此褒贬不一，对这件事业内和百姓的反映并不像医保局答记者问说的那样好，而 2018 年 12 月 6 日结果出来后，业内一片批评声，资本市场反应更直接，三天内市值蒸发 3000 亿元左右。

市场、产业和资本为什么会有这样的反应？“以量换价”这么“好”的“设想”为何资本市场不买账？医药产业内也不买账？想让百姓用“比较低廉的价格用上质量更高的药品”，这样的逻辑向社会解释有说服力吗？中国医药产业走高品质发展之路还有多长时间？什么样的采购政策能够推动产业健康发展？“低廉”价格与“高品质”药品是否可以兼得？

这次国家组织药品集中采购在以下方面具有积极和正面作用，并且摒弃了十几年来的一些痼疾。

（1）过去的招投标和药品二十三次降价“量价脱钩”，使药品生产企业降价带来的代价并没有换来应有的规模。这次集采采用“以价换量”，并且明确采购数量承诺。

（2）质量标准高。这次质量准入门槛标准高，只允许原研药、仿制药一致性评价参比制剂、通过一致性评价仿制药、2016 年及以后批准的仿制药入围参与竞标。

（3）规模大。这次集采同时有四个直辖市和七个省会城市参加，统一行动，规模空前，这十一个城市的医药市场规模占 2017 年全国的

29.2%左右。

但是，副作用同样大，而且可能影响中国医药产业整体向高品质健康发展的进程，由此让人产生以下六个疑问。

一问：本次集采平均降价52%，最多降幅达到96%，比周边国家和地区降价25%，幅度不可谓不大。生产厂家还有多少利润用于再生产？还有多少资本积累用于新药、新技术研发？挤出的是“水分”，还是产业发展的“自信心”？

2013年至2017年中国医药工业企业研发投入金额（亿元）见图1－3。

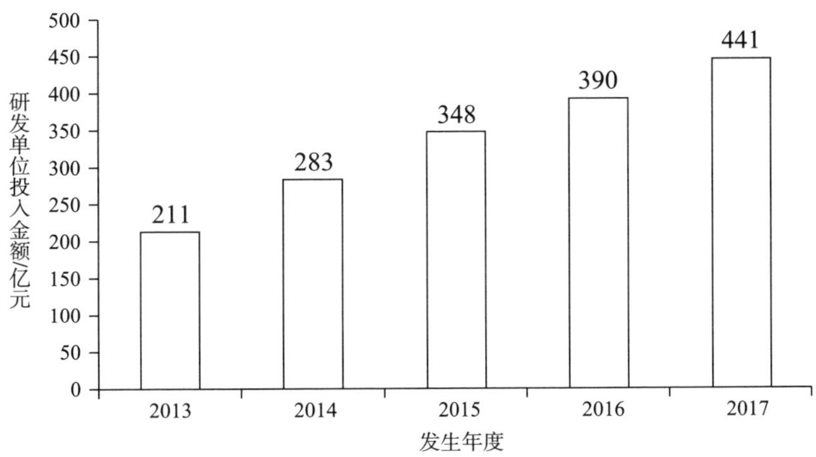

图1－3　2013年至2017年中国医药工业企业研发投入金额（亿元）

从图1－3中可以看出，5年研发投入金额翻了一倍，即使这样，我们的投入比例仍然无法与跨国医药巨头相比。中国医药产业如果不想长期落后于跨国医药巨头，如果想让百姓早些用上高水平的药，自主研发和高投入是必然选择，而这样大幅度的降价措施必将重创中国医药产业。

参与仿制药“一致性评价”的药品和企业都投入重金，289个药品只有几十个完成，突然这样大幅度降价，一定会让这些药企有被欺骗的感觉。如果在决策当初就是这样的政策，许多企业也许会放弃这项投资。

“为了让人民群众以比较低廉的价格用上质量更高的药品”，这显然是有关部门的一厢情愿，想一想世界上有这样免费的午餐吗？不仅在制药行业几乎在所有行业，一分投入一分收获是常识。这样伤筋动骨的价格砍杀，怎样实现“降价提质”“转型升级”的目标？

二问：中国医药产业要走创新之路必须能够吸引全球的技术资源、人力资源和资本资源，三者缺一不可。但是，吸引这些资源光讲“情怀”是不够的，必须有较高的回报率，这是国际新药研发的通则和惯例。这样一个集采看似省了几个小钱，但是重创医药创新发展大势，不知道这是大智慧还是小聪明？

三问：“以量换价”集采能否解决带金销售的痼疾？回答显然是模糊的或者说具有相当的不确定性。带金销售的问题涉及更为复杂的医疗、制药、医药商业乃至更广泛的范围，与医疗市场的市场化程度不够有直接关系，但我们习惯于用行政命令的办法解决，所以几十年下来越解决越复杂越严重，难道不该反思吗？

四问：如何保证承诺的量兑现？医院如何要求医生遵守承诺的采购量？集采中标药品与患者用药习惯发生冲突怎么解决？联想到一些医院出现的将小病拖成大病，医生以自己的方式规避职业风险，而影响到患者的健康，不应该从制度安排上去反思吗？

五问：“4+7”后如果试点结束，国家组织集采的方式是否会普及全国？是否会普及所有产品？这样大的计划是否能够完全取代市场化方法？联系到最近短缺药由上药、国药和四川倍特制药承接，这是市场化改革取向还是计划经济取向？为什么会有短缺药？说白了，就是降价降到制药企业无法生产，不解决根源问题而采用计划或行政命令的方式能否从根本上解决问题，还是造成新的问题？

六问：如何解决由于中标和未中标而带来的产品线开停问题。停产期间如何保证员工队伍稳定？而员工队伍稳定又是保证产品稳定的前提。特别是答记者问中“舆论认为这是一件盼望已久的利国利民的好事，群众可以得到质优价廉的药品，生产企业可以节省交易成本，专注搞研发抓质量”这句话，意味着制药企业的销售由集采包办了，药企只要做好生产和研发就行了。这与计划经济时期的药厂有何区别？成功过吗？那种低价的缺医少药的日子还没有过够吗？

从 2015 年开始的医改新政受到了业内越来越多药企的欢迎，高水平新药研发投入不断增长，仿制药一致性评价虽然缓慢但确实有进展，同时吸引了更多的资本进入中国，进入医药创新领域。在此关键时刻，需要给产业以信心和支持，希望这种市场化措施、推动产业进步措施、提升产业品质措施能够持续，走回头路是没有出路的。

值得欣慰的是，国家带量集采试点结束后，在 2019 年的扩大方案中，悄悄修改了“独家中标”条款，改为取前三名，从而使本方案向可行和合理的方向又近了一步。

第八节 中国需要怎样的医药发展生态

从历史和现实结合的视角，中国医药产业 70 年走过了解决缺医少药和低水平同质化发展两个时期，目前正在进入第三个时期，即高质量发展时期。

改革开放中国医药产业也可以再分为三个阶段：

（1）从 1977 年改革开放伊始至 1995 年前后为产业蓬勃发展阶段。这一阶段的主色调有三个方面：第一，外资药企大举进入，中国医药市场变为全球药品市场的前沿阵地；第二，国有药企大举发展，这阶段“老四家”中的华北制药、东北制药、新华制药获得资源最多、发展最快，这些药企纷纷引进全球先进技术，并率先成为国有控股的上市公司；第三，民营药企出现。中小药企在改革开放大潮下纷纷落败，转而成为民营药企发展的温床和起步基础。外资进入、国有药企分化、民营药企起步，三者在同一时期处于不同的发展阶段，解决的反倒是同一个问题：百姓缺医少药。

（2）从 1996 年至 2015 年是产业发展探索阶段。这一阶段的主色调就是探索，包括产业发展方式探索、产业政策探索、准入政策探索、技术和管理创新探索等方面。药企发展产权格局从外资、国企、民营三者各自发展向互相融合转型，从独资向公众公司转型；产业政策从完全管控向市场化开放，同时探索价格管控和药品准入方式，强力推行 GMP、GSP 等国际通行规范，实行医疗保险制度；药品生产、流通的管控方式也发生多次变化，从产业政策、监管和市场准入一体化管理到多个主体分立。

（3）2015 年 7 月 22 日之后属于高质量发展阶段。这一阶段比较有代表性的政策措施包括药品申报数据自查、仿制药一致性评价、两票制、药品上市持有人制度、化药注册新分类标准实施、限抗限中药注射剂、辅助用药目录、县级医疗机构改革、分级诊疗、医生多点执业、医保支付方式改革、国家组织集中采购，等等。短短 3 年时间内，医药产业发展生态发生根本性变化，规范和创新成为药企发展的主流方向，低水平重复趋势遭到遏止。

无论是中华人民共和国 70 年医药发展三个时期，还是改革开放 40 多年医药产业三个阶段，历史给予我们怎样的启示呢？

（1）医药产业有自己的发展规律，权力、金钱、掌门人意志和其他因素都可以通过创造条件而顺应规律，但不能改变规律。

（2）政策严重影响产业发展健康状况，“政策好，药才好”。

（3）产品安全性和疗效是竞争力的核心，所有其他因素都是这个核心的辅助和影响因素。

（4）产业环境既具有周期性又具有超周期性，每一次循环都有我们预料不到的方面。药企发展既要认识到这种周期性，把握周期，顺势而为，又要借周期之力发展自己：该“冬眠”时不要硬闯，该崭露头角时不要迟疑。

（5）适应外部环境的钥匙在自己。许多掌门人说我已经尽力了，我已经“黔驴技穷”了，实际上调整一下方向，你就会看到自身的潜力。如果你实在无法突破，就去向员工请教，向合作伙伴请教，向客户请教，那里一定有你值得挖掘的潜力和经营灵感，用自身营造的确定性应对外部环境的不确定性。

（6）未来经营风险无处不在，药企发展不是惧怕风险而是与风险共舞，把握底线，用发展和竞争优势化解、承担和规避风险。

上述六条启示没有提到当今比较热的词“创新”，并不是创新不重要，创新永远是药企实现目标的手段，只是不要为了创新而创新。

对照上述六条启示，中国医药产业目前存在哪些需要改进的方面？

（1）政策变化太快，左右摇摆，产业沉没成本高昂。说起来是“一套组合拳”，实际上这套拳“组合”得比较乱，让药企想创新而不敢投入，投入可以计算而回报无法预期，想规范而底线频繁变动。

（2）药企掌门人“聪明”带来的短视。在创新、规范、国际化趋势面前，很多药企没有准备好，或者说已经来不及准备。

（3）合作不足。长期以来“宁为鸡口，不为牛后”的惯性思维和“决策”权思维限制了药企的发展步伐。在创新风险增加，创新资源不足，市场多元化、国际化、碎片化时代，合作是发展不可或缺的。

40 年前，业内挂在嘴边的概括词语是医药产业小、散、乱，这一思路一直统治产业认知到现在，所以人造“大药企”神话不断但鲜有成功。40 年后，我们看到真正具有活力的药企就是那些中小规模的药企，这些药企生命力极强，创新活跃。所以，“小”不是问题的根源和症结；“散”既是活力之源也是产业的现实，但是一些机构和“官”本位重的人士喜欢整齐划一，喜欢“顶层设计”；至于“乱”，要具体分析，不能一概而论。政策乱是产业乱之源，要想解决产业乱的问题必须从治理政策乱开始。

面对新的全球化、新的产业格局和突飞猛进的新技术，面对中国百姓对医药、医疗、医保的新期待和新现实，面对疾病谱的变化趋势，中国医药产业需要政府、药企、医疗机构、协会、智库协同合作，重铸生态链和环境。

（1）制药企业、药品流通企业、投资、保险、药品研发、医药智库、药监部门、医保部门、医疗机构和主管部门等与药和医有关系的机构要走共赢和合作之路，没有“共谋”但有默契，而不是博弈的道路。健康中国是合作和各方添砖加瓦的结果，而不是博弈和“捉迷藏”的成果。法律、法规促进的是药企、医药投资、医药保险、医药研发的健康发展、规范发展和可持续发展。

（2）各方合作共同创造中国医药产业发展深谷，吸引和容纳全球人才、技术、投资在中国医药产业共同发展、协同发展，创造医药创新发展高地。回首一百年来全球医药医疗发展史，从青霉素成为治疗药品到磺胺类药的诞生，直至目前基因技术和精准医疗的出现，环境、技术、疾病谱都在发生变化，但始终贯穿着一些相对稳定的规律性事实。

进入二十世纪以来，世界诞生新药最多的、用当时先进技术生产新药最多的地区是欧洲。这里面有三个非常重要的基础条件：①在当时的欧洲，研发和生产药品获利颇丰，不论是有一技之长的人还是有钱人都愿意尝试药品创新，所以欧洲百姓是最早享受到最新医药技术的群体；②拥有当时最先进的技术基础，当时用工业化方式已经能够成批生产化工产品，多项化工单元操作包括合成、固液分离、非接触干燥技术已经广泛用于工业生产；③自由的思想，没有“顶层设计”，没有“政策”“支持”，当然也没有干扰。有这方面爱好的人可以完全按照自己的意志去做，失败了自己承担，不会被追究责任。

但是，当欧洲进入老龄化以后，医疗费用增长加快，国家开始限制药价，而此时的北美大陆则相对宽松并形成了一定的法治环境，所以我们看到医药创新的成果产地转移到了美国，直到现在。

中国医药产业虽然尚处于发展之中，但是已经有 70 年，特别是改革开放40多年的积累，如今国际化步伐加快、人才济济、医药创新正在向国际第一梯队迈进，如果能够有稳定且一以贯之、前瞻性强、有远见的产业政策，以中国人民的勤劳智慧，中国完全有可能成为继美国之后新的医药创新之谷，吸引全球医药创新人才、技术、资金进入中国。只有这样，健康中国才会成为现实。

中国医药企业家多数白手起家，具有天生的创新意识和百折不挠的发展激情，勤勉、市场意识强，他们几乎不需要激励就能够拼搏努力。他们需要的是稳定和一以贯之的政策环境，规范和有活力的产业环境，假以时日，一定能够将中国医药产业创造成全球创新高地。

获利丰厚的沃土是全球医药产业聚集、吸引和产生划时代成果的基础和前提。

（3）“政策好，药才好”是医药产业人的心里话。政策是统一的政策，为何产业界反映不一？为何效果差强人意？这需要进行客观分析。

未雨绸缪制定产业政策。中国医药产业发展到今天，是市场需要、资源积累和政策推动共同作用的结果。政策落地的前提是准确判断中国医药产业发展处于哪个历史阶段，需要怎样的政策行为来影响、规范和支持。有时需要先发展再规范，有时需要先规范再发展，还有时需要边规范边发展，所以需要有足够的前瞻性。为了解决前瞻性和现实性问题，政策制定前需要广泛征求业内意见，有时需要在具有代表性企业和人士中逐个逐项征求意见。完成文件规定的流程简单，而让政策具有高水平、高质量则比较难且工作琐碎，需要耐心和一定的专业水准。

政策发布后需要及时、逐条进行解释，真正让业界理解和掌握这些新政策。

良性政策必须照顾到医药新技术、新产品创新和降低患者负担之间的平衡。没有创新医药技术和新药品，即使从数量上降低了用药者的负担，但并没有解决患者降低用药负担背后的核心目的——以合理的代价实现治疗目标。医药产业健康发展、创新发展才是造福患者的最佳道路。

良性政策必须在打击“神药”的同时能够保护守法药企的合法权益，而不是一刀切，要相信绝大多数药企都是合规守法经营。

（4）构建国家层面的药企退出机制。中国药企转型喊了多年，实际上从2015年后才具有实质性意义。但是，许多药企至今进退两难。进——既没有兴趣又没有资源也没有这个能力；退——无法承担退出的后果和代价，而且长期在医药行业工作的掌门人对其他领域也不熟悉。这就需要从国家和整个产业层面搭建产业退出机制与平台，让无力继续在医药产业耕耘的药企有合理的和可以承受的退出通道。

（5）药企要深刻总结全球医药产业，特别是中国改革开放40多年发展的经验和教训，形成规律性的认知，不重复犯错误，不犯重复性错误。

回首中国药企改革开放后40多年的发展，经验和教训蛮多也弥足珍贵。有多少草根药企从小而弱起步，二三十年进入“百强”企业，又有多少在改革开放之初“大而强”的药企如今步履维艰，还有多少药企在这二三十年中风风雨雨、起起落落，这里面难道没有规律性认识可以借鉴吗？

规范：现在和未来不规范就是“自找死路”。

聚焦：前二三十年有规模才有政策支持，才有“面子”，才显得“气派”，从医药新政以至未来，活下来就是本事，能够经历春夏秋冬而不倒才是能力，能够在活下来的同时创造独一无二解决健康问题方案的药企才是真正的赢家。

所以，回归药的根本才是“道”。

要回归根本、聚焦有限领域、规范、差异化，创新才是每家药企都要练就的本事。

要实现上述目标，药企要完成“战略－执行力－领导力”认知和行动升级换代，其中的关键是掌门人的自身迭代：从无所不知、无所不能型老板升级为虚怀若谷的导师，从“定于一尊”的掌门人升级为多中心的发展平台。

应该说，药企变革考验最大的实际是掌门人。

药企自身的转型、医药产业政策从“博弈”转向“共赢”、合理的产业进入和退出机制的协同一致将打造全球最具吸引力的药品创新“深谷”，健康中国才会成为现实。

上述五个方面看似“空”而“高”，“空”才可以容纳各种观点和智慧，“高”才可以看全局，通过“空”而“高”的空间使各方达成共识，共同缔造中国医药产业高质量发展平台。

认识医药产业规律，掌握医药产业规律，按照医药产业规律去行动，政企商同心协力营造健康、充满生机与活力、规范而又有吸引力的医药产业生态环境，中国医药产业一定会站在全球产业之巅，引领产业发展，造福全球百姓。

第二章

战略篇

第一节　快速变化环境中的药企生存策略

就现实而言，中国医药产业正在分化：第一部分药企在挣扎中成为僵尸或待嫁，处在下沉通道；第二部分药企成功完成转型，处在上升通道；第三部分药企还在苦苦挣扎，处在徘徊通道。这是一幅中国医药产业动态发展和沉沦图。处于下沉通道的药企，在遇到适当的机会并找到走出低谷的方法后可以进入上升通道；处于上升通道的药企，如果不能持续把握好机遇或陷入风险泥潭，也可能落入下沉通道；处于苦苦挣扎中的药企，本身就有两种选择，也是两种命运。这就是当今中国医药产业的现实。

中国药企分化图见图 2－1。

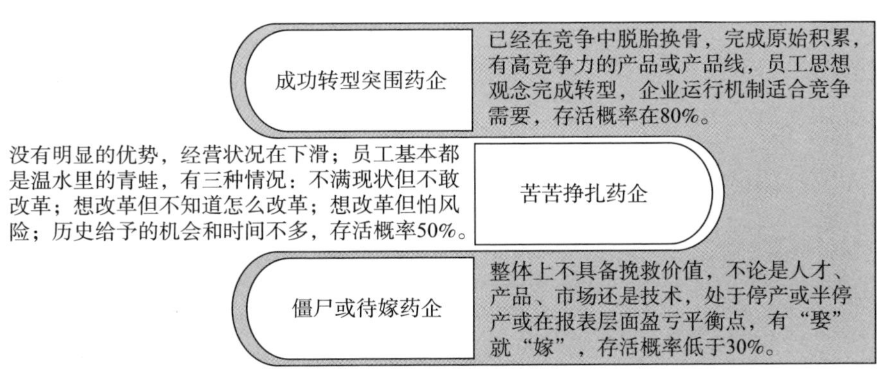

图 2－1　中国药企分化图

不确定性和快速变化的环境对处于不同竞争地位的药企具有不同的作用：首先，会加速淘汰基础虚弱、无核心竞争能力、风险管控不力和整合资源能力不强的药企；其次，对已经掌握了药企发展规律，在前几十年发展中步步为营，风险管控能力强，已经形成核心竞争能力和优势，资源整合能力强的药企也带来前所未有的机会。所以，这本身就是双刃剑。

如何化被动为主动？如何趋利避害？如何化危为机，将快速变化和不确定性的环境转变成为本企业提升竞争地位的机会？这是每家药企都无法回避的命题和选择。

一、夯实经营管理基础

在面临新环境、新局面时，有些长期积累的基础、经营方法和管理手段仍然具有生命力并会随着环境的变化而变化，所以不要轻易抛弃，而是要在继承的基础上创新和扬弃。德鲁克的管理思想、大前研一的战略思想，法约尔在120年前提出的管理十二条原则中的大多数至今乃至未来仍是企业人可以采用的管理方法；劳动分工原则（Division of Work）、权利与责任原则（Authority and Responsibility）、纪律原则（Discipline）、统一领导原则（Unity of Direction）、个人利益服从整体利益的原则（Subordination of Individual Interest to General Interest）、人员的报酬原则（Remuneration）、秩序原则（Order）、公平原则（Equity）、人员的稳定原则（Stability Tenure of Personnel）、首创精神（Initiative）、团队精神（Esprit de Corps），对于其中的统一指挥原则（Unity of Command）、集中的原则（Centralization）、等级制度原则（Scalar chain）等要根据环境特别是现代人对价值观、愿景和使命的追求变化做优化和调整。

尽管我们处在新旧环境交替时期，旧的环境即将退去、新的环境正在到来，但中国药企在传统管理方面还需要继续补课，继续夯实基础，这是适应新环境不可逾越的前提。

陈春花教授在《如何正确区分基层、中层和高层的目标责任》一文中指出，中国目前许多企业高层管理者在做中层管理的工作，而中层管理者在做基层管理的工作。笔者认为，在医药行业中也是这种情况。就这一点来说，为数不少的药企管理传统的基础尚不牢固，要面对新环境更加不知所措，所以要尽快补课。

二、改善战略管理

许多管理学家和经营者认为，在不确定性和快速变化的环境中战略管理过时了、不中用了。实际上，战略管理不是过时和不中用了，而是不确定性和快速变化的环境对企业战略管理提出了更高的要求，是企业对战略更迫切、更有必要，只是战略管理的方法要根据新的环境和资源情况进行调整和优化。传统的战略管理是老板和高级管理者的分内事，而今天和可以预见的未来战略几乎是全员的事，战略的竞争主要体现在一线市场的布局。如果一线员工不知道战略，不知道怎么落实战略，不参与战略制定，那战略就是一句空话。传统的战略是定期要做的事情，比如每年要做滚动战略，每年要进行战略执行情况的评估；而今天和可以预见的未来，战略是每时每刻都在发生并影响着经营结果的，每时每刻都需要判断是不是要调整战略措施以应对已经或即将到来的变化。一句话，战略变成日常工作。再者，一些企业习惯于将战略和规划混淆，实际上规划是战略执行的一部分，规划要随着战略的调整而优化。药企一定要有一项职能，汇总一线人员采集的信息，对环境、政策和竞争进行收集、评估，同时与业务部门研究应对之策和超越之策，一反过去在战略上的被动、少数管理者参与和“冷冻”战略的做法，主动分析环境，主动做好应变准备，让多数员工特别是一线员工参与战略评估，让战略热起来、活起来。

传统的战略和规划方法，如将市场调研、策划、编制方案、制造产品、销售这样的隔离式、分段式，以及确保万无一失的项目管理方式越来越失去价值，代之以将上述环节融在一起，在尝试乃至试错中谋求发展将越来越成为战略的主流。

三、药品仍然为药企的核心

只是这里所说的药品是广义的而不是狭义的，不仅仅是治疗物质和辅料的结合体，还可能包含机械、电子甚至芯片。在当今的新环境和新趋势中，不论是虚拟经济还是实体经济，不论是跨界还是平台，产品及围绕产品的服务仍然是药企发展的核心所在，这点与传统环境并无二致。但是，在快速变化和不确定性的环境中，产品拥有者除了满足临床前和临床中及临床后诸多研究与试验以外，还必须保持清醒头脑和持续研发准备，满足多种客户（患者和医生）的不同要求，包括不同的规格、不同的给药渠道、不同的价格。随着新 IT 技术和大数据的不断成熟，精准医疗客观上要求精准药品及围绕药品的精准服务。笔者认为，从稳定和缓慢变化的环境中一种药品一种给药渠道、一种规格长期大批量投放市场模式向快速变化和不确定性环境中药品小批量、多规格、多种给药渠道、精准直达患者或医疗机构模式转变将是这场转型的主流趋势。

四、患者为王

随着医改的深入，新 IT 技术、基因检测技术特别是移动技术和大数据的成熟，患者不论是作为整体还是个体，健康数据会越来越全面和精准，制药企业之间将从终端和价格竞争转向从源头研发方向的竞争，相信药品临床前和临床研究也会随着技术的进步而调整游戏规则，研发周期会进一步缩短。技术进步和社会服务理念的进步会推动从源头上同时对准多发病、常见病和罕见病、疑难病。技术的进步会让患者为王从理念变为现实。理解了患者、抓住了患者的内在需要，就是王道。

五、内设机构由固定变为随产品、客户、战略而变

快速变化和不确定性的环境的核心属性就是政策的变化、患者的变化，以及由于技术进步带来的变化。长期以来，药企内设机构、制度和流程虽然千变万化，但还没有脱离传统的职能处室职能制结构，部门林立、壁垒森严、协同阻力重重、远离一线市场、拉力不透明、动力传递环节过多，也有些企业采用跨部门的委员会或项目组来化解这些弊端，虽然有些成果但操作不好也带来更多的交叉阻力和责任模糊。在急速变化和不确定性环境中，这可能会成为企业发展的关键障碍。

怎么变？这是无法事先约定而且会根据企业结构、规模和所处市场的不同而有针对性地设置。网络特别是移动技术使企业结构扁平化成为可能，这将大大减少信息传递的阻力和失真可能性，减少动力传递阻力，对市场反应也会更迅速；柔性结构、柔性生产，产品线中研发、运营和营销一体化也成为可能。

六、整体竞争与内部一致性

在快速变化和不确定性环境中，分散化和平台化的内部结构并不意味着内部各个组成部分可以各行其是。恰恰相反，面对客户的变化、竞争的变化和战略的变化，需要企业整体一致性参与竞争并创造竞争优势。这就要求药企在内部扁平化、平台化、柔性结构的同时增强整体的一致性。

七、凝心聚智

技术的进步和环境的变化并没有削弱企业中人的作用，只是改变了人发挥作用的方式和方法，改变了人与困难的位置和角度，企业与人的

相处方式、老板与经理人的相处方式、管理者与员工的相处方式都会发生转变。平等、去中心化、价值观激励因素在上升，而强迫型管理、说教型经营、僵化式思维会越来越没有舞台。药企需要能够凝聚员工、客户、投资方乃至其他一切利益攸关方的心；要能够聚集企业内外智慧，依靠一个人的单打独斗、依靠聪明、依靠泛泛的分析来经营企业一去不复返。转型的时代已经成为过去，如何能够凝心聚智将成为未来一代医药企业家不可回避的命题。

八、移动互联和新 IT 技术推动平台型企业兴起

规模经济和规模不经济规律将同时发挥作用，一个人的企业、特大型企业、中小型企业会同时存在。传统以规模划分企业的方式将不再起作用。那种该大则大、该小则小将成为主流战略，企业家追求的不会是为了规模而规模，而是会追求价值，对患者、投资方、经理人乃至一般员工的价值。合同式组织、虚拟企业会将发挥个体能力与整体优势有机结合在一起。

九、风险成为无处不在的常态

在传统环境中风险是偶尔的、稀有的，可以依靠规模大、依靠固定的职能和流程来化解。而在快速变化和不确定性的环境中，风险无时不有、无处不在，需要事先防范、事中管理、事后反思，并不断改进风险防范机制。

经理人是企业发展的助推器，中国医药产业尚处于发展之中，一切皆有可能，一切皆有机会，企业兴衰成败越来越取决于企业家的视野、胆识和经营方法，取决于企业家的选择。对于环境的变化，需要药企超前判断，及时感知，果断决策。

第二节　医药产业VUCA时代的战略选择

正在到来的这个时代呈现着易变性（Volatitily）、不确定性（Uncertainty）、复杂性（Complexity）和模糊性（Ambiguity），如果将这四个单词的头一个英文字母组合在一起，就是VUCA时代。虽然这样一种局面到目前为止不仅没有看到结束的症候，还将呈现越来越强化的迹象。

在这个时代中，中国药企如何生存？如何创造竞争优势？这是摆在中国医药产业面前不可回避的命题，也应该用实际行动来回答。

中国药企在新时代、全球化这样一个大环境面前，既要觉察到变化的要素，又要觉察到不变的要素，做好做精不变的要素以应对变化，做好自己该做好也能做好的以应对外部的不确定性。以不变支撑定力，以变革赢得优势。

企业家与一般的管理者最大的不同不是在管理和经营的技能方面，那是可以通过学习而获得的。最大的差别是在觉察趋势上面，见人所未见，行人所未行，方为先见之明，这不是学来的，而是觉察能力和修炼的结果。

纵观全球和中国领先企业特别是药企的成功发展经验，它们不仅仅关注变化的因素，更重视恒定的因素，通过做好能够把握和影响的因素来化解变化因素带来的不确定性。

在中国医药产业变化、复杂、不确定、模糊特点的背后，稳定或相对稳定的因素包括以下方面：

（1）中国医药产业核心发展规律没有发生变化。医药产业尽管千变万化，在不同的国家和同一个国家的不同时期都有其竞争特点，但是以专利和核心技术为重心的竞争本质没有明显变化。独家药品带来的稀缺性、确切的疗效、长期积累高新技术带来的技术门槛的高难度准入性仍然是医药产业最本质的特点。即使在中国过去仿制药一统天下时期也没有打破这个规律。良好临床疗效、高难度准入和稀缺性带来的是庞大市场潜力和高回报率。诚然，在仿制药时代，药品供不应求时期有产品文号就是财富，能够生产上市就是财富，能够拿到产品文号、进入医保、通过招标都是财富。但是在二十几年时间内，这一优势就被疗效、独家和高新技术打破。而药品的确切临床疗效、独特性、稀缺性在可以预见的未来仍将是主流规律。

（2）患者和客户需求中的本质因素没有发生质的变化。尽管患者和客户（医疗机构乃至医生）的需求一直在变化，要求在提高，愿望在提高，但药品的可及性、安全性、疗效、价格一直是核心和本质需求，并没有因为时代和技术的进步而改变。

（3）中国市场化进程没有发生趋势性变化。从改革开放伊始，市场化进程一直没有停步，而是越来越显现出市场在资源配置中的不可或缺性作用。

（4）医药产业发展路线没有发生大的变化。尽管医药产业发展路线几经变化，但是药品生产从少数品种满足多数人需要向满足患者个性化需要发展；从不规范向规范；从低于国际先进标准向国内标准与国际先进标准同步转变；从全民用药实报实销向个人负担再到全民医保过渡。这些趋势没有变化。

（5）药企中人的作用没有发生变化。人一直是企业的灵魂，药企亦不能例外。无论在计划经济时期还是在改革开放后至今的 40 多年中，人的作用越来越大，机器装备可以代替部分人力、代替计算。但是，涉及灵魂、情感和心态的范围，人的作用一直没有削弱，而且在部分简单劳动被替代后，企业中人的作用将越来越向核心价值观、心态靠拢。

如果我们确实认识到医药产业中这些变与不变的因素，把握好不变因素并继续做到精致和卓越，变化的部分就不会那么可怕。你还可以看到变与不变是一体的，变的肌体内有不变因素，不变的肌体内有变的因素。你就会游刃有余地处理好变和不变的关系，处理好能够把握的因素并影响不容易把握的因素，创造 VUCA 时代的竞争优势。

把握全球特别是中国医药产业发展脉络，我们可以看到四条与时俱进的未来发展之路：重新理解客户需求、重新组合产业链、凝心聚智和数字化转型。

一、重新理解客户需求

药企面对的客户与其他行业明显不同，用药者与决定用药者可能不是一个人，为用药付费者可能既不是用药者也不是决定用药者，而是医保管理方或第三方保险机构。这种药企与客户、付款方、医疗机构之间的复杂关系让理解客户需求有些困难和复杂。与 20 世纪及以前不同，当时有药就不愁卖，一药难求。从 20 世纪末到 21 世纪初，药品相对过剩让竞争畸形，客户的真正需求被边缘化，而 2015 年医药新政让客户的需求又回到正轨。

目前和今后可以预见的时期内，在华跨国公司药品和通过一致性评价的仿制药仍将是客户选择的主流产品，因为其安全性和疗效已经支撑其品牌。其他方式、方法实现高水平制造的药品亦将从普药中实现突破，而工艺、标准和制造水平仍然停留在原地的药品，其市场必将萎缩。随着医疗机构推行按病种付费面积的扩大，原来依靠高差价形成的动力将萎缩，而安全性、疗效和性价比适中的药品将存活下来。

随着网络售药市场的逐步放开，特别是处方药网上市场的成熟，以独生子女赡养多位老人形成的居家药品零售市场将繁荣，以互联网为根基的新兴业态将兴起。

总之，城市化、老龄化、收入增长、互联网应用、技术进步等因素将催生和满足更多、更准确的客户新需求，这里商机无限。

二、重新组合产业链

始于21世纪初的医药产业转型在2015年医药新政后进入快车道，创新、规范和国际化成为市场竞争的主旋律，这也是引起众多医药企业家焦虑的主要推手之一。部分药企或者由于底子薄，或者没有战略，或者战略不对头，或者没有坚定的意志坚持战略，或者其他偶然因素，在产业竞争中处于明显的不利地位；也有一些药企在竞争中或有部分优势，但也处于挣扎状态。这两种状态药企的出路在哪里？

前车之鉴就是“两票制”后部分地方小微商业企业的被迫退出或接受大企业的并购，特别是一些推广能力比较强的推广商业企业也被迫退出。2017年和2018年，实际上医药商业上演了不大不小的产业重塑大戏。

处于不同竞争地位和层次的制药工业企业面对医药产业变与不变的现实，必须及早准备。

对环境中的机会与威胁，自身资源优势与劣势有客观和清醒的认知，打破传统产业链，聚焦有限的资源，在自己擅长或能够通过努力形成优势的领域进行投入并形成独特优势。医药产业发展特别是政策逐步放开，包括药品上市许可持有人制度（MAH），为产业重新洗牌和产业链整合提供了前提条件。以分工和合作为基础的产业链整合与重组将给医药产业发展带来新的机会。

根据市场机会与威胁，对自身资源的优势和劣势做出自己的选择与产业定位。

药企可以选择在医药多数领域同时进军成为综合性、大型药企；可以选择从事创新药，成为医药产业丰厚利润的创造者；可以选择在整个产业的个别链条或环节中独树一帜，成为聚焦型领先者；可以整合新技术、新方法成为规范药品制造者，如临床试验业务（CRO）、首席执行官（CMO）或 CDMO。如果既没有积累足够的资源持续创新发展，也没有可以立足的产品，最好选择退出或转做低附加值产业或产品。

最不可取的就是无作为地等待。

三、凝心聚智

移动网络和 VUCA 时代的叠加使传统组织、传统流程和制度对药企经营与管理提出了新的要求，传统药企重点依靠股东力量、掌门人智慧、管控手段“三板斧”经营和管理企业，已经显示出力不从心。

产品、市场和人力资源可以说是所有中国药企掌门人关注的三大管理挑战，尤其是人力资源管理体系的优化一直都是困扰众多药企管理层的难题。任何药企想要实现未来战略发展目标，让企业发展战略落地实施都需要人才和人力资源体系的支撑。如何吸引人才、保留人才、激励人才是决定一家药企能否顺利推动企业转型发展战略的核心问题。但是，很多药企往往满足于企业人力资源体系的顶层设计，对企业的管控模式、组织架构和薪酬体系着墨较深，而对岗位体系、薪酬与激励体系、绩效体系没有足够的关联优化，更不用说对企业人才和高管领导力培养、企业文化的塑造与变革、人力资源管理信息化等关键人力资源体系方面的关注了。

在实际经营和管理中，国有药企多受制于体制和机制的制约，对激发人力资源的潜能一般都是心有余而力不足。多数民营药企还是老板在管，尚未建立一套完整有效的人力资源管理体系。老的问题还没解决，新的问题又来了。随着 90 后员工陆续进入职场，如何管理和激励新生代员工也变成药企共同的挑战和机会点。由于近年来金融和互联网科技行业发展如日中天，很多初创或已上市企业除了薪酬奖金丰厚外，还能动用股权激励机制来吸引和激励人才，让很多传统规模企业变成紧俏行业和专业职能人才的“黄埔军校”或猎头重灾区。

据一家权威调查机构进行的调研报告显示，有多达一半以上的中国药企高管认为他们应该在人才策略、薪酬和福利策略、员工对企业的贡献、企业价值观等人力资源体系管理方面制造更大程度的透明度，这样才能与员工之间增加信任度和更有效地激励员工。所以，如何通过优化人力资源体系管理，建立人才多元化职业发展的通道，健全薪酬、股权激励与绩效考核的挂钩机制，提高人才的积极性和潜能，创造具有差异化和认同感的企业价值观与文化，将是中国药企未来在应对新时代的发展所要面对的主要挑战和机遇。

四、数字化转型

根据最新的抽样调查显示，多数药企掌门人最关注的竞争威胁包括技术变革的速度、网络威胁、关键人才流失及不断变化的消费者行为。其中，对科技变革所带来的冲击是企业高管最担心的。

近几年，药企涉及数字化的技术进步投入越来越多，制药企业不但在办公和经营中大量采用网络技术，而且在移动互联网、互联网营销、互联网终端管理乃至智能制造和大数据方面也有长足进步。

由此可见，数字化转型创新已不是 BAT 等互联网企业的专利，药企也在悄悄开始数字化革命。

中国药企的数字化转型可以从几个方面来布局：数字化办公、数字化营销、数字化供应链、职能制造。包括药品营销和生产的数字化管理、符合药品生产质量管理规范（GMP）规范的柔性生产技术、基于过程分析技术（PAT）、过程控制和大数据的多因素分析与评价技术体系、基于实时数据采集的电子批次记录及追溯系统技术等。

笔者对时下比较流行的观点——“世界上唯一不变的就是变化”并不赞同。因为在现实世界中，变和不变从来都是一体的，没有绝对的变，也没有绝对的不变。药企应以不变支撑发展定力，以变革赢得竞争优势。

第三节　战略之痛

面对生态重构中药企的迷茫和无力状态，“头痛医头，脚痛医脚”无法解决问题，按照过去的经验解决不了现在和未来的问题，解决表象的问题无法带来持久、深刻和脱胎换骨的未来，依靠“无所不能”的企业家和经理人单打独斗不仅不能解决问题，还会带来新的问题。怎么办？根本的出路仍然在战略，以系统性和整体方式来解决。然而，多少药企、多少企业家在长达二三十年的经营中从钟情于“战略”到失望于“战略”。笔墨仍黑而时局已变，为什么会这样？怎样才能从“失望”走向希望？

药企及其掌门人对战略的“失望”主要体现在以下几个方面：

（1）落不了地，结不了果。如果进行普查和统计，中国近4800家制药企业应该有三分之一有书面、经过论证和提审批流程的战略，三分之一的药企虽没有书面、经过论证和提审批流程的战略，但是在掌门人或者说在高管团队大脑中是有战略方向和具体路线图的。最大的问题是这些都难以获得预期的成果。不知道这是战略本身的问题还是执行的问题，是掌门人的问题还是基层管理者的问题，是资源问题还是效率问题。

（2）环境和政策变得太快。一个战略经过几个月收集资料、几个月的编制、若干时间的论证和批准，实行还没有多长时间，政策和环境就变了，原来辛辛苦苦制定的战略无法继续实行，怎么办？

（3）难以形成战略共识。一些药企掌门人在饭桌上、论坛中、同学聚会中、碎片微信里、书籍中获得了很多“新想法”，但是很难与团队达成共识，即使通过高压“压”成共识，这些“好想法”也不知道怎么成为结果。

为什么会这样？笔者通过大量访谈医药企业家及其经理人，通过研究近二十年来产业发展脉络和数据，感觉药企在战略上存在以下四个痛点。

一、战略认知误区

尽管一些医药企业家读了很多有关战略方面的书籍，也有知名大学的 MBA 学位，自以为懂战略、知战略，但是在具体经营和管理企业时却感到这些学来的“洋货”不好变为现实，实际上对战略还是一知半解。具体体现在以下几个方面：

（1）认为战略是掌门人或者高管团队的专利，战略要保密，不能示之于人。在现实中就有一些药企的战略就是董事长或总裁，或者董事长和总裁在小屋里“谋划”出来的，而且神神秘秘，以为掌握了发展的灵丹妙药。

这样做的不足之处显而易见，即使你再聪明、学历再高、了解实际情况再多，也不可能比你旗下成百上千名基层员工集体的智慧更聪明、更了解实际情况。

处于“保密”状态的落实，战略就成了“谜底”，员工特别是骨干要猜，或者你要一步一指导，因为战略的缺失会让方向不明、节奏不清。

也有一些药企掌门人被曾国藩的名言“利可共而不可独，谋可寡而不可众”束缚了手脚，要万事断于我。实际上，这句名言不一定错，但是实行起来是有条件的，就是独断前必须经过充分调查和研究，否则就是瞎断、胡断。

（2）战略必须详细，细到操作的每一个步骤。实际上，战略就是战略，不是实施操作方案，良好的战略会为因地制宜的操作留足空间，为环境和政策变化留足空间。

（3）认为战略是灵丹妙药，一旦发布就会有预期的结果，就像“二踢脚”，一点着火就会冲上天然后燃爆。在实际经营中，我们会切身体会到战略从聚集资源到过程管理直至取得成果是漫长、艰苦和细致的劳作，有时很煎熬，有时很烧脑，需要耐力、匹配资源和及时的调整。

在战略领域，共识特别重要。

（4）企业家缺乏对自身、规律、企业和市场环境的深刻及客观认知，削足适履。

在业界不乏这样的例子：为了制定一个先进、科学的战略，不惜高预算聘请全球知名咨询公司进入，但是在尽职调查、研究、修改和论证，以及咨询师与药企主管领导乃至掌门人的沟通过程中，药企方特别强势。如果咨询师不按照药企方面的提议去修改，就是不实际、不了解情况、不配合；如果按照药企的提议去修改，咨询师感觉有违初衷甚至不负责任。

在实际工作中往往出现这样的状况：在调查、研究、编制战略过程中，咨询师与企业的沟通、讨论甚至争论中咨询结果渐渐明晰，而且越来越符合掌门人的设想，实际上也越来越偏离正道。

笔者将这种现象称为“削足适履”。药企方面既要制定一个科学、实用、有远见和能够落地的发展战略，又要与掌门人对战略的想法不冲突，而掌门人之所以要外聘专家制定战略就是弥补自己或企业在这方面的不足。但是，这些掌门人长期经营企业，“自信心”很足，甚至“足”到听不进不同意见的地步，这就与自己的初衷相背离。

有的药企掌门人将一家药企从濒临破产、几百万元销售收入带到几亿元、几十亿元的水平，每一个建筑、每一个产品、每一台设备都浓缩了他（她）的心血，不能说他（她）不了解这家药企。但是，如果从客户、员工、第三方角度看企业，就会有新的认识。企业家最怕的就是不敢、不能从第三者角度去看自己和自己掌握的企业，所以才会发生削足适履的现象。

二、战略与运营匹配度不够

一些药企不论是自己还是外聘智库制定了战略，但是将其束之高阁，而在运营、研发、人力资源等具体策略上则脱离战略视野，致使战略与运营匹配度不够，就是措施不支持战略，几年后才发现战略虽好但没有实现。

在现实中，我们不止一次看到这样的现象，想用高水平的人才但是不想给与之能力和贡献相匹配的待遇，想技术进步和研发新产品但是在花钱时又舍不得支出，想公平用人但是总舍不得与自己一起创业的老伙伴，想言必行但在具体事情上总是自食其言，所以战略难以实现。

三、战略能力不足

战略能力与其他能力有显著的不同，既有科学的成分又有艺术的成分，而且也与实施者积累的经验有关，所以业内有识之士说 MBA 培养不出有战略眼光的企业家，战略在一定意义上是学不来的。医药企业家或者在经营中磨炼自己的战略能力，或者在与智库的合作中成长自身的战略能力。

战略能力不足主要体现在：对战略本身认识不深不透，表面上看是认识到了、明白了，但是在实施过程中还会走偏或者将战略抛之脑后。我们在业内偶尔会看到一些药企的战略是聚焦有限领域，舍去资源无法支撑的领域，确定独特的战略定位。但是，在看到新的机会时，一些企业家还是会垂涎三尺，从处方药进入非处方药、从医药工业进入医药商业，从治疗领域进入所谓的大健康领域，有的干脆进入与医药毫不相关的房地产行业、金融领域，总之什么钱都想赚。

不是这些领域不能进入，也不是不能多元化，而是要有多元化的方法和资源配置方式，否则就会得不偿失。

四、战略本身存在硬伤

如果战略方案本身时间过长，战略措施过细，战略机制过刚，又没有恰当的战略调节机制，很难适应未来不确定性强、快速变化、模糊、复杂的产业环境和趋势。

可以说，每家药企都有自己战略制定直至实施的难点和痛点，而且会各不相同，但是以上四个方面的痛点是最具代表性的。

从上面的阐述可以感觉到，这些困难或者说存在的问题都是可以被克服和改正的，所以战略一定可以支撑中国药企健康、持续发展。

第四节　药企重生之道

陷于困局的药企在生态重构的环境中如何实现重生？这是为数众多的药企都在思考和探索的关键命题。

一、重新认识生存环境

重新认识生存环境、企业、掌门人和各级管理者认识自己。认知深度、认知能力、认知系统性决定重生的质量。中国传统智慧强调“知行合一”，“知”是前提和基础，只有在准确、深入、系统“知”的基础上，“行”才会有的放矢，才会有针对性，才会有力度，才会有改变。

本书前几节阐述了药企的“五大困局”和医药产业生态“四大重构”，这是指宏观和产业整体，属于共性问题。对于具体药企一定有自己的困难、原因和症结，属于个性问题。具体的药企一定要深刻、全面、系统地认识自己，只认识共性，对自己主管的药企的个性情况不能认知是解决不了问题的。药企掌门人，不论是董事长还是总裁或其他岗位，还要进一步认识自己，认识自己在经营和管理过程中的缺点和长处，由此带动高级管理层乃至全体员工的认知水平再上新台阶，这是药企重生必备的一课，不能旷课。

二、调整观念和思维方式

药企掌门人要在认知提高的基础上调整和完善自己的思维方式与观念，进而影响企业价值观和企业思维方式的调整。

三、从战略开始实现重生

认知和思考对于药企的重生无疑是必要的，但是只有将这种思考和认知付诸行动才会带来预知的结果，这时战略的价值就体现出来了。在改善经营上，一家药企可以增加资金资源，可以购买新技术、新产品，可以聘请高水平人才，可以更新换代技术装备，但这都是个别环节，都可以在一定程度上改善状况，而要实现根本性、全局性转型，一定是战略的重塑。

为什么会有这样的论断？因为战略在企业大规模转型期必定有其不可替代的作用。

（1）用战略凝聚共识。战略一定是在客观、系统分析环境中风险与机遇、内部资源优势与劣势基础上形成的，将确定一家药企在市场竞争中处于什么位置，未来方向在哪里，从现状出发实现目标的路线和资源。这样就可以凝聚整个药企的共识，任何单独一个领域很难凝聚全员共识。

（2）知进退、减少弯路。企业有战略与没有战略，无论是在境界层面还是在操作层面都可以感觉到差别，无论是处于结果还是处于出发处都不同。成功的企业和方法各有千秋，但有一点是相同的：成功企业的基本思考方法是**以终为始**。因为在方向都没有的情况下，所有的能量都是毫无意义的，能量和方向在一起才是作用力，战略更多的是告诉我们方向，给你一个方向感。有了战略，企业就可以选择在哪个领域做，怎么做，知进退，减少弯路，有限的资源就能够发挥最大的作用。

从这个意义上说，从未来看现在的企业有战略，从现在顺着往前走的企业没有战略。

（3）集中资源。如果你有战略，就会将资源集中投入实现战略的过程中，战略实现的可能性就会更大。相对于分散资源或资源不足的竞争对手而言，你的成功性更大。如果你没有战略，就会是今天是这样，大家都这样，所以我也要这样，这就是最典型的没有战略。一窝蜂而上，什么流行就做什么，永远在跟风，永远赶下一个潮流，这是典型的机会导向。与起步时基础和资源差不多的药企比较起来，有战略的药企实现战略目标的可能性就会更大。

（4）增强内外部一致性。第二、第三条是说如果企业没有战略，见机会就上，左右摇摆，难以集中资源。而本条则是说如果没有战略，企业内部运营和资源配置就难有一致性，仅仅依靠战略、流程和领导人指令难以保证员工及各业务单元从内心就有一致性，而没有一致性的企业，资源再多在实现战略目标上都会输给内外部一致性强的药企。

依靠战略来凝聚共识，凝聚人心，增强内外一致性，制度和流程也有源头。

（5）改善预见性和计划性。正因为有战略，企业就会定期进行内外部环境分析、资源分析，进行战略盘点，就会改进企业发展的预见性和计划性，所以才会形成远见。

四、战略带来远见

在 2017 年和 2018 年上半年的股市牛市中，以恒瑞为代表的药企市值一路高升，冲破一千点、两千点。药明康德通过母子公司分别在不同地区上市使合并市值一路走高。很多药企看到这些羡慕之情溢于言表，不时地在外部论坛和内部会议上誓言向华为学习、向恒瑞学习、向药明康德学习，做有后劲的药企。

但是，在执行这种愿望时，或者没有资源，或者有资源也不想投到增强后劲的环节，因为药品研发确实存在诸多不确定性，回报周期也长，所以这样的药企即使历史给予机会，环境和资源的限制也难以成功。

从这一点上讲，企业发展或者企业的命运在于企业家的远见。大家都羡慕和看到了诸如恒瑞医药、正大天晴、药明康德乃至华为在聚光灯下和领奖台上的荣光，殊不知当它们还在起步阶段时就有方向、就有战略，而且从那时起就不断地投入，积累成功的资源，受过多少煎熬，吃过多少苦，经过多少个不眠之夜，才有今天。

如果药企想在未来成功，就要从现在起有战略，有可以落地的战略，有与自身掌握和影响的资源相匹配的战略。

五、战略具体是什么样子

战略具体有哪些组成部分？有哪些属性和特点？战略虽然可繁可简，但是都包含战略起点、战略目标和战略路径三部分。

药企战略图见图 2－2。

（1）在战略起点部分，核心组成是一家药企对环境、政策、资源优劣势的认知水平。药企将通过对社会、经济、技术、市场、客户的分析搞清楚自己在环境中的机会与风险，以及企业自身资源的优势与劣势。掌握了机会和风险、优势与劣势，就能够确定企业能做什么、不能做什么，就可以确定战略切入点和发展节奏，包括对大环境和小环境的认知，对企业自身情况的认知和对经营团队及掌门人自己的认知。认知是做好战略的首要基础，如果对自己的企业及其生存环境有客观、深

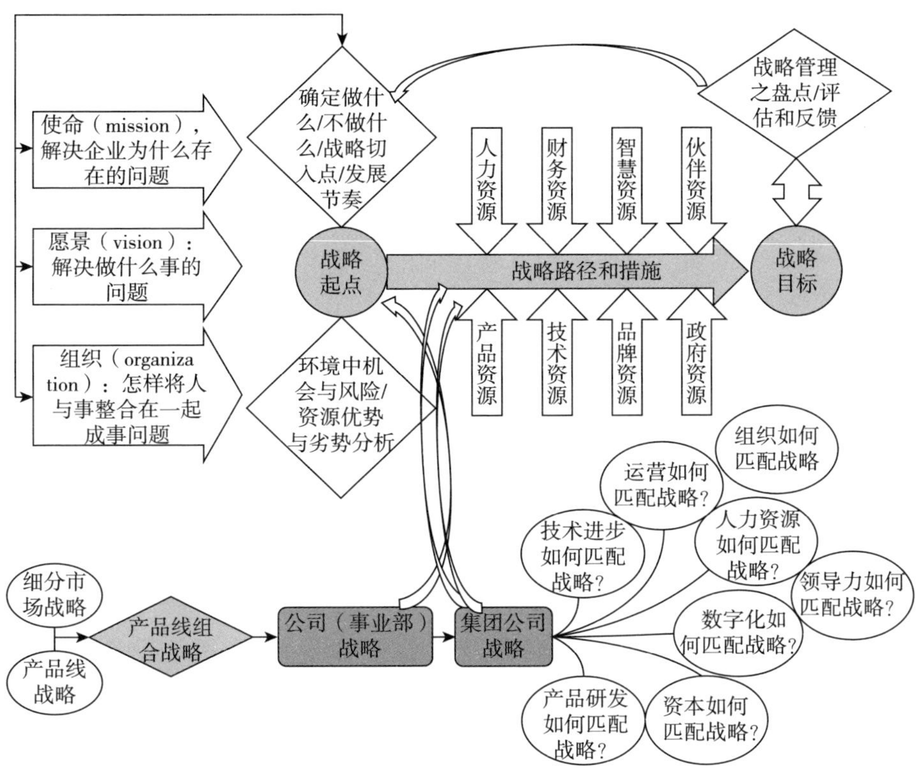

图 2－2　药企战略图

入、系统的认知，那就为制定战略打下了非常好的基础。

在完成这一环节后，就可以也应该确定企业使命（mission）——解决企业为什么存在的问题；确定愿景（vision）——解决做什么事的问题；确定采用什么样的组织构架（organization）——实现怎样将人与事融合在一起成事的问题。

对于一家优秀的药企，要想吸引真正的人才，要想做出一番事业，肯定要给大家自我成就感，一种超出小我的大追求，这就是使命和愿景的独特作用。

组织为什么要有使命感？本质上是解决组织存在的意义。什么叫组织？组织是一群人走到一起，完成单个人不能完成的任务的一种形态。

什么样的人为了什么样的目的走到一起，这是企业存在的"终极目标"。如果仅仅以钱、权力和所谓的自我实现作为存在的目的，从战略学的角度来说是没有差异化，因为钱、权力是过于同质化的东西，没有差异化就没有办法吸引到更好、更不一般的人才。所以，使命感是企业非常重要的基石。

使命、愿景和组织本不是战略层面的必要内容，却是制定战略、落实战略、实现战略必不可少的前提和基础。

有了使命、愿景和组织形式，有了企业环境中机会与风险、资源优势与劣势分析，就能确定药企的独特定位、能做什么、不能做什么、战略切入点在哪里、发展节奏是什么样子。

企业战略选择见图2－3。

如果用一句话概括战略内容，实际上药企就是在想做、能做和可做的交集上实现你的愿景和使命。

（2）战略实现路径和关键措施。战略定位和路径确定后，就要按照战略进行资源配置，包括人力资源、产品资源、资金资源、技术资源、政府资源、伙伴资源、智慧资源配置。

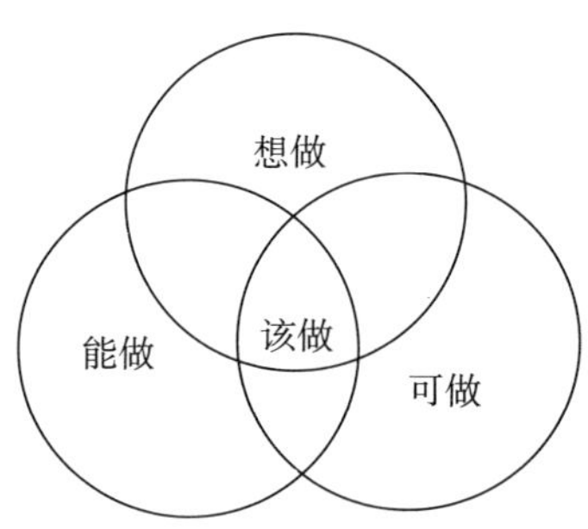

图2－3　企业战略选择

在实际战略制定过程中，药企一般会从市场细分开始制定产品线策略、产品组合战略，并由此上升到公司或事业部战略，然后是集团战略，最后要解决的就是技术进步如何匹配战略，运营如何匹配战略，组织结构如何匹配战略，人力资源如何匹配战略，领导力如何匹配战略，产品研发如何匹配战略，资本如何匹配战略，数字化如何匹配战略。

可见，这一阶段的核心就是匹配。

（3）有了战略起点和路径后是否就万事大吉了呢？不是的。要定期对战略实施情况进行过程管理，进行评估、盘点并及时反馈到战略起点。

在环境、政策和内部资源发生重大变化的情况下，还必须对战略进行必要的调整和优化，以使战略和运营能够与环境及资源相匹配。

（4）战略的本质。战略具有科学性，任何成功的战略都有其规律性可循。一家药企创造、整合和影响了什么样的条件就会有什么样的结果，这就是战略的科学性。同时，这种科学性如何去落实？每家药企都不一样，同样外部环境中的威胁和机遇，同样资源的药企命运和发展结果不一样，这中间起主要作用的就是企业家在战略掌握上的艺术水平和创造性，没有办法学到。战略的经验性，战略当中的很多事情本身就是人做的事情，是经验的积累，只能言传身教，只能手把手地教、手把手地带。

战略的本质见图 2－4。

图 2－4　战略的本质

第五节　仿制药企业的战略选择

如果以辉瑞和梯瓦分别作为创新药企业和仿制药企业的标准，那么中国四千多家制药企业绝大多数都属于仿制药企业，只是从纯仿制药向仿创结合及走向创新药企业目标前进的阶段和步伐不同而已。

这里我们解剖一家比较典型的企业。我们姑且称之为 A 医药集团，A 医药集团坐落于西南某省山清水秀之城，25 年前从接管一家濒临破产的小中药厂起家，依靠老板敏锐的市场眼光、励精图治的精神，在 20 世纪末和 21 世纪初以极低的成本，经过三五年的时间就仿制了八个中成药，其中两个药品成为独家产品。因为这家药企将同品种的其余产品文号也并购过来并注销，而这两个中药“独家产品”是中药注射剂，虽然没有成为“神药”第一，但还是为企业赚得“沟满壕平”。到 2016 年前后，销售额已经有 30 多亿元人民币，这期间，企业又仿制了十五个畅销化药、一个生物类似药，其中三个已经上市，而另外十三个产品还在审批过程中。在甘肃和吉林拥有自己的中药材种植基地，建立了一家中药保健品厂。

在发展过程中，这家药企成立了医药商业公司从事当地配送和批发业务，成功进入当地两家商业银行并成为其中一家银行的大股东，拥有一家典当行，在当地拥有三个三星级酒店，自己的房地产公司，还拥有一家大型商场。

从产业种类和规模上讲，这家企业已经是当地的知名企业，产业横跨中药、化药、生物药、医药商业、中药材、保健品、金融、酒店服务业、商业、房地产，成为以医药健康产业为主，全产业链经营、多元化的综合性企业。

进入2018年以后，这种经营方式的弊端逐渐显露出来，主要表现在以下几个方面：

（1）八个中成药中的两个独家产品成为规模和赚钱的主力军，其余六个中成药和两个化药产品业绩平平，而包括医药商业在内的其他领域，如房地产、保健品、金融、酒店、商场不仅不赚钱还亏损，需要补充现金流才可以运营。非主业庞大，失血蚕食主业盈利能力。

（2）由于主业的盈利主要用于补助庞大的非主业，维持运转，新技术、新产品研发能力下降。最近15年，除维持已经提交审批几个仿制药补充文件以外，已经无力再开发新产品。

（3）2015年以后，没有任何创新，纯改变剂型的注册申请一个个如“石沉大海”，前期投入成为沉没成本。

（4）由于整体盈利能力下降，多家国有银行已经降低这家集团公司的信用等级，融资受到限制。在中小地方和民营金融机构融资成本大幅度上升。

（5）除药品以外的产业由于无法形成规模效应，无法吸引和留住专业人才，也没有资源进行提升竞争能力投资，扭亏为盈的希望渺茫，而剥离和出售又难以收回投资与成本。

（6）在医药领域，仿制药一致性评价以来，三个化药均应进行一致性评价，其中有两个产品还在298目录之中，但是每个产品都需要800万~1500万元投入。这样同质化的产品投入能否收回投资无法预计，不进行一致性评价可能会在几年内失去市场准入资格。

（7）更危险的是从2018年以后国家在推动辅助用药目录，两个中药注射剂由于现金流短缺无法进行深入研发提供有说服力的疗效数据，很有可能变为普药甚至失去市场准入资格，而这两个产品是公司近十年支撑运营的基本“黄牛”。

这家药企是当今政策和环境中几百家甚至上千家药企“战略尴尬”困境的缩影，从天堂到地狱只有几步之遥。

为解决这样的问题笔者建议分以下两步走：

第一步，解决“中国特色”带来的问题。做经营需要明确两个认知：价值认知、资源稀缺性认知。

关于价值认知。稀缺性是产品增值的必要条件，一些奢侈品、古董等由于天然稀缺，造成价格奇高。人工稀缺是由于采用了无法复制或复制时间非常长、投入非常多、技术要求高造成的。同质化药品多，价格下跌，这是最普遍的规律。要想提高利润率必须开发独家产品、技术复杂产品，造成进入门槛高、相对垄断形成竞争壁垒。

关于资源稀缺性认知。对于任何企业来说，资源都是稀缺的，不论企业大小，只是小企业资源会更为稀缺一些。受资源稀缺性束缚，企业只能做少数事业特别是在一个时期内只能在少数领域去拓展。如果企业在同一时期去做多个领域，那每个领域的投入就会摊薄，造成的竞争壁垒就会不足，从而引起多家竞争对手跟入，形成同质化竞争。由于在每个领域投入的不足，就难以吸引并留住顶级人才，难以开发顶级产品和顶级技术，造成产品价值稀缺性不足，盈利能力就会大打折扣。

基于以上两点认知，中国大量的仿制药企业必须痛下决心，进行取舍，收缩业务领域，聚焦自己擅长、市场需要的领域。将剥离的非主业业务换来的资源集中投入主业中，投入最能创造稀缺产品的环节上，从而创造出独一无二的价值。

第二步，借鉴跨国仿制药企业走过的道路来探讨自己的道路。这可以从三个角度来探讨：国际药企特别是发达国家仿制药企业走过的道路带给我们哪些启发？中国人口众多、人均收入不高的国情对制药产业有哪些动力和约束？中国医药产业 70 年特别是改革开放 40 多年积累的资源能够撑起怎样的产业局面？

不论是 Teva、Mylan、Actavis 和 Sandoz，还是日医工（Nichi-Iko）、沢井制药（Sawai）和东和药品（Towa）都是全球瞩目的仿制药巨头，它们或者是从医药以外的产业依靠并购进入，或者从作坊起家，经过艰苦的努力形成今天的辉煌。

中国目前最被看好的若干家药企如正大天晴、恒瑞医药、丽珠医药、药明康德等均是从弱小走向今天的局面，它们在战略上有哪些独特之处？

中国医药产业70年特别是改革开放40多年，从在华外资药企转战到本土药企，锻炼和培养了一大批既有国际视野又有本土经验的职业经理人。跨国药企在境内外为中国本土企业培养了一大批研发和技术人才，如今这些人才已经陆续回国服务。一大批本土企业家从作坊起家，在中国这块不成熟的市场和政策环境中依靠吃苦耐劳、市场敏锐性、学习能力强、适应本土环境，其中的佼佼者已经在中国医药市场中立稳脚跟。这些是中国仿制药企业不可多得的人才储备。

客观分析全球特别是中国医药市场的历史演变和趋势，借鉴跨国仿制药企业发展的经验和教训，继承和发扬中国仿制药企业中出类拔萃药企的成功经验。

一、仿制药依然是中国未来最为庞大、不可或缺的医药资源

（1）中国经济虽然在全球仅次于美国位居第二位，但人均收入排到七十几位，十四亿的庞大人口基数很难在短时间内都服用创新药，那些安全可靠、疗效明确、质量水平高的仿制药仍然是中国医药市场的主流选择。

（2）美国虽然是当今最发达的经济体，但其仿制药处方量已经接近总处方量的90%，日本也在78%左右，发达国家尚且如此，中国作为最大的发展中国家，仿制药依然不可或缺。

所以，坚定地做好仿制药依然是不错的选择，但是必须在降低运营成本、扩大规模、推动技术进步方面有长足的进步，否则仿制药领域就会成为“鸡肋”。另外，仿制药的价格会比过去的40年大幅度下降。以美国为例，2017年仿制药处方量已经接近总处方量的90%，但销售额仅占整个药品市场的21%。

二、仿制药企业的八重出路

（一）直接奔向创新药

在中国医药产业中，经过几十年的探索和积累，已经有不少于十家药企具备向创新药发展的基础。这些曾经的仿制药企业盈利能力较强，因为产品虽为仿制药，但不是首仿就是破解专利的药品；有较宽阔的融资渠道，吸引投资能力强；人才济济，吸引人才、培养人才、留住人才能力已经形成良性循环；构建和积累了随需而变、整体面对市场的经营体系；研发能力强而且具有相当的国际化能力。

几乎同时出发的仿制药企业，为何这些药企能率先进入创新药领域？因素很多，但最主要的因素就是掌门人的远见，他们没有被政策“推着”走，能够看清产业本质和趋势，不投机取巧，主动作为，在迷雾中从未迷失方向。

（二）做大仿制药

仿制药不是死路，如果你拥有大量的仿制药品，并且能够保障大规模、高质量、低成本生产，本身就具有很强的竞争力，梯瓦、山德士等公司就是很好的例子。梯瓦公司于 2017 年的销售额为 235 亿美元，全球药厂排名第十，不弱于很多创新药厂。

（三）聚焦有限治疗领域

如果没有上述两类仿制药企业的实力和资源，可以在现有产品线中进行取舍，聚焦擅长市场又有潜力的有限领域，深耕细作，成为细分领域有竞争力的药企。

（四）聚焦医药产业链的个别环节，做专、做强

在社会分工、社会化大生产和专业化大趋势下，一些仿制药企业根

据自己的特长聚焦个别环节，如 CRO 或 CMO 或 CDMO，形成规模效应、专业化效应和差异化效应，也是不错的选择。

（五）转战不发达市场

中国虽然属于发展中国家，但是技术进步比较快，可以利用中国在医药产业方面的优势进军中亚、非洲、南美、东南亚国家。这些国家的医药市场在扩大，竞争对手不多，世界跨国医药巨头又不屑于进入，可能是中国仿制药企业的不错选择。

（六）与其他药企合作

对于有愿望做强而自身实力不足的药企，可以与产品线差异化、产业链环节强弱差异化和市场区域不同的药企在产权、市场、产能、知识产权等方面合作，形成优势互补，共同做强。

（七）转型健康领域

除了药品以外的健康领域，研发投入少、研发周期短，从事处方药或者仿制药企业在科研及医学专业能力上虽然平平，但通常会强于一般健康类企业，仿制药企业结合其自身特色可以往非处方药、药妆、特医食品、保健食品等大健康商品转型，通过强力的医学能力降维打击，利用自身的科研及专业能力在大健康商品上构建独特的竞争优势。

（八）退出医药产业

在医药产业政策和生态急剧转型的时刻，一些药企由于长期以来在新产品方面积累甚少，无论是规模还是盈利能力都难以制胜，人才、资源等方面与正在发生的生态重构也无法完全吻合。这样的药企择机退出不失为一种有智慧的选择，变现的资源可以在微商、投资等领域轻松上阵。

三、仿制药企业的六项战略

（一）规模

仿制药做大才能做强，通过内生和外延两个途径扩大规模效应。

内生发展方面，采取包括产品、人才、机制、制度、流程和服务等一切措施释放存量资源的市场价值。一些仿制药企业存量资源并不是一无是处，比如有为数不少的药企独家产品一直在“睡觉”，没有找到唤醒“休眠”产品的恰当办法；一些有价值的药品或者工艺存在瑕疵，或者设备满足不了需要，或者没有进入医保，或者没有进入基药目录，这些不足都可以在市场推进中被逐项解决；一些药企员工是有发展企业办法和资源的，但是机制、文化不支持员工创造能力和发展能力的发挥。处于迷茫中的仿制药企业必须提升认知水平，重新认识自己，发掘深藏在员工和市场中的潜力。

外延发展方面，要根据自身条件和资源情况，根据自己所能掌握和影响的资源推动产业链纵向并购，既能通吃产业链各个环节的利润，又能确保自己的发展不受制于人。通过横向并购补充自己缺乏的生产线、技术、产品、市场、人才乃至机制。

在处理内生发展与外延发展关系方面，内生发展的根本是核心，外延发展是手段，只有内生发展积累起足够的管控能力、资源和人才，外延发展才能发挥更好的作用。

（二）从仿制药到创新药的成长路径

从跨国医药巨头的发展路径和中国本土优秀药企的经验看，仿制药到创新药是一个比较长的路径。第一，不要急功近利，要从各方面创造条件，逐步积累资源，按照客观规律，做到水到渠成。第二，确定这个目标后不能动摇，要持之以恒，无论在多么困难的情况下都要直奔目标不可放弃。

从普药到新药成长路径图见图2－5。

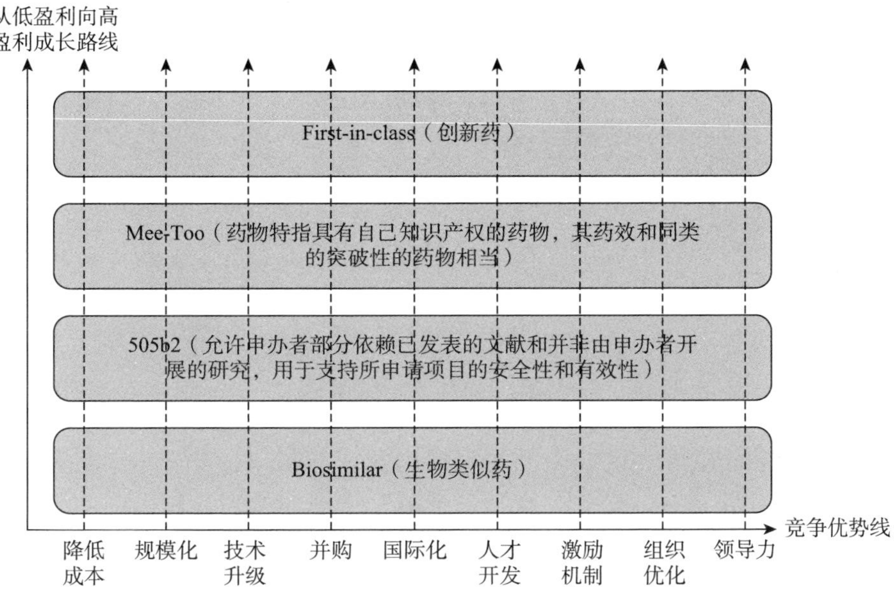

图2－5　从普药到新药成长路径图

见图2－5，有志于从仿制药向创新药发展的企业或者想从低盈利仿制药企业向高盈利仿制药企业发展的药企，都可以从简单技术向复杂技术、从纯仿制到仿创结合发展。比如可以从普通仿制药向生物类似药（Biosimilar）发展，继而向允许申办者部分依赖已发表的文献和并非由申办者开展的研究，用于支持所申请项目的安全性和有效性（505b2）拓展，再进一步向药物特指具有自己知识产权的药物，其药效和同类的突破性的药物相当（Me－too）发展，直到开发完全创新药（First in class）。

（三）成本

基于各国医疗保险的巨大压力和趋势，药品降价在可以预见的未来一定是一种趋势。不论是做仿制药还是创新药及在此之间的任何阶段，提升管控成本的能力，千方百计降低成本费用都是必不可少的，以期在全国性或区域性集采中提高中标率。

药企管控能力的水平是其经营水平高低最好的表现方式之一。一般的经理人和掌门人一说到降低成本就想到裁员、降低工资，另一些经理人则想到了控制生产成本、降低采购价格甚至不惜偷工减料来达到目的。而有经验的经理人则会将控制成本当作一个系统工程，从制度、流程、标准角度，将开源和节流结合起来进行。有胸怀和境界的经理人则会将无形成本和有形成本放在一起考虑，会将人、环境、技术、运营结合起来。

（四）原料制剂一体化

为着降低成本和保证制剂的原料出发，仿制药企业一定要将制剂和原料一起申报并取得产品文号，至于实际运营时是自己生产原料还是外采原料要根据具体成本、质量和可得性来判断与决定。另外，纯粹的制剂直接降低成本潜力有限，但是原料药则潜力巨大，可以通过技术进步降低成本，也可以通过生产中提高每一反应步骤提高收益率来降低成本。

（五）技术创新

持续推动技术进步，加大研发投入，提升仿制药（ANDA）的获取能力。加大高技术壁垒领域研发投入和布局，具有较高的定价和盈利能力。那种认为仿制药不需要技术创新和研发的观点是错误的。

药品给药途径与品类竞争阶梯图见图 2－6。

图 2－6 勾画了当下中国仿制药企业从普通口服固体制剂到更复杂剂型的路线图，从图中可以看出，中国目前绝大部分药企的剂型都是口服固体制剂，竞争门槛非常低，技术含量不高。一些有远见的药企通过向复杂剂型挺进逐步拉开与低竞争力药企的距离，有条件的药企要积累资源向上拓展。

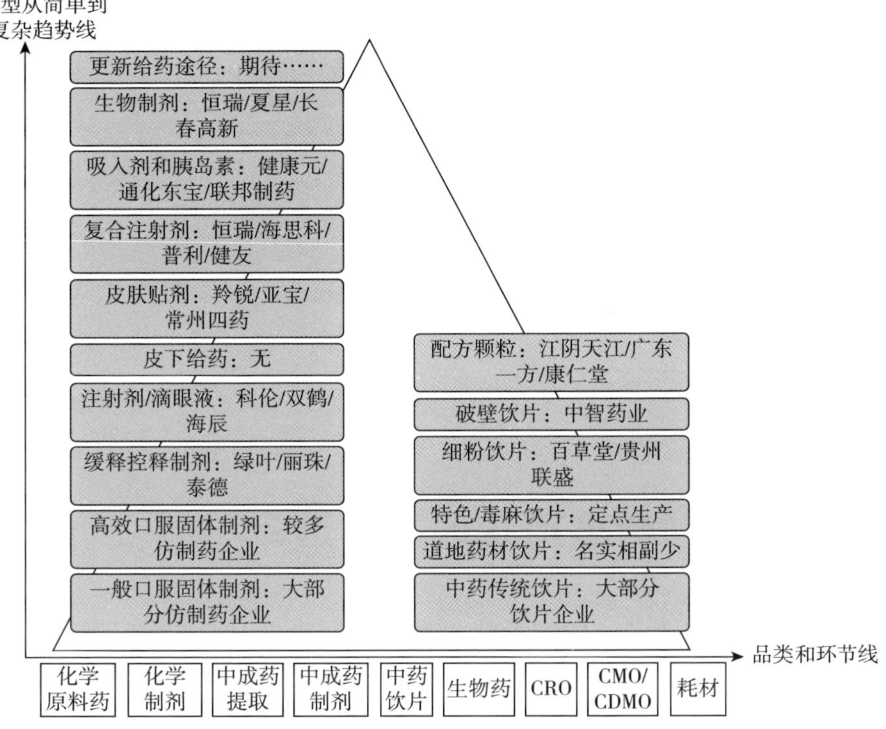

图 2－6　药品给药途径与品类竞争阶梯图

（六）提升企业组织管控能力

无论仿制药企业选择了八重出路中的任何一个出路，上述五项战略都对药企的组织管控能力提出了非常高的要求。

组织能力不足主要体现在以下几个方面：

小规模时期的集中决策方式将妨碍大规模时期的发展，造成了解情况的无权决策，有决策权的不了解情况。

两级组织和三四级组织对经理人的要求存在很大差别。两级组织时下级只要听话就行，而三四级组织的经理人必须有决策能力、责任感和担当。

技术进步需要大量的高水平专门人才，与高学历、高水平人才相处的方式与低学历、操作型员工的相处方式不同。

药企规模的扩大增加的复杂程度是不能以销售额和人数增加同步衡

量的，有时难度和复杂性是跳跃式增加。小规模组织可以只管行为，而中型组织就只能管人，大型组织就要管员工的思想。

中国仿制药企业正处在快速变化、分化过程之中，虽然面对相同的政策、相同的环境，但每家药企都存在不同的资源，优势和劣势不同，机会和威胁也千差万别。但都有机会在八重出路中选择一条适合自己的发展道路，同时善用六种战略提升自己，探索出一条光明和可持续的战略。

第六节　创新型药企的战略选择

中国医药产业经过中华人民共和国成立后 70 年发展特别是改革开放以来 40 多年的快速发展和资源积累，已经快步走过仿制药短缺阶段（1949 – 1989 年）、新药觉醒阶段（1989 – 1999 年）和创新药自发阶段（2000 – 2015 年），从 2015 年 7 月 22 日“临床数据自查”起进入创新药崛起阶段。虽然中国真正意义上的能够与全球顶级药企开发的创新药在疗效上媲美的为数寥寥，但是从政策支持到多数有远见药企的觉醒，投入研发资源之多、资本之青睐都预示着中国医药产业正在进入创新药崛起阶段，还有漫长和艰辛的道路要走。

中国医药产业发展阶段见图 2 – 7。

在我们投入大量资源进行创新药发展的时候，不会盲目进行投入和运作，一定会以终为始，预测一下未来的市场格局和需要。综合与大量药企掌门人和市场总监的访谈及沟通结果，大家有一个共同的感觉：未来的中国医药市场格局，创新药市场会越来越大，过专利期的所谓原研药市场量不会有大的萎缩，但价格会大幅度下降，导致以销售额统计的市场份额会大大缩小，而以辅助用药为主的“神药”市场份额会大幅度下降，通过仿制药一致性评价药品的数量会有较大提升但价格会下

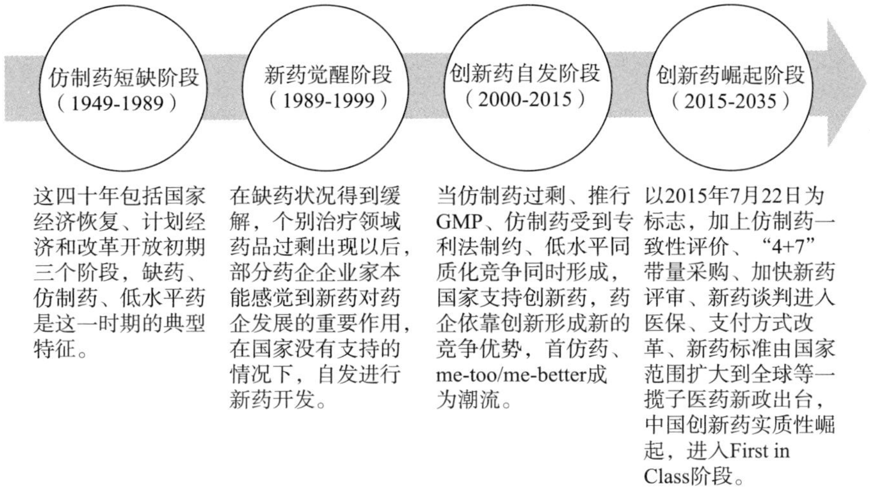

仿制药短缺阶段
（1949-1989）
新药觉醒阶段
（1989-1999）
创新药自发阶段
（2000-2015）
创新药崛起阶段
（2015-2035）
这四十年包括国家经济恢复、计划经济和改革开放初期三个阶段，缺药、仿制药、低水平药是这一时期的典型特征。
在缺药状况得到缓解，个别治疗领域药品过剩出现以后，部分药企企业家本能感觉到新药对药企发展的重要作用，在国家没有支持的情况下，自发进行新药开发。
当仿制药过剩、推行GMP、仿制药受到专利法制约、低水平同质化竞争同时形成，国家支持创新药，药企依靠创新形成新的竞争优势，首仿药、me-too/me-better成为潮流。
以2015年7月22日为标志，加上仿制药一致性评价、“4+7”带量采购、加快新药评审、新药谈判进入医保、支付方式改革、新药标准由国家范围扩大到全球等一揽子医药新政出台，中国创新药实质性崛起，进入First in Class阶段。

图 2－7　中国医药产业发展阶段

降，导致以销售额计的市场份额会大幅度下降，会形成欧美日市场今天的局面，就是创新药在数量上可能占市场份额三分之一以下但销售额会占市场份额三分之二以上，相应的仿制药市场数量会在三分之二以上但销售额会在三分之一以下（见图 2－8）。

未来医药产业格局图见图 2－8。

医院
IT
智库
CRO
创新药企业30：70
监管
仿制药企业70：30
CMO
CSO
CDMO

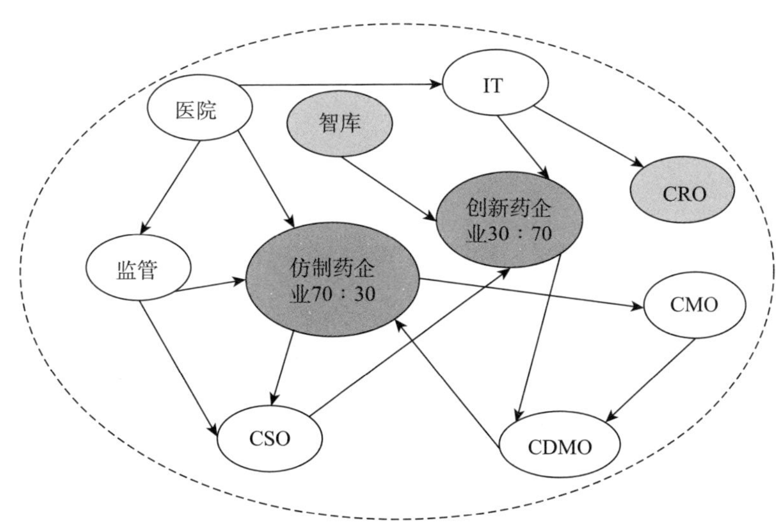

图 2－8　未来医药产业格局图

德菲尔法对未来医药市场格局所做的预测图见图 2－9。

类别	2018	2019	2020	2021	2022
原研新药	572	772	872	972	1 072
原研过专利期药物	5 148	5 101	5 033	4 448	2 042
仿制药	3 770	4 137	4 563	5 078	4 836
辅助用药	3 510	2 984	2 457	1 755	1 755
合计	13 000	12 993	12 925	12 253	10 066

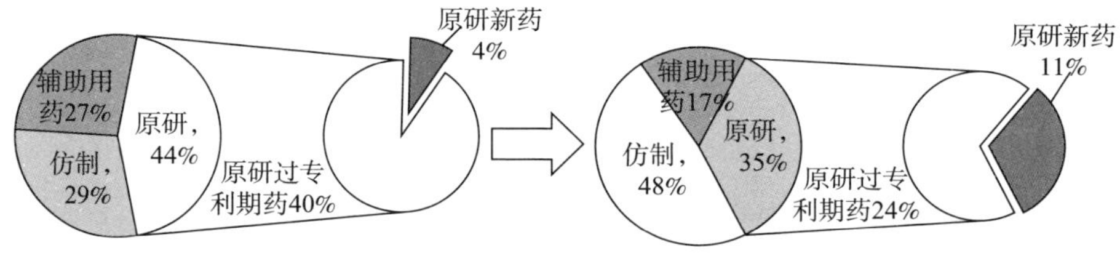

图 2－9　德菲尔法对未来医药市场格局所做的预测图

面对中国医药市场未来的市场格局和发展趋势，有志于做创新药的药企在快速变化、模糊、复杂、不确定性强的时代如何扬长避短，如何跨过或明或暗的陷阱，如何整合资源实现目标这些都是创新药企掌门人必须回答的命题。

一、创新药市场面临什么样的历史机遇

（1）表 2－1 是从 2015 年以来涉及医药行业的主要政策，正本清源，推动创新、规范、降价和国际化，从根本上拨正医药产业发展方向，医药产业创新环境大大优化。

（2）随着人们生活水平的提高和全球治疗信息更加对称，百姓对于创新药、疗效更好的药、罕见病药、高品质药有更高的期盼，期盼加上支付能力就会产生需求。

表 2－1　2015 年以来医药行业的主要政策

医药			医疗		
研发	生产	应用	公立医院改革	分级诊疗	促进社会办医
1. 临床数据自查 2. 优先审评审批 3. 药品上市持有人制度 4. 化药注册新分类标准 5. 国家局当选 ICH 成员	1. 仿制药一致性评价 2. 环境保护法 3. 药品工艺核查 4. 飞行检查 5. 反不正当竞争法	1. 限抗/限中药注射剂 2. 辅助用药目录	1. 医药分开/取消加成/药占比 2. 医疗服务价格上涨 3. 严控医疗费用 4. 县级医院改革及诊疗下沉 5. 30 个城市推行 DRGs	1. 医联体 2. 家庭医生 3. 分级诊疗 4. 区域医疗资源共享	1. 取消“两定” 2. 将社会办医纳入医疗定点范围 3. 医生多点执业

医保			流通			
收入	支出	体制	采购	药价	批发	零售
1. 完善筹资机制 2. 延长退休年龄	1. 医保支付方式改革 2. 发展商业健康保险 3. 医保控费	1. 四个统筹 2. 六个统一 3. 大病保险 4. 医保全国联网 5. 异地就医直接结算 6. 医保局成立	1. 国家组织集中采购 2. GPO 3. 医院二次议价 4. 原研药价格谈判进入医保 5. 进口抗癌药零关税	1. 药价市场化 2. 国家药价谈判 3. 以量换价	1. 营改增 2. 两票制 3. 取消第三方物流审批	1. 处方药外流 2. 鼓励连锁 3. 医院不得托管药房

（3）全球资本市场对中国创新药越来越多的投入和追捧，使许多过去想做但没有资源做的创新药现在成为可能。

（4）与过去创新药迟迟不能进入医保目录不同的是，国家鼓励创新药通过谈判进入医保目录，大大增加了患者用药的可能性，在发展中还可能有更多的商业保险进入大额药费领域。

（5）大量在发达国家学有所成并有相当实际工作经验的高学历海归技术人才回到国内加盟创新药企或者自己创业从事新药研发，大大增快了新药上市的步伐。

二、创新药企业同时面临着怎样的挑战

（1）随着国家的进一步开放，已经能够接受药品境外临床数据，意味着境外新药有望在中国同步上市，加大了对资源和技术水平不如跨国药企的国内药企的挑战，使国内高质量药品市场竞争更加激烈。

（2）由于医疗保险额度的限制，医保控费、医院药占比限制和推动按病种付费等措施，新药进入医保需要进行药价谈判，从而降低新药价格，新药回报率将下降。

（3）创新药研发成本、临床试验成本和合规成本上升。

（4）由于目前商业保险不发达、新药价格偏高等因素作用，新药治疗的普惠性还不普遍，从而影响规模上升步伐。

（5）中国临床资源本来不足，临床试验管理水平偏低，加上急剧上升的跨国药企在全球多中心临床，在提升中国临床试验基地水平的同时短期内必将加剧临床资源不足的矛盾。

（6）长期以来，中国药品市场严重同质化，目前和可以预见的未来这种状况正在改变，但是最近五年出现了另一种同质化现象，就是在研产品同质化。

也就是说，从产品同质化上升到研发同质化，中国创新药发展和投资机构对创新药的投资取向正在陷入同一个误区：找风口，跟热点，而

忽略了医药产业本身的固有属性。前五年有肿瘤免疫药物（PD－1/PD－L1/CAR－T 创新药）热，现在正在呈现“替尼”热。可以预见，研发在研产品的同质化必将造成未来创新药的同质化，使本来稀缺的研发资源出现浪费。

（7）中国创新药企的全球化布局能力正在提升，但在可以预见的未来，还难以产生如“立普妥”等经典药品当年的盛况。而一个完全创新的药品如果没有全球市场的支撑，回报周期和回报率不可避免地会受到影响，从而打击投资方在中国创新药投资的积极性。

三、在上述五大机遇和七大挑战同时存在的情况下，中国创新型药企如何突破瓶颈成功进入全球创新药第一梯队

（1）把握产业发展脉搏。创新型药企和投资机构必须改变目前“找风口”“追热点”这样的行为。**回到根本和医药原点：在确保药品安全和高品质前提下持续改善疗效。**如果目前处于第一梯队和第二梯队的创新型药企缺乏这种远见，肯定在创新的道路上难以走远。

从发达国家已经走过的道路和医药产业发展的历史趋势分析，已经高速成长 40 多年的中国医药市场，从当初的 20% 高速降低到 10% 左右的中速，假以时日，随着市场的包含和成熟，增长速度还将降低，最后可能与目前美欧日市场一致，就是 3% 左右的增长或阶段性的停滞。

基于这样的产业规律，所有想在创新药领域有所作为的药企应该从现在开始就有所布局，在整个市场进入成熟期前全力冲刺未被满足的领域和市场，同时准备面对成熟期市场更新换代产品和技术，而不是依然在“我也是”（Me too）。

中国创新药发展格局图见图 2－10。

（2）逐渐切入创新药领域。基于中国目前和可以预见的未来，创新药企业的资源和经验与跨国医药巨头相比尚有较大差距，从简单到复杂，由仿制到仿创结合再到完全创新仍然是必须走的道路。但是，必须

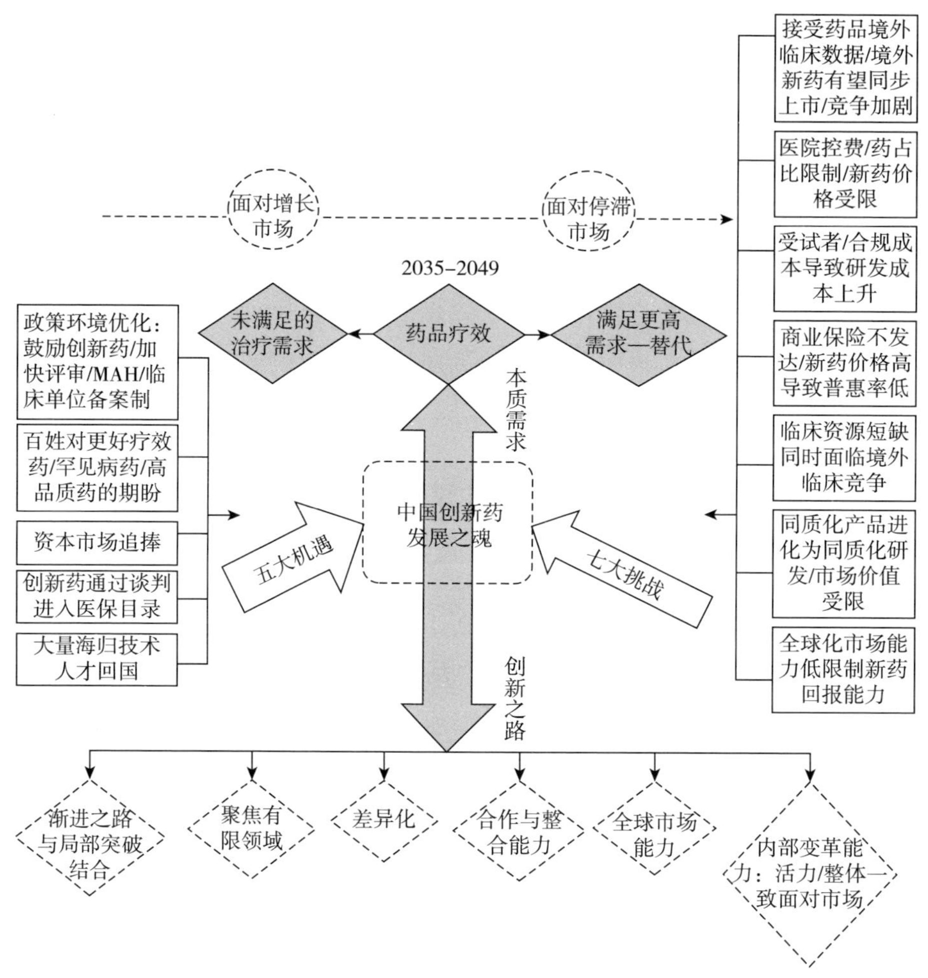

图 2－10　中国创新药发展格局

在局部领域实现突破，化整体弱势为局部优势，逐步实现更大范围的优势。

（3）聚焦有限领域。资源的有限和经验的不足是中国目前创新型药企的现实，一定要将业务聚焦到有限的领域，不可遍地开花，更不能广泛多元化。第一层次，只做药不做其他产业，包括赚钱的房地产、微商等热点领域。第二层次，在药领域只做制药，不再做与药相关的包材、药机、医药商业等。第三层次，收缩治疗领域和剂型。摆正五个指头和一个拳头的关系。

（4）差异化。笔者有一个感觉，本来业界在过去同质化竞争中是有共识的，并且要主动规避。但是，从最近五年的在研产品看，“千军万马过独木桥”同质化的现象从仿制药领域正在移向创新药领域。与此同时，人类疾病谱在继续发生变化，未被满足的治疗需求远未满足，如果今天的创新药企业仍然热衷于在同质化竞争的红海中煎熬，一定没有未来。

（5）合作与整合能力。新药研究不仅消耗资金巨大，成功率也不高。无论是从规避风险的角度还是从整合资源的角度，创新药企业必须改变长期以来“宁为鸡口，无为牛后”的观念，愿意合作共事，愿意分享权力，愿意分享收益，愿意分享成果。以跨国医药巨头的实力，合作和整合资源都是这些企业常用的经营手段，而实力相差很远的药企想独自做创新药，即使不是异想天开，也不是最好的道路。

近三年来中国创新药研发成功率见图2－11。

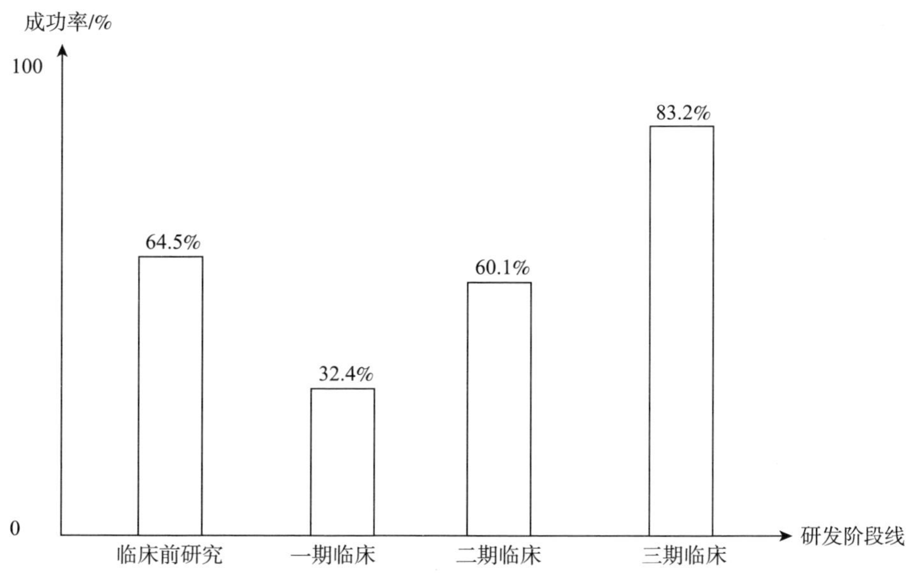

2－11　近三年来中国创新药研发成功率

（6）拓展自己全球市场拓展能力。中国创新型药企要学会用全球市场资源支撑自己的发展，可以采用技术许可、市场许可等多种方式在全球特别是发达国家拓展市场。对于过期专利药，也可以在欠发达地区和新兴市场拓展，以回收资金。

（7）内部变革能力。在创新药企战略中，不可或缺的是能够激发内部活力，增进企业内部一致性和整体面对市场的能力。

中国创新型药企的转型实际上是一场思想观念、战略和措施的革命，依靠已有的经验包括使自己实现目前成功的经验在未来都可能会成为包袱，必须根据环境的最新变化，向未来学习。根据环境和资源采取有针对性的措施，内部的活力、整体面对市场的能力就显得非常重要。

四、从应用研究向应用研究与基础研究结合转型

长期以来，不仅仅是制药行业，中国其他产业也一样，借鉴全球其他国家过去几百年特别是最近五十年取得的科学技术成果，依靠应用研究实现第二大经济体的成果，就以为这是灵丹妙药，就当作经验持续下去。

从战略层面讲，前二十年如果不是侧重应用型研究，我们就不能很好地利用全球技术进步的成果发展自己，就不能节省大量的基础研发费用。但是，在积累了一定资源和经验后如果不能适时转向基础研究，就没有原创的基础和动力，永远会跟在别人的后面走，而且还有专利和知识产权风险，永远没有带领全球产业发展的机会。

纵观最近二十年医药产业的研发，不论是化学药还是生物药乃至中成药，基础研究平台非常薄弱或者说没有。如未来有可能与单抗技术相竞争的 scaffold 技术，国外已经有 Nanobody、Affibody、Darpins、Anticalin、Adnectins 等十多个平台技术在研究；基于全人工设计，用于

代替 PEG 修饰技术的“recombinant Pegylation”，已经有 XTEN、ELP、PASylation 等不同的技术方案用于临床产品。这些平台还没有在国内发现。

第七节 药企战略整体解决方案

为什么中国为数不少的药企深陷低成本困局、习惯困局、方向困局、研发和创新困局、资本困局，即“五大困局”？从根本上说，有外部环境的原因也有药企自己的具体原因，既有共性的原因也有个性的原因。但是，缺乏远见和准备无疑是各种原因中比较集中和普遍的。一些有远见的药企早在 5 年前、10 年前甚至 20 年前就已经对目前的状况和未来的趋势有所洞见，它们并没有跟着政策亦步亦趋地前进，也没有与政策进行博弈，而是对中国乃至全球药品及治疗领域有清醒的认知，及早做了准备，所以才有今天的局面。这些药企没有陷入“五大困局”，今天的政策走向、竞争格局正是这些有远见药企所期盼的局面，它们感觉到大显身手的机遇到了。

为什么今天中国医药产业正在发生生存要素、产业结构、市场规则、国际化的“四大生态重构”？这是由于百姓健康需要、内外部环境变化和中国医药产业本身生存多种因素综合作用的必然结果，不得不重构，不能不重构。

我们先分析一下世界第二大医药市场、近五千家药企、近三百家上市药企为中国百姓提供了哪些“先进”产品。

2018 年上半年中国医药市场与同期国际医药市场用药种类对比见表 2－2。

表 2－2　2018 年上半年中国医药市场与同期国际医药市场用药种类对比

排名	国内市场/人民币			国际市场/美元		
	通用名	药品类型	销售额/亿元	中文名	药品类型	销售额/亿元
1	氯化钠	辅助用药	15.87	修美乐	单抗	98.94
2	人血白蛋白	血液制品	15.19	艾乐妥	小分子	48.1
3	氯吡格雷	化药	12.01	来那度胺	小分子	46.87
4	阿托伐他汀	化药	11.70	赫赛汀	单抗	36.54
5	紫杉醇	植物药	10.03	美罗华	单抗	34.83
6	美罗培南	化药	9.42	恩利	融合蛋白	34.64
7	恩替卡韦	化药	9.12	安维汀	单抗	34.64
8	地佐辛	化药	9.09	纳武单抗	单抗	31.38
9	伏立康唑	化药	9.08	MSD	单抗	31.31
10	泮托拉唑	化药	8.59	类克	单抗	30.33

从表 2－2 可以看出，中国医药市场的畅销品种前十种中有七种化学药，其余三种分别是辅助用药、血液制品、植物药；而国际市场的畅销品种前十种药品中有七种单抗，两种小分子和一个融合蛋白，供给百姓的基本是全球最先进的产品。

所以，中国医药产业必须“重构”，推动创新药发展。

国内外部分企业研发与营销费用占比情况见图 2－12。

从图 2－12 可以看出，中国医药巨头营销费用与研发费用占总销售额的比例为 4∶1，而国际医药巨头营销费用与研发费用占总销售额的比例为 1.75∶1。毫无疑问，中国药企在推销上用的资源远多于在技术进步和新产品开发上用的资源，所以医药生态不“重构”是不行的。

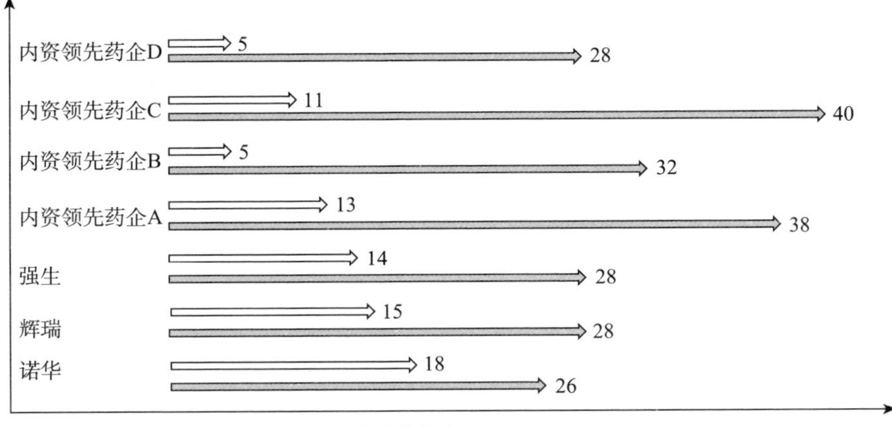

图 2－12　国内外部分企业研发与营销费用占比情况

中国药品销售分布见图 2－13。

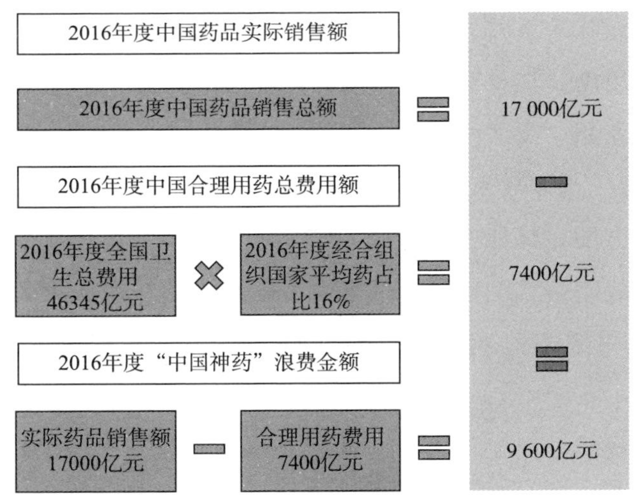

图 2－13　中国药品销售分布

从图 2－13 可以看出，2016 年度中国药品销售总额为 17 000 亿元。

而2016年度全国卫生总费用是46 345亿元。也就是说，药品占卫生总费用的比例为36.68%，而同期世界经合组织国家平均药占比只有16%。如果按照全球通用的“药占比”来衡量，中国患者实际上多花了9600亿元。也就是说，用药的技术、疗效档次是二三流，而费用远高于一流治疗水平。“神药”功不可没，所以不推动产业生态“重构”，中国百姓的医疗获得感很难提升。

基于这样的认知，中国医药产业的生态重构是必需的、不可避免的，而且是不可逆转的。那处于“五大困局”的药企不能再“视而不见”，必须猛醒并尽快付诸行动。

战略对企业之所以具有价值和普遍意义是由于它能够给企业带来清晰的目标、卓越的远见、良好的执行力和可以预期的结果，否则它什么都不是。

许多药企经营者热衷于王阳明的“知行合一”理论，但是往往割裂了“知”“行”之间的关系，将“知”与“行”当作两个环节、两件事情去看待。在笔者看来，“知”与“行”是一个整体的两个方面，只有善行才意味着真知，没有善行就无法判断你是否真知。

进一步思考，在“知”与“行”这个整体中暗含着另一个非常重要的元素，就是“果”，真知、善行、成果。“果”是对“知”和“行”的检验，“知”和“行”是“果”的成因，三位一体不可偏废。

在战略方面亦是如此，战略一定要可以落实，而且要得到结果。成果是战略和战略落实的结果，战略和战略落实是战略成果的成因，用结果检验战略和战略落实行为是否正确，用战略和战略落实实现战略成果。

由此，我们导出在VUCA时代战略体系的魔鬼三角方程，见图2-14。

有个“谁去给猫挂铃铛”的故事颇能恰当地形容执行力和领导力对战略力能否充分发挥作用。有一群老鼠开会，研究怎样应对猫的袭击。一只被认为是“聪明”的老鼠提出，给猫的脖子上挂一个铃铛。

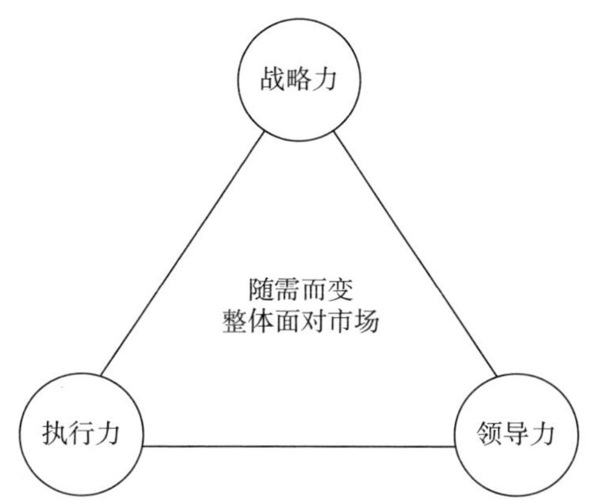

图 2-14　VUCA 时代战略体系魔鬼三角方程

这样，猫行走的时候，铃铛就会响，听到铃声的老鼠就可以及时跑掉。大家都认为这是一个好主意。可是，由谁去给猫挂铃铛呢？怎样才能挂得上呢？这些问题一提出，老鼠们都哑口无言了。

这里面反映了执行力和领导力与战略力之间非常密切及直接的联系。如果抛开猫和老鼠之间生物链层面上的天敌关系和双方悬殊的搏杀能力，方才的“主意”应该说天衣无缝。但是，考虑到猫与老鼠的“宿怨”和双方悬殊的搏杀能力，没有哪个老鼠愿意去做这项危险的“工作”。在这个层面，老鼠会议的“主意”就是缺乏执行力资源和能力的战略。抛开这些，让哪个老鼠或哪些老鼠来执行给猫挂铃铛这项任务，则反映了领导力的强弱。怎样发挥卓越的领导力能够说服个别老鼠或组建一个老鼠团队去执行这项“艰巨”的任务？或者能够让个别老鼠或老鼠团队能够主动地执行这项任务？

在医药产业现实经营中也有大量的案例说明战略力与执行力和领导力不匹配。比如有一家以治疗皮肤病为主的制药企业，战略制定后执行两年的效果非常不好。经过调查和研究发现，有以下几个方面的原因：

（1）这份战略确实有事先没有考虑到的方面，如行业外巨头通过并购进入皮肤病领域，以全新技术武装的新药、新剂型已经进行三期临床试验，皮肤病疾病谱正在发生变化。

（2）新药上市所需要的巨额营销费用没有在当年预算中安排。

（3）在营销一线过去几年中作风硬朗、专业能力强、业绩比较好的几位骨干正陆续离开公司。

（4）这些骨干只知道目前的经营和管理措施，对下一步的打算和安排完全不知道。

在上述案例中，这个战略没有考虑到执行力资源和领导力资源的制约，而执行力资源和领导力资源也没有全力以赴地配合战略，战略力、执行力和领导力之间内在的有机联系被人为地分割。

VUCA 时代战略体系魔鬼三角方程详图见图 2－15。

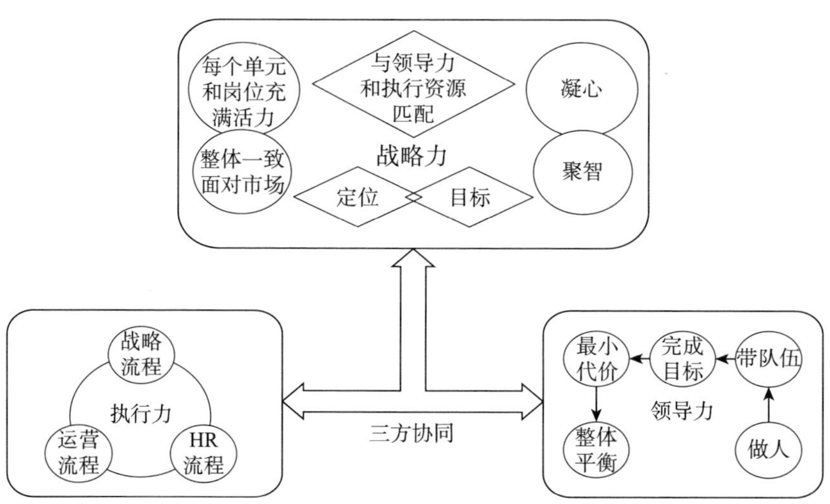

图 2－15　VUCA 时代战略体系魔鬼三角方程详图

战略力在 VUCA 时代战略体系魔鬼三角方程中的核心是远见，所以药企及其产品要有明确的定位和目标，关键是与执行力和领导力协同及配合，主要作用是凝聚人心和汇聚智慧。目的是既要使每个业务单元和岗位充满活力，又要确保企业整体一致面对市场。

第八节 药企战略之执行力与领导力

据对56家药企发展战略的调查，其中有48家药企自称有战略，占调查总数的86%。而这48家中，有35家拿出了履行编制、审核和批准程序的书面战略文本，占48家的73%，占调查总数的63%，另外13家称有战略但没有写成书面文件。

而在这48家有书面文件战略的药企中，有26%的掌门人认为战略基本上执行到位，有52%的掌门人认为战略执行了但效果不好，其余22%认为基本就没有执行。

这就是说，药企战略之难既在于战略制定之复杂、环境之变化和资源之有限，更在于如何落实执行，尤其在于难以产生可以预期的成果。中国药企对战略之向往，对战略之“痛恨”，对战略之恐避不及，往往是由于缺乏有效的执行而导致产生不了预期的结果。

一、跨越战略落实的鸿沟，建立执行体系

为什么有战略却落实不下去？笔者从大量的问卷调查和实地考察中感觉到，多数战略没有落实的药企其主要原因是在战略和结果之间存在巨大的“鸿沟”，也就是在希望取得的战略目标和该企业实现这些战略目标的能力之间存在巨大的差距，这个鸿沟就是执行。

执行不只是一个战术问题，还是一门学问，更是一个系统。执行是一套系统化的流程，包括对方法和目标的严密讨论、质疑、坚持不懈地跟进，以及责任的具体落实。从最基本的意义上来说，执行是一种暴露现实并根据现实采取行动的系统化的方式。战术是执行的核心，但执行

不等于战术，执行是战略的基础，所以执行必须同时成为战略的决定因素。执行必须渗透到企业的回报系统和行为准则中。所有伟大的领导者都需要有一种执行的本能：必须相信，除非我能使这个计划真正转变为现实，否则我现在所做的工作根本没有任何意义。执行型的领导者甚至不用告诉人们他们的工作是什么，他只需要提出一些问题，员工们自然就会知道自己的任务。

拉里·博西迪（Larry Bossidy）和拉姆·查兰（Ram Charan）关于企业掌门人与执行力关系的论断内容具体如下：

（1）他们对自己的业务有足够的了解，所以他们能够在一些重大决策过程中贡献自己的力量。

（2）他们能够为企业的发展确立明确而清晰的目标。复杂会导致误解，简洁会导致迷惑。

（3）他们会经常给自己的下属提供指导和培训。在这些人看来，判断自己领导能力的标准是自己所聘请的人的质量，所以他们会在确定提升对象之前对其进行充分了解。

（4）他们会通过在报酬和升职机会方面对表现不同的员工加以区别对待的方式来建立一个强大的领导基因库。他们确信，如果自己能够对那些具有执行精神的人给予充分的回报，如果能够提拔那些注重执行的人，自己的公司就会逐渐建立起一种执行文化。

（5）他们了解并勇于接受现实。他们不会带领自己的公司向着毫无胜算的方向发展。

（6）他们有着坚强的性格。他们不会因为小小的胜利而沾沾自喜，因为他们永远秉承着一种信念——止步不前者必将被淘汰。

正像“知行合一”中只有“知”没有“行”就难以有“果”一样，战略体系中只有分析、定位和取舍还不足以让战略落地并结出丰硕果实，必须有战略层面的“行”，就是执行。

21世纪初，拉里·博西迪和拉姆·查兰的《执行——如何完成任务的学问》一书在中国出版，一时间经营者和职业经理人几乎人手一册，最大的好处是找到了完不成任务的最大理由——执行力，最大的副产品就是推托成为上级最好的代名词。在热浪过去后，我们才知道，原来良好的执行实际上已经存在于战略体系之中。

执行力最原始的动力是战略。

许多做中高层管理的职业经理人甚至药企掌门人仅仅将执行作为对下级的要求和考核标准，而不去反思和改变自己，这是执行力不足最原始的缺憾，良好的执行一定是在战略层面就考虑到的。

一些药企看到一些创新型药企由于持续有一类新药上市，业界和资本市场对此也颇为看好，企业市值一飞冲天，所以也想做创新药。但是，做创新药需要长时间、持续地投入，你的现金流能支撑吗？你准备好做处方药的营销人才了吗？许多 OTC 药企将长期从事 OTC 销售的人才转移到处方药市场，以为都是药品销售，学一学就可以适应，多数这样做的药企都折戟沉沙。你有做创新药的研发人才吗？许多仿制药企业通过并购和外部高薪招聘获得了具备世界水平的研发机构与研发人才，但是几年下来后，钱没少“烧”，摊子铺得很大，却成果寥寥。

这是医药产业战略不支持执行最典型的案例。

如果能解决这一源头问题，在战略中就有执行的基因和安排，接下来就是如何构建与战略相匹配，能够执行落地的制度体系、标准体系、流程体系、人才体系和企业运营机制。

执行力的核心是战略流程、运营流程和人力资源流程。

战略层面执行的要义主要包括以下三个方面：

（1）执行是一门学问，它是战略的一个内在组成部分。

（2）执行是经营者的主要工作。

（3）执行应当是一个企业文化中的核心元素。

执行与战略、企业文化和领导者核心工作的关系图见图 2－16。

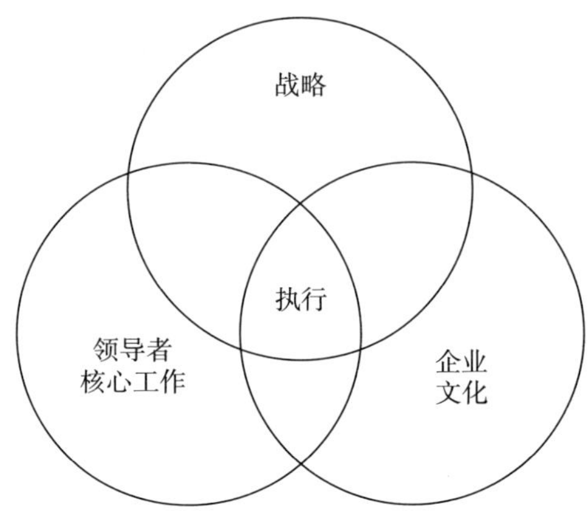

图 2－16　执行与战略、企业文化和领导者核心工作的关系图

二、执行的核心在三个核心流程

战略流程、人员流程和运营流程必须紧密联系在一起：战略的制定必须考虑到企业人员调解和运营过程中可能出现的实际情况，而人员的挑选和选拔也应当根据战略与运营计划的需求来进行，同时企业的运营必须与它的战略目标和人力条件相结合。

执行的核心图见图 2－17。

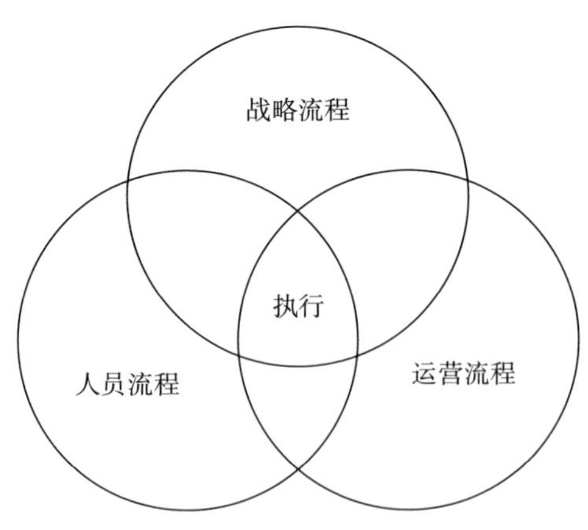

图 2－17　执行的核心图

三、战略执行的艺术

战略执行力模型图见图 2－18。

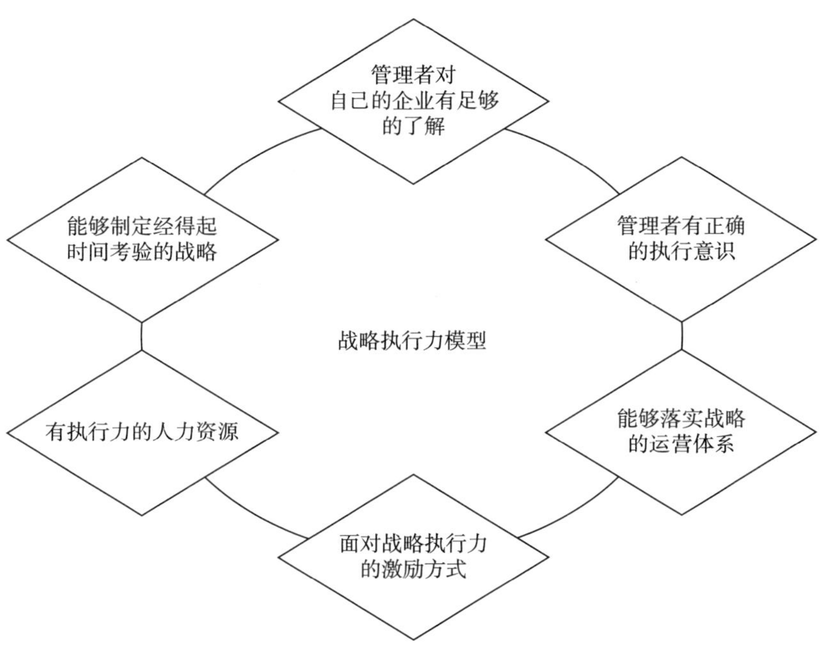

图 2－18　战略执行力模型

（一）战略本身不存在硬伤

战略本身必须不存在硬伤，也就是必须符合具体药企所处的环境并与内部资源相符合，必须凝聚内部各方面的智慧并有恰当的资源来实现这个战略。这样才可以说这个战略能够经受时间和历史的考验。

有的药企之所以制定战略实际上是为了应付上级公司，有的是为了应付下级或合作伙伴。“谁说我们没有战略?”所以在制定战略的方式方法、专业能力、凝聚共识等方面确实存在诸多不足，包括可能是草草收集一下外部环境和内部资源数据，总结几句人云亦云的关键词，如什么产业“散、乱、小、多”、几个“模式”创新，不一而足。缺乏与所在企业产品线、市场、客户、资源能力有针对性的分析和判断。有的药企是几个决策者憋在办公室几天“创造”出战略，根本没有与了解实际情况的员工和执行战略的员工进行充分沟通，更不用说采用什么专业的战略制定工具。战略存在硬伤是战略无法落地的非常重要的原因。

正确的战略必须使自己知道主管的药企在市场中处于什么位置，有何风险和机会，资源有哪些优势和劣势；知道目标在哪里，知道怎样达到目标，知道怎样应用、影响和整合资源以实现目标。

（二）经营者对自己经营的药企要有足够的了解

在战略无法落地形成结果的药企中，许多掌门人自认为对企业是了解的，因为许多药企掌门人是将这家药企从濒临倒闭状态解救出来的，从几百万元收入发展到几亿元、几十亿元甚至上百亿元，如果你说他（她）不了解自己一手带起来的药企，那真是“冤枉”了他（她）。但是，如果你认为这些掌门人真正地了解自己经营的药企，也不尽然。

许多药企掌门人实际上还活在创业初期，对产品的认识、对市场的认识、对政策的认识、对员工的认识严重落伍。所以，他们对自己一手创建或发展起来的企业的了解实际上越来越浮于表面。更何况由于对自己创建企业的“溺爱”心理，致使他们听不得一点外界对企业的批评，长此以往，自己实际上是活在自己的想象之中，直到大厦轰然倒塌才会猛醒。

更有一些药企掌门人随着企业规模的扩大和组织层级的增加，了解情况越来越依靠汇报，由于自己威望的提高，许多下属越来越不敢向老板汇报真相，只汇报老板愿意听的话。

基于自己没有真正了解自己的企业这个现实，如果由这样的掌门人主导战略的制定，风险是显而易见的。

要想真正了解自己的企业，掌门人必须带头自省，带头深入基层，带头抓战略、人力资源和运营。

（三）经营者必须有正确的执行意识

执行意识不正确主要体现在以下几个方面：

（1）认为执行是下级的事情，我就是做决定，落实是你们的事。事实恰恰相反，以笔者的调查，从统计结果上分析，在执行力不足的全部原因中，企业占32%，上级占33%，下级占35%，几乎是各占三分之一。

执行意识不正确的原因见表2－3。

表2－3　执行意识不正确的原因

序号	企业原因		上级原因		下级原因	
	项目	占比/%	项目	占比/%	项目	占比/%
1	理念和战略	6	清楚工作内容	5	清楚工作内容	9
2	职能	9	告知清（SMART）	6	行动计划	5
3	流程	7	定期绩效面谈	8	组织资源	4
4	年度目标和重点工作	10	过程管理/帮助下级解决问题	6	尽职尽责	4
5			复盘/分析/总结/评价	8	及时反馈进展	5
6					复盘/分析/总结/评价	8
合计		32		33		35

（2）执行力不足企业的上级往往认为对下级增加压力会提高执行力。在实际工作中，这种方法往往也是奏效的，但是这样做的副作用非常大，下级往往是口服心不服，执行力难以持久。随着时间的推移，一般的压力已经不足以让下级产生动力，所以必须不断提高压力。

（3）一般的上级会认为依靠培训可以解决执行力不足的问题。培训对于下级不知道怎么做的企业是有效的，但是这往往也是表象，因为执行力好的药企，其员工会主动、自行解决知识和技能层面的问题。

也有的药企遇到长期解决不了的难题会设置专门部门解决执行力不足的问题。这也是画蛇添足的举措，往往会加剧复杂性，对解决执行力问题犹如饮鸩止渴。

还有的药企依靠频繁的换人来解决执行力问题，结果越换越乱。

药企在近40年的经营实践中应该也体会到这样的事实：如果不能够从思想意识、系统上解决战略执行问题，仅仅以“点”和“线”的视角无法从根本上解决企业执行力不足的问题。

（四）构建与战略相匹配的运营管理体系

企业战略与运营管理的关系图见图2－19。

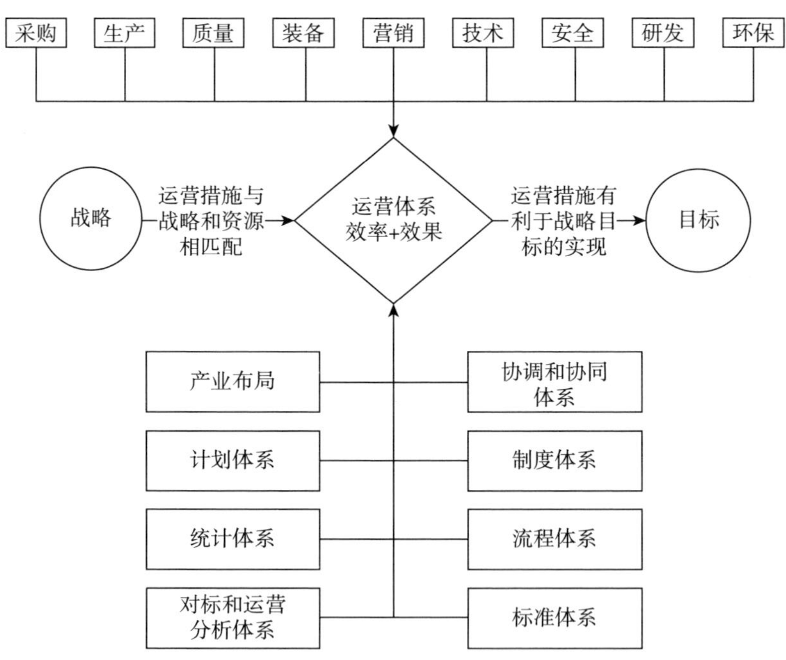

图2－19　企业战略与运营管理的关系图

战略与运营管理的关系，最关键的是体现在两个方面：第一，运营措施必须与战略和资源相匹配；第二，运营措施必须有利于战略目标的实现。在战略落实不理想的药企中，运营出现问题，触发点主要就在这两个方面。

（五）人力资源必须与战略相匹配

战略形成的基础条件就是外部环境中的机会与风险和内部资源的优势与劣势。在实际经营中，在与战略不匹配的资源中，人力资源往往起到非常关键的作用。比如，在中国当前医药市场中，可以说几乎所有的药企都处于同样的机会和风险之中，但是每家药企的人力资源和运营资源是不一样的，或者说处于不同的层面上，所以战略都不会一样。这里的人力资源，既包括存量资源也包括培养人才的能力，还包括整合人力资源让外部人力资源为本企业服务的能力，更包括外部引进的人才能够留得住、用得上并能够充分发挥作用。

在实际经营过程中经常遇见这样的情况，战略性措施或者是比较创新型的事不是没有人能做就是做走样，一些药企掌门人也经常哀叹无人可用。

（六）建立执行文化，从激励机制开始

如果一家药企将战略执行放到重要的地位，那一定会将员工执行战略带来的业绩与奖励直接联系起来，并使得这种联系变得透明。药企用实际行动向员工证明支持什么、反对什么，这比出台多少文件、领导讲多少话都管用。如果一家药企能够真正将员工的回报与他们的战略执行业绩相联系，那么这家药企的执行文化就会取得实质性进展。

奖励系统必须导致正确的结果。

四、领导力

领导力这一命题在中国也火了很长时间，至今尚未归于寂寞。为什

么会如此呢？这就是企业各级经营者和管理者包括职业经理人甚至掌门人都想提高自己的领导力，但是又不知道什么是领导力，抓不着、看不见，很是费心。

领导力这一命题在战略框架中之所以如此重要，是由于如果缺失领导力这关键一环，战略和执行力的效果都会大打折扣，战略、标准、制度、流程都是死的，而执行战略的人是活的，有血有肉，有情感有思想，必须用领导力这个火种点燃。

在4500家药企中，多少药企的掌门人长期不深入一线，但是又听不得一线反映的情况特别是不好的情况？有多少掌门人不了解客观情况但又掌握着几乎无限的、全部的权力？有多少下属不敢说真话？有多少掌门人打断下属汇报后滔滔不绝地说教？有多少掌门人自觉得“无所不能”？这实际上都是领导力缺失的表现。

什么是领导力？美国第34任总统的艾森豪威尔认为，“领导力就是让别人心甘情愿地为你干活的艺术”。美国前国务卿基辛格（Henry Kissenger）博士说：“领导就是要让他的人们，从他们现在的地方，带领他们去还没有去过的地方。”也有人说：“领导力是怎样做人的艺术，而不是怎样做事的艺术。”

如果说战略就是定位、取舍、目标，那执行力就是力度和刚性，在达成共识后，没有强力的措施和动力是无法将战略落到实处的，而领导力正是心和柔的艺术。用心工作、用心管理、用心经营、用心与同事交往，则“复杂”的领导力就会变得简单、易行。

领导力归结到一点就是如何做人，这是领导力的底线；如何带队伍，让团队充满活力和升级；如何实现目标；如何以最小的代价实现目标；这个目标还要与企业整体利益相平衡。

如果做到了这一点，“**VUCA时代战略体系的魔鬼三角方程**”就能够使你的企业**随需而变，整体一致面对市场**。

在长期的经营实践中，许多经营者都会感觉到，战略艺术和执行艺术能够发挥作用的首要条件就是领导艺术。因为战略和执行都是人来做的，而人是受自己的价值观、外在鼓励和制约甚至自己的情绪所左右的，所以经营者的领导艺术将决定战略和执行的最终效果。

关于领导艺术或领导力方面的培训课、文章和著作非常多，实际上领导艺术并没有那么复杂。处在战略、执行框架内的领导艺术鼓励以下八种行为：

（1）了解你的企业和员工。

（2）坚持以事实为基础，而不是似是而非和一厢情愿的想象。

（3）确立明确的目标和实现目标的先后顺序。

（4）跟进。

（5）对执行者进行奖励。

（6）提高员工的能力和素质。

（7）了解你自己。

（8）善于从自己的错误中学习。

经营者改善领导艺术必须从以下三个方面开展：

（一）感情强度

感情强度来自经营者的自我发现和自我超越，反映了经营者的信念。经营者要想获得真实的信息，必须具有一定的感情强度。也就是说，无论喜欢与否，都要面对现实。感情强度将使你有勇气接受与你相左的观点，有勇气去鼓励和接受团队讨论中出现的分歧。感情上的脆弱可以使一个人失去采取必要行动甚至做出正确判断的能力，而这些能力往往是一名领导者必须具备的。

感情强度具有以下四个核心特质：

（1）真诚。

（2）自我意识。一个不了解自己短处的人也很难充分发挥自己的长处。

（3）超越自我。坚持准则，适应环境。

（4）谦虚。

（二）善听

沟通是经营者必备的技能之一，但是多数掌门人在说、听、看三个沟通渠道中只会说或者特别善于说。据这方面的专家提供的案例说明，在沟通中说的作用只有10%，而听别人的语调和声音的作用则有30%，用眼睛观察别人的肢体语言则占60%的份额。所以，发挥听、看、说三方面综合性的协同才能使沟通达到最大价值。

沟通中各渠道效率图见图2－20。

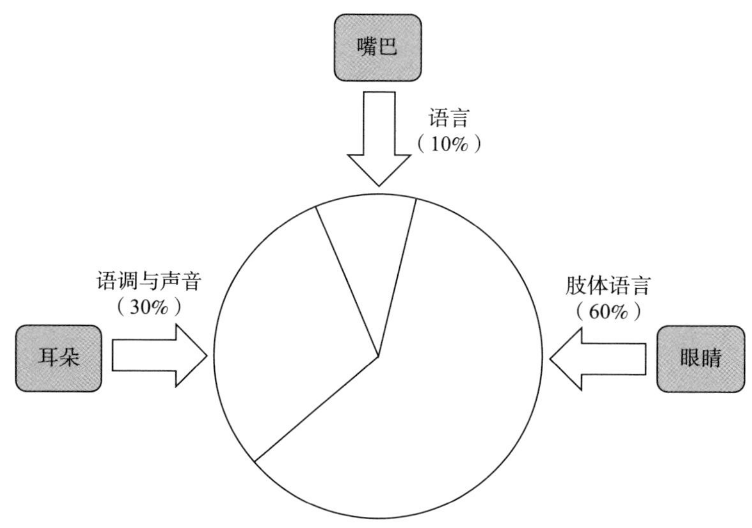

图2－20　沟通中各渠道效率图

善听的三个层次：

第一层次是倾听事实：对方讲述时，不根据自己的想法或固定的自我观念判断对方，只是听原本的客观事实。

第二层次是倾听感受：对方讲述的时候，感知对方目前处于什么样的情绪中，即用同理心去倾听。

第三层次是倾听意图：对方讲述的时候，认真倾听对方真正需要的是什么，真正的意图是什么。

（三）会问

什么叫会问？会问就是问能够启发对方思考、鼓励对方开阔视野、深度思考的问题。许多药企掌门人在沟通上只会两个技能：批评对方和告诉对方怎么做。这种方式提升的“执行力”往往是假执行力，而且副作用非常大。

具体的体现就是以下四个方面的问题：

（1）问开放式问题，不问二选一或三选一的问题。

（2）正向问题而不是负向问题。

（3）非判断式问题，不用“对/是/不是”这样的判断式回答问题。

（4）非隐藏着建议的问题。

任何科学的战略都需要落实的艺术，这种艺术包括执行力和领导力两个方面，以及与战略力本身形成战略体系的魔鬼三角方程式。

归根结底，掌门人的领导力第一在认清自己，第二在战胜自己。

第九节　华为学得来吗

最近几年，华为公司在激烈的市场竞争中脱颖而出，与当初几家可能成为世界级企业的中国巨头逐步拉开距离，成为中国改革开放以来最新一期的明星企业，其管理模式、文化、战略乃至食堂都成为有雄心的企业学习的重点。

医药界最近两年也有许多企业想学华为，一些媒体还评选出未来最可能成为医药界华为公司的企业名单，另一些媒体还列出成为华为式企业的必备条件，更有一些机构还请部分医药界目前知名企业掌门人开展

“走进”（注意实际是“走近”）华为行动。

种种迹象表明，医药界最近几年确实有紧迫感了，因为与其他行业相比，医药产业目前距离世界水平是最远的。应该对这种虚心学习先进的态度表示赞赏，但出于职业责任和良知，不得不奉告这些可爱的华为粉丝：从本质上讲，华为是学不来的。

华为公司截至目前的成功是偶然性与必然性相统一的结果。首先，华为公司快速发展的三十几年是中国经济发展最快的时期，这三十几年中国 GDP 增速平均在 12% 以上，华为公司也抓住了这期间全国通信系统更新和技术进步的黄金时代。这个时期的经济发展速度、竞争水平和竞争环境在中国可以说是特殊时期的特殊竞争环境，是可遇不可求的。其次，华为创始人任正非的聪明才智不输于同时代企业家，其胆量、见识、远见、耐力和持久坚持一件事的精神是与他同时代企业家所不及的。可以说，他刚刚创业的那几年是看不到华为公司会有今天的成就的，也不会想到那样的付出会有今天的回报，以那个时代的观点，任正非的行为可以说有些“傻”、有些“愚”，但他就是这样坚持了下来而且成就了华为。而其他“聪明”的企业和企业家继续走“聪明”的道路，但在社会、经济转型，竞争进步到核心战略的时候，分水岭出现了，华为公司胜出，所以说具有偶然性。

许多企业家和专家学者认为，是《华为基本法》成就了华为公司，笔者认同，但这不是华为成就今天的必要条件。翻开《华为基本法》，通篇没有华丽的辞藻，没有可望而不可即的理论，都是实在话。许多企业都有一些舞文弄墨的“人才”，其写出来的文章、报告不论是逻辑性、文采和战略都不逊于《华为基本法》，为什么没有将企业带到更高的经营水平上？在人不在文，在行不在言，在韧劲不在冲劲。我早在北大读 MBA 时就听说过《华为基本法》并且被其所吸引，所以千方百计地找到了原本，读过后更被其魅力所折服。但实际上回过头来看，当时自己对这篇文字并没有完全读懂，而是随着时间的流逝，随着自己也作为企业决策人经营企业，才感觉到这篇文字的内在力量。《华为基本法》之所以有如此的魅力，首先在于华为公司能够三十几年力行其理念而不是束之高阁；在于这些文字能够深入每位员工的心中，成为统一员工思想的利器；在于随着竞争和环境的变化能够不断丰富和调整经营策略而不改初衷。

当你解构华为的战略和业务轨迹，你会发现，华为公司的成功是常识的成功。许多企业家百思不得其解的东西就在这里：要战略，我们聘请全球顶级咨询公司制定了厚厚的战略；要人才，我们的专业人才也是国内外行业中的佼佼者，而且许诺了丰厚的薪水；要研发，我们在国内外建立了多个研发基地，聘请了国内外行业里顶级的专家加盟。为什么还是达不到华为公司的高度？令人担心的是，自己心中疑问多了就乱了自己的方寸；人才虽多但人才的心没有在你这里，其他的即使在这里也没有多少用处；战略文本再厚，没有抓住核心，无法应对变化，还是束之高阁的命。

从常识来理解华为的成功，主要在以下三点：

（1）不论你画了多大的蛋糕，不论你将愿景描绘得多么美好，你是否能够每年将利润的98%以上与骨干员工分享？

（2）你是否能够将每年收入的20%以上用于研发？尽管不是每一分钱研发投入都能够有收获，尽管研发受产业竞争影响很大，有的产品或技术研究出来后，这个产业就消失了。

（3）你作为企业掌门人是否愿意几十年如一日地坚持以上两点？

当然，华为作为世界顶级企业还有很多可取之处，但是如果你做到了以上三点，其他的你就会有办法做到并根据竞争环境不断调整自己以适应竞争。

最近几年医药产业的政策环境、竞争环境和经济环境发生了重大改变，整体增速下滑，成本费用升高，政策变化大，违规成本高。产业内许多企业至今仍没有厘清这些变化趋势并仍在用过去的办法来解决现在和未来的问题，我为这些企业担心。由此，许多企业家钻进各种圈子去寻找解决智慧，也会请业内专家会诊，请业内专家来公司讲学、培训。

每一个政策出台，都会有各种论坛对政策进行讲解，专业媒体上也不乏对趋势预测和解答的高论。如果我们与医药产业外的华为公司去比较，我们就会得出以下结论：越钻高深理论弯路越长，解决当前和今后医药产业的问题，第一靠自己，第二靠常识，第三靠坚持。

从这个思路出发，药企要想达到华为的经营境界或成为医药界的华为，必须注重内部建设，厘清内部的人、装备、机制、制度关系，才能不断抓住外部机会并成就自己。

人类社会近百年来发生了巨大变化，尤其是技术、装备的变化带动人们生活方式的变化，可以说是日新月异。但是，企业本质的盈利方式、人与人交往方式背后的价值观、竞争背后的关键没有多少变化，所以许多人在享受当下便利生活的同时回头向老祖宗汲取营养和智慧，这也是国学和西学在不同时期繁荣的原因。这些都证明了常识的力量。常识是人类千百年知识和智慧积累的结果，是多少人用血甚至生命的代价换来的教训，值得珍惜。在医药产业中，新技术、新产品会带来一定时期的垄断利润；高品质药、孤儿药会攫取更高的毛利；差异化而不是同质化竞争会有更多胜出机会；员工紧密团结比一盘散沙更容易提升企业竞争能力；等等。这些常识已经穿越几百年成为药企发展的瑰宝。华为让骨干分享经营收益，以顾客为本，以有作为员工为本，持续地研发投入，这些都是建立在常识基础上的经营策略。

从常识角度看问题，尽管近几年医药产业政策出台多、变化很快，反对意见不少，但是趋势是一致的，都是围绕规范产业运营、提高产业整体竞争能力、提高百姓用药安全感这一目标而开展。如果你认识到了这些，就不必为陆续出台的产业政策抱怨，不必眼花缭乱，不必被政策牵着鼻子走，而是及早、持续、踏实地推进自己企业的变革。

在医药产业发展进程中，由于政策导向和发展阶段使然，不同的药企都或多或少、或严重或不严重地存在一些与政策不符的环节，这是客观存在的，毋庸讳言。但是，及早整改比拖着看风向主动，真整改比做样子安全，彻底整改比头痛医头、脚痛医脚稳妥，这时的付出是小钱，是必须付出的成本，比被动整改成本低。不要有侥幸心理，不要有等等看的心理。

“学华为不如超越华为”，从不同的角度看会对这句话有不同的理解。有的人会认为这是口号，有的人可能会从中悟出更深的道理。华为虽然目前如日中天，但其如何解决接班人问题、如何面对通信和网络行业革命性的巨变和创新问题对其而言是非常有难度的坎，我们祝福华为能够走过这个坎。实际上，华为最可贵的是始终战战兢兢、谦虚、理智的精神。

借鉴华为的发展精神，走出一条中国医药产业发展道路，是我们责无旁贷的事情。无须急功近利，无须妄自菲薄，按照医药产业规律，踏踏实实去做，中国医药产业就会诞生出无数个比华为还强的企业，我们期待着。

第十节　从华为的发展看一流企业如何炼成（上）

华为作为一家企业受到国人敬重并成为中国企业学习的榜样已经不是近几年的事情，但是华为究竟强到什么程度，可以说华为以外的人基本说不清楚。针对当时企业界特别是诸多药企既想成为像华为一样的强大企业，又不想付出与华为一样的辛苦和努力的情况，笔者于2016年撰写了《华为学得来吗？——兼谈医药产业发展逻辑》一文发表在《医药地理》杂志上。

从文章发表到现在已经过去3年多时间，回过头来看，文章的基本命题、主要观点经受住了时间的推敲和考验。但是，作为当今世界头号强国的美国以举国甚至举全部势力范围之力围堵华为，华为的真实经营功力和诸多独特储备逐渐让世人对其有新的认知，特别是华为创始人任正非多次接受中外媒体采访，纵论华为和5G产业，让世界对华为有了崭新的认识。可以预料，随着时间的流逝，华为的发展经验和我们对华为新的认知对中国企业将是非常宝贵的财富。

中国医药产业改革开放40多年来，制药产业规模翻百倍，诞生了几百家上市公司、上百家国有企业、上百家外资药企。毋庸讳言，中国制药产业整体上在规模迅猛发展的同时我们的创新能力有进步但确实不大，四五千家药企，近三万亿元的规模，实现规模基本是靠仿制药，在仿制药一致性评价前仿制药的疗效和质量与被仿制的原研药相比还有相当大的差距，真正的创新药很少，而更应该引起重视的是，这样的仿制药并没有影响赚钱。

不仅如此，2015年7月22日国家推出“临床数据自查”措施，业内一片抱怨、反对甚至骂声，随后三分之二以上的申请被自动撤回。这说明什么？这说明这些药企的申请难以经受真实性检验。2018年12月“4+7”国家集采试点方案出台，也是一片抱怨、反对甚至骂声，随后三天医药股市值蒸发3000亿元。这说明什么？这说明药企整体上管控成本能力不强，在研发投入比重低于发达国家的情况下利润尚可勉强度日，一旦价格下跌就难以承担，客观上反映了药企运营效率偏低的现状。实际上，这些药企是“吃”未来的饭，截留研发的投入，以维持现在的生活。“辅助用药目录”就更尴尬了，截至2019年6月国家层面还没有出台全国性的辅助用药目录，但仅仅是国家出台一个相关通知或个别省或地级市出台用药目录就让涉及的药企如热锅上的蚂蚁。2019年6月3日，财政部发文《关于开展2019年度医药行业会计信息质量检查工作的通知》，对77家药企进行会计信息检查，紧接着国务院办公厅发布《关于印发深化医药卫生体制改革2019年重点工作任务的通知》，这两份文件发布后的2019年6月5日医药股又蒸发近900亿元市值。由此可见，二级市场对医药产业也没有足够的信心。

上面阐述的都是现象，但是这些现象背后反映了哪些规律性的东西呢？这些背后有哪些原因和症结呢？

华为所在的产业与医药产业具有完全不同的属性和特点，但是在经营的基本逻辑和本质上具有共同的核心元素。看看华为创建33年来的表现，尤其是在技术创新方面的表现，从跟随到引领，从国内到国际，一步一个脚印，几乎从零开始，将曾经不可一世的跨国巨头阿尔卡特、思科、爱立信、诺基亚甩在后面。

在同期或者先后几年建立的企业中佼佼者很多，但是唯独华为成为世界级企业的翘楚？

论资源和国家政策支持，这样的企业应该产生在近百家央企里，应该产生在浦东新区、北京中关村这样深受国家政策支持的地方，而实际上其恰恰产生在当时几乎荒芜的深圳，为什么？

华为从创建到登上全球电信业顶峰这三十几年时间是中国电信领域市场急剧扩大的黄金时期，依靠模仿和简单技术不仅可以从容活下去甚至还可以赚大钱，华为为何在早期就投入巨资进行颠覆性创新研发？

这种投入并不是“一分付出一分收获”，而是存在沉没成本的可能，华为为何还愿意并乐此不疲地进行投入？

在医药行业早期醒悟的药企也有研发投入，但是研发煎熬十年后才知晓，别的药企也是这样做的，实际上是将产品同质化变为研发同质化的过程，华为为何没有重蹈覆辙？

联想比华为早三年成立，也是20万元的初始投入，还有中科院的支持和底子，为何华为成为国人眼中世界级企业的翘楚，而联想没有这种待遇并屡遭病垢？

这些问题背后，华为到底有怎样的安排？华为为何在产业变革的每一个关口都找对了方向，没有出现颠覆性错误？诸多问题的背后有哪些东西让华为披荆斩棘地走到今天？

带着这些疑问，让我们共同探讨这其中对医药产业有价值的思考。

企业界和学术界研究华为的书非常多，几乎在华为发展的每个阶段和经营的每个侧面都有翔实的研究。由于本节的重点不在全面阐明华为而在从华为发展对中国药企的借鉴作用，所以将直奔主题。

华为发展对制药产业的借鉴作用无论是在运营层面还是在战略层面甚至在理念层面都有独到之处。笔者认为，华为之所以能够以 27 万元初始投入，用 32 年时间，从信息和通信产业（ICT）名不见经传的“小兄弟”成为引领行业发展的顶级企业，原因可能有千万条，但归根结底在**制度安排**。

主要包括**以人为本**（以下简称**“人本”**）和**以知识为本**（以下简称**“知本”**）两个方面。

一、人本方面

华为通过不断优化一整套选人、用人和激励人的制度安排，充分激发了全体员工特别是骨干员工的工作激情，而这种激情不是三分钟热度而是持之以恒 33 年，这期间员工进进出出、络绎不绝，但队伍激情不减。

（一）严把用人关

进入华为有很高的门槛，不仅是学历等作为人才的“硬件”，还包括认同华为核心价值观等一系列“软件”。这一条看似简单，实际上正是用人成败非常重要的分水岭。许多药企包括人力资源体系比较健全的药企在招人、用人方面比较随意，在没有一套成熟选人机制的情况下将用人权放手在招聘主管或者基层用人单位。也有的比较关键的岗位，没有人才储备，在关键岗位人才突然辞职后，在有限的候选人中无法选出合格人选后，许多药企会“矬子里拔将军”，留下隐患，以致形成后来不换人不行、换人风险很大的尴尬局面。

（二）坚持每年 10% 的末位淘汰制度

从通用电气公司（GE）韦尔奇时代创建的这个残酷制度在中国屡

遭病诟，而华为则用得很好。因为华为从员工一入公司就讲得很清楚，而且在不断的适应中坚持了下来，能够从制度层面保证这个制度在公正、公开、公平的框架内运行，从而让华为内部基本没有懒人、懈怠者。而在药企无法实行或者说实行效果不好的主要原因在两个方面：其一，考核不细、不深、不客观，让被考核人不服气，考核者面对考核结果也不敢承认是正确和客观的；其二，这个制度往往被一些心胸不宽广的管理者作为“劣币驱逐良币”的工具，呈现逆淘汰，让企业“伤筋动骨”。

（三）按照能力用人，按照贡献分配收入

所谓“功者受禄，能者受职”，这是一个管理常识，但实际上多数企业都“念错了经”。提拔的干部都是业绩好的而不一定是能力强的，所以被提拔的干部在从业务走向管理后，自己会干也肯干但不会和无法调动团队的积极性，而这正应该是企业最不能容忍的。

（四）理性和人性化相结合的激励机制

华为长期实行、逐步完善而且日臻成熟的员工收益分配体制打破了国内外通行了上百年的一贯制，采用工资、奖金、利润分配（TUP）收益、虚拟受限股分红（ESOP）相结合的收益分配体系。

这个体系打破了全球通行员工分配体系中绕不开的“魔鬼结”，激发员工的创造性，具体内容如下：

（1）通过工资、奖金、利润分配（TUP）收益、虚拟受限股分红（ESOP）四个渠道将员工收入与其贡献相联系。

（2）老员工能够享受自己早期的贡献，但不能躺在功劳簿上懒惰。

（3）新员工只要贡献到位，永远有获取高收益的机会和权利。

（4）不上市，员工取得的都是自己和合作者共同奋斗的成果，无法产生赌博、机会和一夜巨富的奢望，实践已经并将继续证明，不论修养多么深，在贫穷底子上一夜暴富者多数都会丧失斗志。

二、知本方面

（一）敞开心胸向全球学习

华为打破了国人在向外学习时的“选择性心态”。华为在 IBM 为其做集成产品开发（IPD）时甚至提出“固化、僵化、优化”的流程，防止国内企业普遍性出现的学习先进时常犯的“削足适履”的弊病。所以，华为能够吸收当时全球信息和通信产业（ICT）巨头阿尔卡特、爱立信、诺基亚乃至 IBM、思科、苹果等企业的先进经验。

（二）聘用全球英才

这些英才的小学、中学和大学（按照中国学制思维）分别来自不同的国家，每个国家都有其特长，华为用了全球的英才，就带来全球的思维，兼收并蓄，境界和胸怀就不一样，这是华为最能体现全球思维和开放的举措。

（三）每年大约用全年营业收入的 15% 投入研发和创新中

时至今日，华为申请专利数量已经跃居全球之首，这是最能考验企业是否说到做到的关键环节。

（四）学习和研发不能代替方向感

三十几年来，全球电信产业新技术辈出，竞争格局竞争异常激烈，发展方向时而模糊时而清楚，华为恰恰在这方面没有出现颠覆性错误。这种远见不是来自“天才”，而是来源于一整套决策制度安排。

三、决策机制

企业经营和管理实践告诉我们，任何科学的战略、方法和思路，如果没有好的决策及决策机制做支撑，都无法结出良好的果实，而华为恰恰在这方面率先探索出有效的决策制度安排。

（1）“四慢一快”决策机制：华为有三位最高领导者，如果其中的一位提出一个新思路，或者某位员工、业务单元提出一个建议被其中一位最高领导者选中，要通过沟通与另外两位最高领导者达成共识，之后提交常务董事会。如果常务董事会通过了，下一个环节就是进入董事会议程；如果董事会通过或批准，就完成了决策程序，从而进入执行程序。由于决策的“慢”和“多数人票决”会让这个决策在多个决策者中反复思考和酝酿，避免了冲动和随意。而这正是中国企业在经营中最无法控制的风险：掌门人视野盲区、掌门人随意、掌门人冲动、掌门人独断。

由于决策的“慢”和反复酝酿，让决策更科学，考虑得也更周到，所以执行就会非常快。中国药企包括比较成功的药企在决策方面的最大问题就是决策简单，从而造成无法执行或执行无力，最后许多工作都是不了了之，虎头蛇尾。

（2）“三三制”决策：为了防止出现决策的“同一律”和“趋同思维”，华为在决策机制中引入基层人员，改造高高在上的决策层，这种安排避免出现“决策者不了解真实情况，了解真实情况者无权决策”的尴尬，而这正是中国多数企业无法规避的经营风险和管理陷阱。

（3）自我纠偏机制：不仅如此，华为还有一套自我纠偏机制，防止企业走偏到无力回天的状态。

（4）主动建立“建设性对立面”：在实践中纠偏，比如组建“红军”和“蓝军”两个队伍做一件事。这样看似“浪费”，实则最节省费用，因为少走弯路。

要讲华为良好的制度安排，无论如何绕不过《华为基本法》，在其诞生之时，笔者正在北大光华读 MBA，就通过在华为工作的同学读到《华为基本法》，当时还是很震撼。不过，最难能可贵的不是《华为基本法》当初多么好、多么先进，而是在近二十年后再回过头看，华为确实身体力行了《华为基本法》，这就是华为的定力所在。

《华为基本法》让华为人知道自己的定位和努力方向，这种可以预期的安排和公开透明的风格会让华为具备可信的品质，而能够持之以恒地履行，更加重了华为的可信度，所以企业点点滴滴的行为积累出别人无法复制的品格。

华为公司治理创新机制图见图2－21。

华为在公司治理方面的这种安排实际上是突破了传统体制，包括中国的和国际通行的股东会、董事会、监事会、经营层治理结构，既具有中国特色又具有世界水平，这也是华为为全球企业界不输于技术和产品的独特贡献。

当然，每个人对华为的成功都有不同的解读，而在全球电信市场快速变化，技术升级迭代频繁的三十几年中，成就华为的因素肯定不仅仅是上述三个方面，还包括理想驱动、极度聚焦、统一战线、高举高打、夯实基础、强烈危机感及华为的两大支柱：文化和人才队伍。更重要的是华为铸造了任正非这样的领袖级人物，这是华为对中国和世界的最大贡献，限于篇幅无法再次一一阐述和分析。

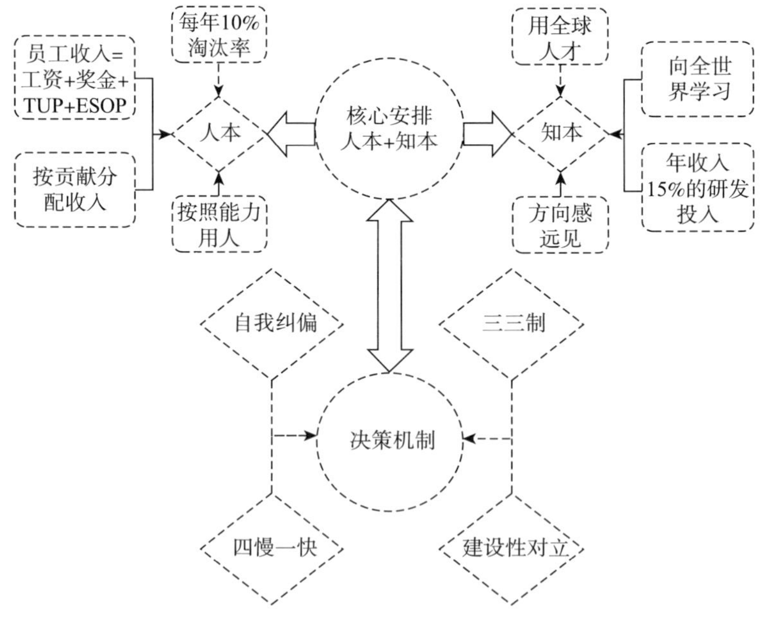

图2－21　华为公司治理创新机制图

第十一节　从华为的发展看一流企业如何炼成（下）

华为公司走到今天的经验对正处于转型和升级中的中国药企有哪些借鉴呢?

一、深刻而又宽阔的认知

无论是作为企业的人还是作为企业这样的有机体，结果由行为而产生，行为由意识主导，而意识实际受认知的深刻程度和宽阔程度限制。

截至目前发生不论是成绩还是困难，不论是洞见还是困惑甚至焦虑，都与具体药企整体尤其是决策层的认知水平有直接的关系。

如果一家药企在十年前就洞见到规范是医药产业发展的底线，不论遇到 GMP 或 GSP 检查，还是“对 77 家药企进行会计信息真实性检查”都不会慌。如果洞见到成本是仿制药立足的根本，那就会持续提升运营效率，对类似“4 +7 国家集采”这样的产业政策就不会怨天尤人。如果洞见到创新是中国医药产业发展的必由之路，许多药企就不会将盈利收益中的一部分用于多元化、用于扩大产能、用于炒股，而是会将资源投入产业创新之中，如果持续十年乃至二三十年都如此，今天中国整个医药产业的技术水平和经营水平乃至产品技术含量都会大大强于目前的实际状况，药企的竞争能力也会大大增强。

华为的认知水平还体现在对人性的深刻洞见。遍及骨干员工的 TUP

收益、虚拟受限股分红（ESOP）让骨干员工不仅收获劳动所得，而且收获由于群体合作而产生的成果，这是任正非“不让雷锋吃亏”理念的集中体现。

二、战略安排

基于深刻和广泛的认知，华为在产品和技术方面的研发投入远远超过曾经的对手和“老师”，仅2018年就投入150亿美元，占全年收入的15%，这是华为在最近三十年快速变化的全球信息和通信产业（ICT）群雄逐鹿最后问鼎时最具远见卓识的战略安排。

由于华为及早在公司构建了一套以“虚拟受限股”（ESOP）为核心的激励机制，打造了“人本”基础，激发了广大科研人员的积极性，把他们最具创造力的那一段青春年华绽放在华为，支撑了华为二三十年的健康发展。

由于华为有对全球政治、经济不确定性的认知，所以及早对产业链关键环节进行“备胎”准备。在美国封锁华为的关键时刻，这些准备发挥作用，当这种万分之几的发生率变为现实的时候，更见华为战略性安排的难能可贵。

药企与华为所在的信息和通信产业（ICT）具有不同的产业属性，但是打造一支胜不骄、败不馁的队伍，设计人性化有效的激励机制，基于药品技术、疗效与安全性的研发和技术进步乃至有效和效率的决策及执行体系，都是药企掌握未来命运的战略安排。

在战略安排上，中国药企在过去40年有一个极为明显的现实和误区。中国药企研发费用和营销费用各自占销售收入的比重大大低于跨国药企，这也从一个侧面说明为什么中国药企长期落后于跨国药企。

在战略安排上，有限的资源是投向技术和产品创新还是投向销售甚至用于扩大产能，5～10年后就会看到这种不同安排的不同结果。另外，中国药企长期以来奉行销售至上的理念，所以“创造”出“兑费”“控销”、广告轰炸等过度营销模式，也崇尚将冰卖给因纽特人、让不穿鞋的人买鞋这样的神话。

三、培育竞争壁垒

在残酷、复杂、多变、激烈的全球信息和通信产业（ICT），华为之所以从一无所有而一骑绝尘成为最具竞争优势的企业，不断而又持续地培育竞争壁垒是最具远见卓识的措施。

客观分析华为培育竞争壁垒的过程和方法，笔者认为，华为打造了四个方面的竞争壁垒并形成梯次结构，环环相扣，不断提升并形成闭环结构。

华为构筑的竞争壁垒图见图 2－22。

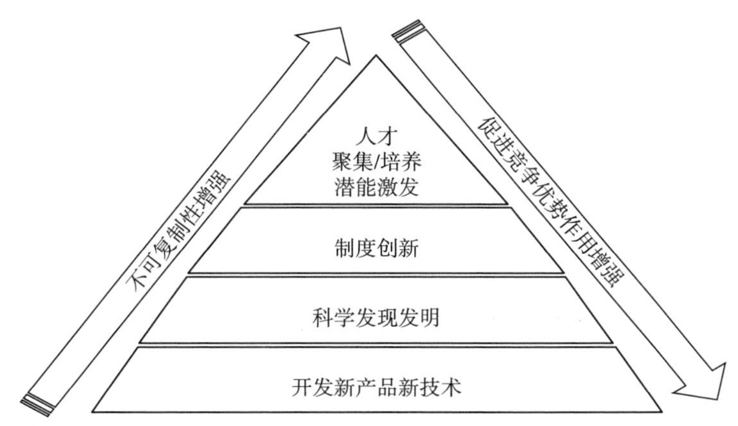

图 2－22　华为构筑的竞争壁垒图

会集全球人才，将经营积累的收益投入新技术新产品研发中。如果说这一层面有钱并勇于超额投入就可以做到，那么用钱和人才进行基础研究，去发现、发明就要谨慎一些。这也是中国制药产业至今没有诞生本土原创新技术新研发平台的重要原因。如果说在科学发现、发明这一层尽管愿意投的企业少之又少但一定有这样做的，那量身定制的制度安排则是华为打造竞争优势的第三层壁垒。华为没有完全照抄公司制诞生一百年以来形成的股东会、董事会、监事会、经营层四驾马车体制，而是在其基础上进行优化改造，形成目前华为的治理、决策和执行格局。如果说这也可以复制，那么华为长期以来形成的人才聚集、培养和潜能激发体系也是独一无二的。

在科学发现、发明、技术进步和新产品研发方面，基于中国药企目前的市场格局、发展阶段和技术水平，笔者并不建议4500多家药企都去开发一类新药等高精尖技术和新产品，因为这需要巨额投入、漫长的研发时间，特别是需要诸多营销、运营、HR资源和能力，药企仍然需要根据自身的实际情况进行取舍。但是说到制药创新并不是新产品一条路，仿制药产品、生产工艺、技术装备、制药环保、制药安全等很多方面仍然有诸多创新机会和余地，都可以打造独特竞争优势和壁垒。当然，具备条件的药企不仅要在完全创新技术和新药上努力，还要积极创造条件在涉及药品和治疗的发现、发明和新技术新产品开发平台上有所作为。

企业规模的大小导致获取资源的能力一定有所差别，但是这并不是中小企业不创新的借口，分析德国和日本中小企业的发展史，都有一个规律性，就是几乎每家中小企业至少有一种独特的“看家本领”，这是中小企业守住生存底线的法宝，也是成长为大型企业的不二法则。

四、极度聚焦

在华为从创立到现在的三十几年中，中国出现几波赚大钱产业的机会，不用说那些什么赚钱就做什么产业的多元化企业，就是号称走专业化道路的企业，集团内也有房地产等赚快钱的板块，包括一些所谓成功的制药企业、家电企业，不一而足。但是，华为到现在为止一直坚守在信息和通信产业（ICT）中的个别领域，目前出于安全底线考虑才进入软件和芯片领域。不论规模多大的企业，资源实际上都是有限的，华为聚焦在一个产业中的少数领域，其冲力和持久力一定是多元化企业无法比拟的。

在医药行业掌门人和MBA班培养出来的经理人中盛行一种与此相反的观点，就是“鸡蛋不要装在一个篮子里”，主张“东方不亮西方亮”。这些观点看似不错，起码是一种选择，仔细分析就会发现，这实际上是企业能否在产业中立足乃至取得竞争优势非常重要的分水岭。将资源放到多个篮子里，在分散风险的同时分散了投入，而在产业链中，回报率是与投入和独特性成正比的，不用说遭受对手乃至敌对国家的打击，就是在和平环境中也是勉强获得平均收益。

在中国医药行业中，多元化分为以下几个层次：

（1）完全多元化药企，就是既有药企又有非药企，包括房地产、医院、金融等。

（2）在医药产业内既有工业也有商业。

（3）在工业内化药、中药、中药饮片、生物药、医疗器械同时或有部分领域。

五、锻造出来的华为人

本文前半部分专题论述了华为的“人本”特色，其在以下三个层面上打造另一支铁军：

（1）精挑细选、优胜劣汰基础上的员工。

（2）来自全球不同民族、不同性格和习惯、不同文化背景的员工。

（3）融入了华为文化和理想的员工。这些员工为理想而生、为理想而战，胜则举杯相庆，败则拼死相救。这是华为乃至中国的宝贵财富。

华为竞争优势图见图2－23。

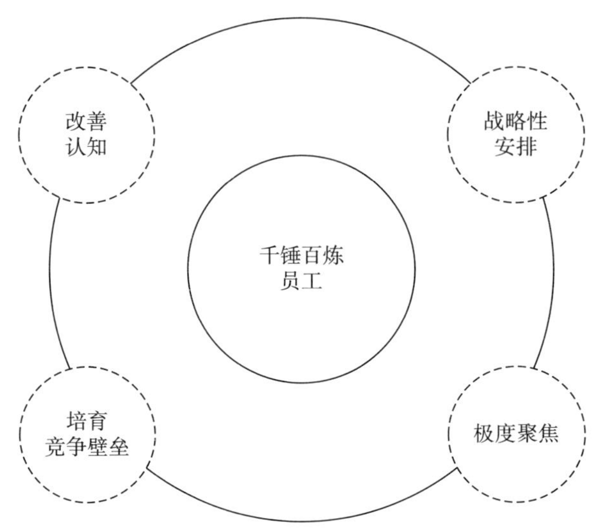

图2－23　华为竞争优势图

华为的经历和经验对处于转型期的中国药企具有非常好的借鉴作用，但是药企在学习华为时不可“照猫画虎”，不可僵化地学习。药企与华为属于不同的产业，处于不同的发展阶段，必然有不同的发展战略甚至运营方法。

当然，华为公司也有软肋，这不是说华为做得不好，而是由于任何有机体包括组织和人都有惰性，都有情感，如果停止修为或稍有懈怠就会暴露出来。

在笔者的研究与思考中，华为当前最大的风险在以下两个方面：

（1）华为在围攻堵截中活下来甚至经营成果更上一层楼，用实力向全球展现经营功力之时，自然而然地就会滋生骄傲、自满的情绪，或者说这是与成功相伴相生的“战利品”。相信曾经诞生过《华为的冬天》《下一个倒下的会是华为吗?》这样灿烂思想的华为对此早有准备，能够挺过这样的风险。

（2）任正非无疑是华为不可多得的灵魂人物和打造的主“产品”。

华为也有一整套培养接班人的计划和方案，华为也走上了用制度和流程经营企业的道路。但是，任正非之后的华为必须用实际成果向世界证明这种计划和方案的可靠性和有效性。

华为的这两大风险实质是其发展到这种境界的产物，是优秀甚至全球顶级企业才会有的风险。目前，在医药工业百强榜中的先进药企，在适应环境变化、把握战略、打造新技术新产品等方面无疑是大浪淘沙后的佼佼者。但是，在这一代掌门人落幕后是否能够继续发展的奇迹？是否已经有办法培养出强于目前掌门人的人才和人才梯队？目前的发展模式还有多少生命力？这些都是中国药企尤其是先进药企必须面对并用实际行动来回答和证明的。

第十二节　华为联想模式与中国药企发展路径

华为“技工贸”路线和联想“贸工技”路线一直是近二十年产业界争论的焦点。

华为和联想同在通信信息产业。华为创立于 1987 年，联想创立于 1984 年，起步基本属于同一个时代。联想于 1994 年在香港地区上市，2005 年成功并购 IBM 电脑部门，2014 年并购摩托罗拉手机业务，1995 年前后摇摆于“技工贸”还是“贸工技”路线，21 世纪初摇摆于多元化还是国际化，最终的选择是产业界有目共睹的。华为没有上市，而是投入巨资进行前沿技术甚至前沿科学研发，早期就耗费巨资引进 IBM 的 IPD 流程，后期开发 5G 技术，2018 年华为向世界知识产权组织（WIPO）提交 5405 项专利申请，位居全球首位。

很显然，华为和联想已经分别成为“技工贸”和“贸工技”两种发展路线的代表性企业。

一、华为、联想比较

在分别创业三十几年后，这两家企业的盈利能力、竞争优势、承受风险能力和技术创新成果已经有非常大的差别。2017 年联想与华为业绩对比表见表 2－4。

表 2－4　2017 年联想与华为业绩对比表

序号	项目	联想	华为
1	营业收入	454 亿美元	6 036 亿元人民币
2	净利润	亏损 1.3 亿美元	475 亿元人民币
3	员工人数	5.2 万名	18 万名
4	研发投入	12.7 亿美元	897 亿元人民币
5	海外事业比重	70%	60%
6	全球 500 强排名	226 位	83 位

2008 年至 2017 年联想和华为收入与利润对比图见图 2－24。

从图 2－24 中可以看出，近十年华为不仅收入一路高涨，利润也远高于联想；而联想的利润在 2008 年、2015 及 2017 年三度亏损，实际上，联想十年来一直在盈亏平衡点上徘徊和挣扎，偶尔要创始人出山扭转局面。为什么会有这样的分水岭和趋势？联想和华为在研发方面的投入差别也许可以给我们以启迪。

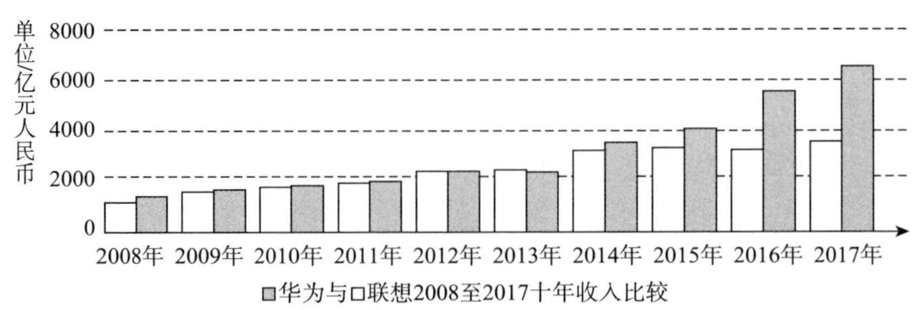

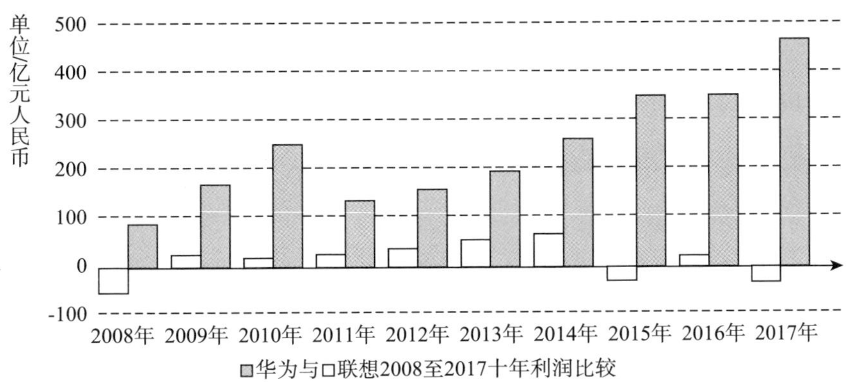

图 2－24　2008 年至 2017 年联想和华为收入与利润对比图

2013 年至 2017 年华为与联想研发投入额绝对值比较见图 2－25。

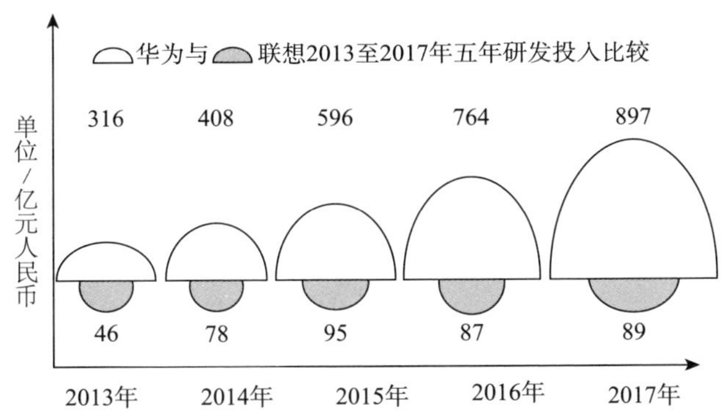

图 2－25　2013 年至 2017 年华为与联想研发投入额绝对值比较

2009 年至 2017 年华为、联想研发投入与营业收入之比见图 2－26。

2013 年华为研发投入额是联想的五倍，到 2017 年已经接近十倍，两家企业在研发上投入的不同反映了不同的发展路线。

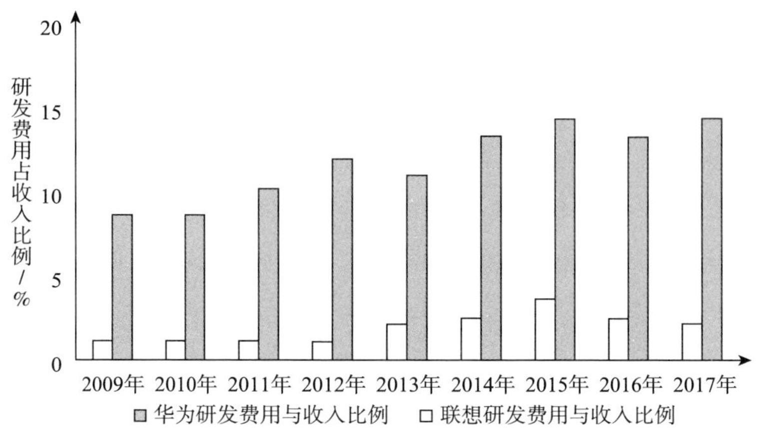

图 2-26　华为、联想 2009 年至 2017 年研发投入与营业收入之比

华为、联想发展道路时间节点示意图见图 2-27。

如果这两家企业按照各自目前的经营战略和路线走下去，在各自业务领域的前途和核心能力也是显而易见的。很显然，不同的产业发展路线导致资源投入的环节和方向不同，从而导致不同的业绩、不同的产业格局直至不同的发展前途。

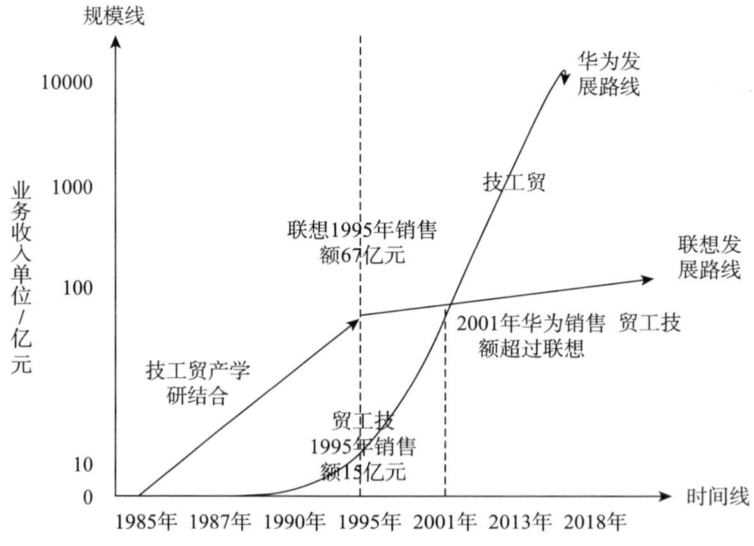

图 2-27　华为、联想发展道路时间节点示意图

二、医药产业与 ICT 产业的差别与共性——技术驱动型产业

毫无疑问，医药产业与华为所在的信息和通信产业（ICT）差别非常大，具体内容如下：

（1）医药产业从来都不是也不会是完全市场行为，因为这个产业肩负着诸多无法替代的社会责任。

（2）在 ICT 不是第一至少是前三名就难以生存，而医药产业具有很强的市场细分，只要在某个细分领域独占鳌头就可以获取垄断利润。

（3）药品与具体治疗者的身体、情绪状态及遗传基因有关，总是存在诸多不确定性，而 ICT 则要好得多。

（4）真正的医药新技术、新产品从立项到产品上市需要 8 ~ 12 年时间，这是 ICT 产业无法想象的。

上述特性不可避免地会反映到企业的经营行为甚至战略。但是，这两个产业也有共同的产业属性——技术驱动竞争型产业。

全球现代制药诞生这一百多年时间，每一种疾病得到治疗都是由于诞生了一个划时代的治疗技术或新药品。青霉素的诞生使由于细菌性感染而死亡的人数大幅度下降，链霉素的诞生解决了长期困扰百姓的结核疾病，疫苗的诞生使医疗从病后治疗提前到病前预防，大大减少了许多人患病的可能性。同样，每一种治疗技术的突破和新药的诞生都有一批药企成长起来。

三、中国医药产业不同发展阶段及其商业模式

中国经济开始市场化进程以来，医药产业总体走过以下三个阶段：

第一个阶段：从 1979 年至 1999 年这二十年是中国医药产业走向市场化的二十年。这个阶段基本解决了百姓治疗药品可及性问题，药品短

缺时代成为历史。

第二个阶段：从2000年至2014年是药品低水平过剩阶段。这个阶段药品地方标准与国家标准共存，仿制药集中上市，过度营销盛行，诞生了很多营销模式，如“兑费”“控销”“广告轰炸”等，同时整个行业崇尚“把鞋卖给不穿鞋民族”“把粉丝卖到燕窝的价格”等理念，很形象地诠释了那个时代的产业特点。

第三个阶段：从2015年至今，医药产业走向创新导向阶段，以临床数据自查为标志，国家有关部门出台了包括仿制药一致性评价、优先审评审批、药品上市持有人制度、化药注册新分类标准、支付方式改革、国家局当选ICH成员在内的一系列改革措施，推动产业向创新发展。

纵观这三个阶段，在产业发展波澜壮阔的浪潮下面可以发现一条清晰而又跨越各个时期的主线，就是创新——新产品、新技术。随着规模的扩大、竞争升级和国家医改逐步深入，药企研发投入逐步增加，新产品在整个市场的份额在提升。

2000年至2018年前两个季度中国自主创新药临床申报数量增长情况见图2－28。

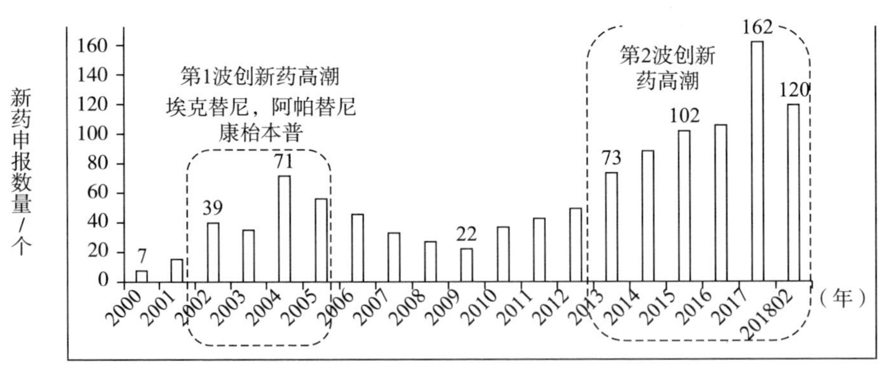

图2－28　2000年至2018年前两个季度中国自主创新药临床申报数量增长情况

医药创新的成果必然反映到国际化进程中，图2－29显示出中国药企持有美国 ANDA 批文的情况。

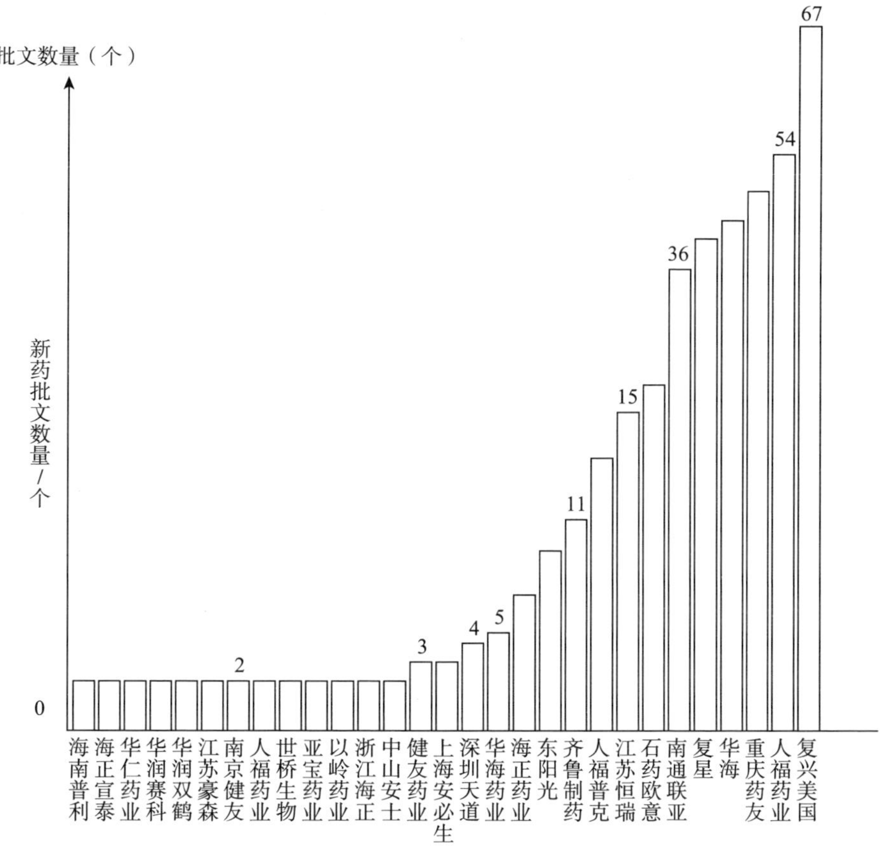

图 2－29　中国药企持有美国 ANDA 批文情况

四、具有华为潜质的制药企业

再看看中国创新型药企代表恒瑞医药创新投入与主营业务收入增强及市值的关系，集中反映了创新性投入支撑、销售收入强劲增长和二级市场对这种创新的正面与积极认可。

恒瑞医药 2013 年至 2018 年前三个季度研发、收入与增长率情况见图 2－30。

图 2-30　恒瑞医药 2013 年至 2018 年前三个季度研发、收入与增长率情况

恒瑞医药 2015 年至 2018 年市值与上证指数和医药板块整体市值变化情况见图 2-31。

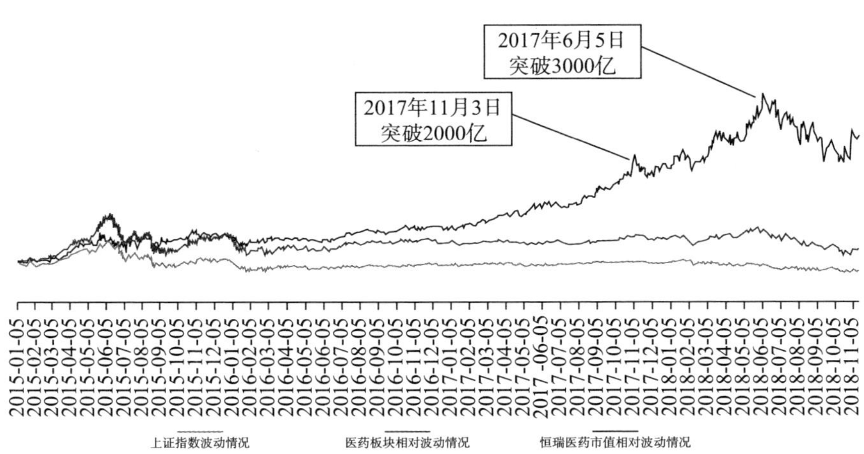

图 2-31　恒瑞医药 2015 年至 2018 年市值与上证指数和医药板块整体市值变化情况

由图 2-31 可以看出，创新投入增加反映在销售收入的扩大，实质上体现了市场和客户对药企创新价值的认可，也就是患者和医生对药企产品的认可。创新投入增加反映在药企市值升高，体现了投资者对药企创新价值的认可。

虽然制药产业新技术、新产品研发周期长，形成市场价值更长，通过近十年中国医药工业百强榜可以看到，研发投入占销售收入比重高的药企在百强榜的位置在十年中呈逐步上升的趋势。

比恒瑞医药更具未来价值的是类似百济神州和信达生物这样的创新倾向更强的药企。百济神州这家成立仅八年的药企在 2019 年仅一季度就净亏损 1.6764 亿美元的情况下市值超过 90 亿美元之高，为什么会这样?

许多专家看到的是这些医药新锐企业科学家加企业家的商业运作模式，而更多的有识之士则看到这种模式更深层的商业逻辑——原始创新和深度创新。

众所周知，1881 年首次实现肿瘤手术治疗，1903 年首次实现放射性治疗肿瘤，1949 年首次实现化疗治疗肿瘤，自从这三种治疗癌症方法诞生以来，在能够实现部分肿瘤治疗的同时也给患者带来诸多副作用，甚至有些肿瘤患者就是这种治疗方法的受害者。1997 年，美国批准第一个靶向治疗肿瘤药品，与手术、放疗和化疗相比，靶向药物和免疫抗肿瘤药物就像“精巧炸弹”，疗效明显、可持续，而且副作用很小，许多患者的疾病状态得到了改善。百济神州从一诞生开始就致力于成为具有创新性的分子靶向与免疫抗肿瘤药物研发领域的领导者。这家“没有钱”的企业至今已有 6 款药物进入临床阶段，其中 3 款正处于临床后期研究。市场和投资方看重的是什么？最关键的就是其原始创新和深度创新。

信达生物的发展引人注目也是源于其在单抗方面的原始创新和深度创新。

药明康德作为一家专注于 CRO、CMO/CDMO 领域的创新型药企，其价值不仅在于这家企业在几千家药企之中选择了一个非常具有发展潜力的环节并持续推动技术进步，更在于其 CRO、CMO/CDMO 直接推动了中国医药产业的技术进步水平，更难能可贵的还在于帮助其服务的实体药企实现产品更大的价值，陆续创造出中国医药产业的一个个重磅炸弹，而药明康德仍然“无动于衷”、不为所惑，仍然坚守原来的定位。

在目前和可以预见的未来，国际化和全球市场一体化是必然趋势，首当其冲的是印度药进入中国迫在眉睫。与欧美药企相比较，印度药企的市场“碾压”能力业内共知，其制药创新能力和低成本运营能力远超欧美发达国家药企，所以进入原始创新阶段既是中国药企发展进程的必然也是生存所必需。

五、把握医药产业本质属性

一家药企实质价值的提升一定是企业整体能力提升的某种反映，而整体能力体现在营销能力、运营能力、人力资源能力、创新能力等药企经营管理的各个方面。为什么研发投入的增加能够通过产品市场和资本市场两个间接渠道明显地反映出来?

药品是社会属性和经济属性相结合的产物。在社会属性方面，治病救人是包含在药品中制造者良知、技术水准和规范能力的体现，即安全性、疗效和可获得性；在经济属性方面，生产技术的难易程度、原辅料获得的难易程度一定以某种方式体现在价格上。

药品生产者或者为了填补治疗空白，或者为了比现有药品更有疗效、更安全而投入人力资源、资金资源、时间资源等进行技术和产品开发。

药品研发者通过增加技术难度、资金难度来改进药品疗效、安全性，从而增加经济附加值和品牌溢价，获取超过平均水平的收益。

由于从事医药技术开发从投入到取得成果需要较长的时间、大额的资金投入、沉没成本及与此相适应的高水平人才，无形中增加了竞争壁垒，提高了开发者的竞争优势。

这就是仿制药通过国家带量采购可以大幅度降低价格，而创新药通过医保谈判小幅降价确定医保准入资格背后的竞争学规律。

而技术附加值低的仿制药由于没有这样高的竞争壁垒，只能通过投入大量的促销费用、大量的销售激励和客户激励以及降低价格等方式，实现从原料到客户收回资金的完整过程。

这样的规律不仅在医药产业、信息和通信产业，在其他产业同样存在，不仅是现在才有，而是自从形成商品经济就有，并且会一直存在下去，直到社会实现大同。

本篇专门论述药品科学、技术、新产品研发的重要性，不是否认在药品上市全过程中营销、运营、人力资源等职能和环节的重要性，而是想阐明在所有这些重要环节中药品科学、技术、新产品研发是建立竞争优势最为困难同时也是最为持久的关键一环，其他环境相对于药品科学、技术、新产品研发最容易被模仿，最容易获得。中国医药产业从2015 年以后政策的强力推动，以及华为与联想此消彼长的现实让更多的药企越来越深刻地认识到医药产业的本质规律——技术驱动型产业。

同时应该看到，尽管中国创新型药企在增加，创新型药企的研发投入在增加，但是与跨国药企的投入水平相比还有相当的差距。

2017 年中国 A 股和港股药企研发投入与全球药企研发投入十强比较图见图 2－32。

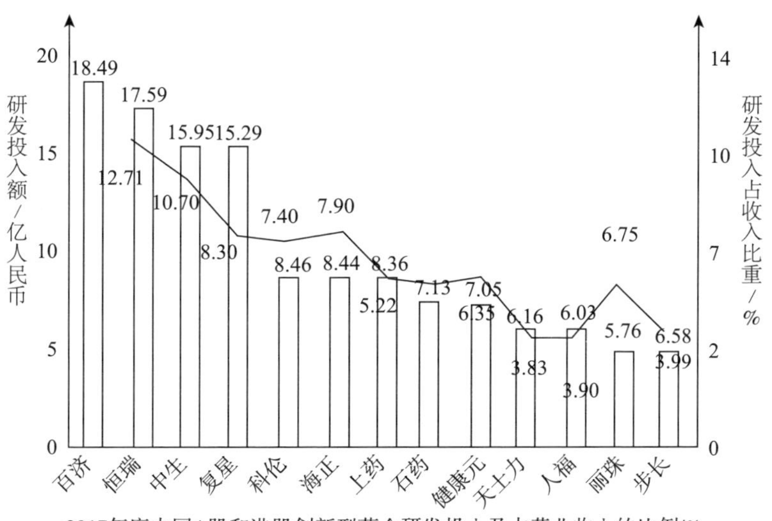

2017年度中国A股和港股创新型药企研发投入及占营业收入的比例/%

□ 丽研发投入 —— 研发投入占收入比例

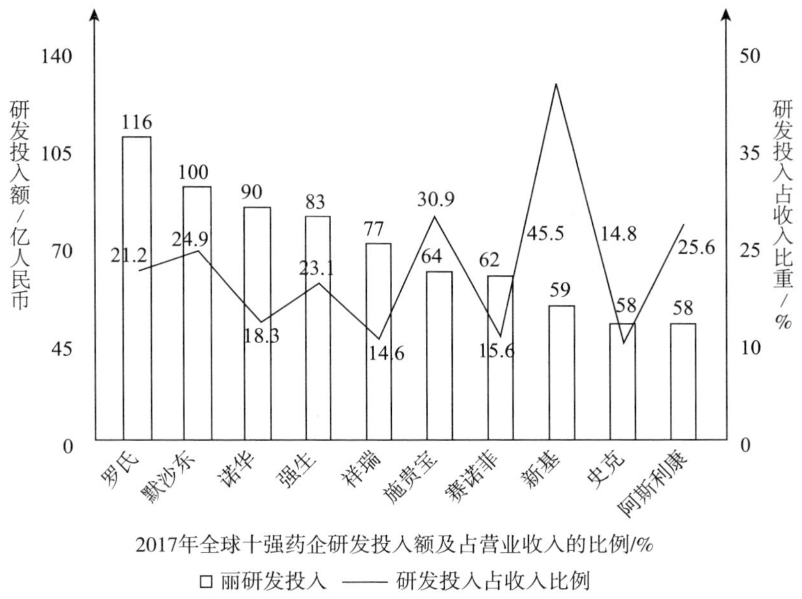

图 2－32　2017 年中国 A 股和港股药企研发投入与全球药企研发投入十强比较图

所以，有志于以创新提升竞争能力的药企在提高创新研发效率的同时要让创新投入远远高于跨国医药巨头，这样才能迎头赶上。就像华为那样，远远超出竞争对手的投入和超额专利产出，同时以激励和培育激发内部人才活力。

产业发展路线的选择和坚守要厘清两方面的关系：一方面，选择正确的方向以自己能够承担得起的资源投入进行技术和产品创新研发，从而创造独特的竞争优势和高的竞争壁垒是发展的根本；另一方面，每一种发展路线的选择都是资源、环境和目标的函数，不存在脱离环境、资源和目标永远正确的产业路线，特别是在医药行业，政策在产业发展路线中一直起着主导作用。所以，企业在不同的发展阶段，不同的外部环境特别是市场结构，不同的资源整合能力，应该也必须有不同的发展路线。

比如，华为和联想发展路线的分野实际是在 1995 年，在此以前华为执行的是贸工技路线，先活下来，而联想实际上是产学研结合的路线。只是在1995年前后，这两家企业均完成了原始积累并对产业趋势有了基本的判断和把握后走向了两个完全不同的方向。华为越来越倾向于技术立企，而联想越来越重视市场。

在医药行业，一直重视技术进步和新产品开发当然是正路，但是在21世纪前，通过低成本仿制药做好市场营销，取得规模优势，应当是正确的战略选择。只是在药品同质化越来越严重局面呈现以前转向技术创新和新产品研发，则会为药企发展奠定新的基础，开辟新的局面。

号脉中国医药产业发展脉搏，我们似乎已经看到一种不以人的意志为转移的发展趋势：一批以营销见长但一直未发育出技术和产品创新能力的药企，虽然目前仍在“百大（强）”排行榜中甚至地位非常靠前，但已经呈现疲惫和发展乏力症状。一批目前以创新驱动的药企，近年来新药陆续上市，销售额和市值一路攀高。如果仔细分析，这些药企在首仿、仿创结合等方面不断有不俗的“斩获”，但是缺乏原始创新、基础创新和深度创新，虽然把握了“先机”但没有直指药企长远发展的“本质”，如果不能在未来破釜沉舟实现转型，必将是“过渡型”“强”企。而真正能够成为药界翘楚如华为的企业，或者在百济神州、信达生物这样的企业中产生，或者尚未产生，不过一定会产生。因为巨大的中国市场，中国百姓吃苦耐劳，企业家学习能力强，如果不产生这样的药企，我们真对不起百姓。

第十三节　借力外脑成就战略

既然目前和可以预见的未来药企需要具备在复杂、模糊、快速变化和不确定性环境中有自己的战略，谁来做这份战略才合适呢？不外乎以下三种选择：

药企自己制定战略；聘请外脑制定战略；与外脑合作制定战略。哪种方式好呢？应该说各有利弊，关键看不同药企的资源状况和对战略本身的要求。

不同方法制定企业战略的优缺点对比表见表2－5。

表2－5　不同方法制定企业战略的优缺点对比表

类别	序号	优点	缺点
药企自己完成	1	更了解自己的企业	视野窄
	2	对自己的企业有感情	战略工具不熟
	3	可以长期思考	感情带来的近视，难以客观
	4	战略执行者往往就是制定者	难以取舍
外脑完成	1	案例多，制定战略经验丰富	了解企业细节不足
	2	专业，能熟练应用制定战略的工具	阶段性
	3	距离产生客观	执行力不足会影响战略效果
	4	视野宽阔	沟通成本高
	5	取舍果断	
合作完成	1	比前两者都更了解企业情况	责任难以明确
	2	发挥外脑视野宽阔优势	对双方沟通能力形成考验
	3	发挥外脑经验丰富优势	
	4	发挥外脑客观优势	
	5	战略与执行合一	

由表2－5可以看出，选用外脑制定战略特别是双方能够协同合作，发挥外脑和企业自身两种优势的价值非常大。从近40年来国内外企业发展进程和趋势看，几乎所有跨国企业和全球顶级企业的成长几乎都伴随着外脑的支持，尽管这些企业本身的战略能力也非常强。

企业本身具备非常强的战略能力，但是仍然雇用外脑一定有非常深层的道理。外脑的价值在哪里呢？

华为诞生在中国改革开放时代，是全球公认的世界级高科技企业，其经营管理水平之高是举世公认的，它们在使用外脑上的认知非常值得推崇。请看看华为CEO任正非在接受英国广播公司（BBC）采访时的一段话："你们知道吗？丰田的董事长退休后带着一个高级团队在我们公司工作了10年，德国的工程研究院团队在我们公司也待了十几年，才使我们的生产过程走向了科学化、正常化。从生产几万元的产品开始，到现在几百万美元、上千亿美元的生产，华为才越搞越好。我们每年花好多亿美元的顾问费。"

笔者认为，与自己做战略相比，由外脑参与制定战略具有以下四大不可替代的价值：

（1）外脑一般都具有对客户目标业务规律性的研究和把握能力，因为他们是专门从事这项工作的专业工作者。

（2）外脑不受客户内部权力、利益等影响，观点会更客观，没有倾向性。

（3）外脑具有大量实际咨询案例，会带来更宽阔的视野和深邃的洞察力。

（4）对经营、管理和咨询工具的精到应用会为客户带来更多价值，比企业自己学习和探索更快、更专业。

另外，聘用外脑可以**避免以下两个陷阱：**

（1）药企自己由于太"了解情况"，往往会陷入"知情者陷阱"——将井当作天。

（2）药企自己对自己太"有感情"，往往会陷入"割舍陷阱"——战略就是取舍，没有取舍就没有真正的战略。

也有些药企也曾用过一些外脑，资源没少投入但并没有得到预期的业绩。为什么？具体原因如下：

（1）由于中国经济、社会的快速发展，催生外脑在中国的发展速度也非常快，但是泥沙俱下，高低优劣难以分别。很多咨询公司没有研究成果甚至没有研究人员，都是依靠拼凑"观点"才活下来。

有的咨询师为了拿到这个订单，在诊断环节不会去挖掘客户的真正价值、问题的根源及其症结，也不会提出真正能够解决问题的措施，而是顺着客户的路子往下走。这种情况很像接受不专业按摩师按摩一样，按摩时感觉很轻松和舒服，但是不能治病。

（2）药企对外脑的认知存在一定的盲区。①有为数不少的药企将外脑当作老师和顾问，遇到难题就去请教。实际上，咨询公司与老师和顾问既有相同之处也有非常大的区别。咨询公司主要是以对目标业务规律性的研究成果和把握为核心特长，将规律性的认知应用到药企的具体业务或经营环节中而产生价值。②有的药企认为咨询公司必须精通我正在做的业务，所以有的要求必须懂儿童药，必须懂肿瘤药，必须熟悉药品生产，等等。实际上，咨询公司精通的是研究产业规律的方法，用这种方法去研究客户的产业或领域从而产生成果。咨询公司并不会对全球所有产品、现象、产业环节都有现成的答案，但是，它们能够用科学的方法去研究。③有的药企要求咨询公司必须把战略咨询方案落实下去，从而放弃了自己应该承担的责任。实际上，咨询公司的责任是制定能够具有落实价值和方法的方案，至于落实，则是掌握经营权的经理人和员工的责任。

（3）一些药企缺乏对咨询师职能和工作方法的起码认知。比如，有的药企聘请了咨询师帮助制定发展战略，但是又将自己的意见作为“战略”推销或者“压”给咨询师，咨询师为了不得罪客户，只好“照猫画虎”，将企业提出的所谓“战略”“做”得看上去高大上，实际上还是药企自己的主意，没有什么价值。

（4）也有的药企对咨询师制定的战略进行“修改”，实际上这些药企自己心中或隐或现是有点战略思考的，所以就按照自己的这点思考去修改咨询师的作品，今天“削”去一块，明天又“粘”上一块，一段时间下来，战略作品出来了，仔细一思量，这件战略“作品”完全是药企原来的“思考”，咨询师的创造已经被改得面目全非，笔者将这称作“削足适履”。

当然，还有很多让战略无法发挥作用的方面。

药企怎样利用咨询师的价值发展自己呢？既不是咨询师过去案例，也不是咨询价格，还是要回到咨询价值的基本面，就是咨询师分析问题、研究问题、解决问题、落实方案的方法、工具、路径。

有的药企一定要看咨询师过去成功的案例，任何成功的案例都是有一定规律可循，但更多的是因缘际会的结果。它是咨询师与客户合作的成果，这种合作有时是不可复制的，如果按照以往“成功”的方法，对象变了很可能就会成为灾难。

也有的药企更荒唐，它们不会研究咨询师的价值，而是按照订购制药设备的方法进行招标，几乎用称“称量”咨询师，有时还让咨询师按照“活儿”拆分报价，然后进行比价。这都是本末倒置的措施，无益于有价值成果的形成。

能够创造咨询价值的战略咨询是怎么做出来的呢？

（1）咨询师必须全面、系统、深入地了解客户及其所在业务领域的情况。在药企，细分领域非常多，既要了解医药产业的宏观情况，更要了解客户所在业务细分领域的情况，包括产业趋势、市场容量、新技术新需求、产业上下游、竞争对手情况等。不是不能利用二手资料，而是一定要亲自收集、调查，广泛、全面、系统地占有情况。那种依靠微信、自媒体取得资料，那些根据论坛内容人云亦云的观点，那些依靠简单相加形成的材料，对最终战略形成价值不高而且有误导战略的风险。

（2）重点是研究。“研”是指审查、细磨；“究”是指穷尽、追根求底。要将调查获得的材料进行整理、分类，将分散和杂乱的材料中内外、因果、前后等关系进行关联，去粗取精、去伪存真、由表及里、由此及彼地进行研究，找出规律性结论。然后根据研究拟出咨询报告初稿。

（3）对初稿进行深入沟通和讨论。既应该邀请目标业务领域外部专家进行专业和跨专业讨论，也应该邀请客户各方面的专业人士进行研讨和沟通，必要时进行补充调查和研究。

（4）协助客户进行方案落实。落实主体在客户，但咨询顾问有责任进行辅导。客户应该按照项目管理方式做到组织、人、资源、时间、流程“五到位”。咨询顾问也会与客户合作在落实过程中完善和修改《咨询报告》，最后必须落实情况验收。

第十四节　药企战略十二问

一问：产业环境和政策快速变化，战略需要经常调整，而战略每次调整都需要耗费较长时间和必要的流程。对药企而言，业务有时需要快速调整切入或止损，这样的矛盾怎样平衡或化解？

长时间以来特别是进入 21 世纪后，不仅是医药产业几乎所有产业经营环境越来越快速变化、不确定性、复杂和模糊，国际上已经将这种现象称为 VUCA，代指这是一个变幻莫测的时代。这样的环境是不是不需要战略了？需要怎样管理战略？这是我们必须直面的命题。

越是 VUCA 越需要战略，战略是把外部的快速变化、不确定性、复杂和模糊变为内部的稳定、确定、简单和清晰。以笔者近二十年在药企做董事长和总裁的经验以及教训认为，环境对战略多方面和频繁的影响多数涉及操作方式与局部的调整，即使需要全部推翻原来的战略，由于你在前一个战略制定和管理过程中已经完成对环境中机会与威胁的判断，完成了战略逻辑的思考，完整的战略对于完善、修改、调整甚至重新制定新战略也都是必要的。

二问：是不是不论企业大小和业务类型都需要一个完整的战略？

一定是的。只是在制定战略过程中要根据业务的复杂性、规模大小和业务特点掌握好篇幅，复杂和繁多不是战略所必需。战略制定的目的在于统一内部思想、明确方向和实现结果，简单、明确、科学和系统是其显著特点。

三问：战略是否一定需要规范的文字版本？

战略由电子文档或纸质文档承载，这不是战略本身的需要，而是具体企业执行和传播所需要。固化在电子文档或纸质文档的战略可以保证内容的一致性、连贯性。如果依靠头脑记忆和口头传播，不同的人就难免有差错，特别是在发生领导人更迭后，就难以保证战略内容的一致性和连贯性。

对于初创企业和规模较小的企业而言，由于资源的有限性和业务的不确定性，战略确实也应该在掌门人的脑袋中而且偶尔会变化，掌门人可能在闲暇时拿出来勾画一下，也可能与业界或朋友偶尔讨论一下，这是必须经过的阶段。

从持续发展的角度来看，有一份规范文本的战略无论是对于统一思想还是减少信息不对称都是有必要的。

四问：战略属于中长期规划，需要日常管理吗？

这一点正是中国药企在战略管理方面最大的痛。许多药企花重金、用了很多精力制定的战略被束之高阁，随着时间的流逝而被淡忘，企业也渐渐偏离了战略，在事后总结经营教训时又将原因归结为战略不对。

战略的日常管理是必要的，具体的日常管理方式要根据企业的规模、业务复杂性、组织复杂性的具体情况来确定。

大规模、产品线复杂的药企，原则上要对几乎每条产品线和治疗领域的竞争、政策、环境、技术进步、外领域具体进入情况进行监控，对本企业每个产品线和治疗领域的市场运作及内部资源利用情况进行评估。

对于小企业，定期进行评估就可以。

一般情况下，每年都有必要进行一次彻底和系统性的战略评估与审计，综合各方面情况确定战略是保持还是改善，是小改善还是颠覆性重新制定。

对于虽没有到年度评估的周期但产业政策和竞争环境发生重大变化的情况，应该及时进行战略审计和评估，及时调整和完善。

至于是否设置独立的战略管理职能部门或岗位，要根据具体的工作量和企业资源情况因地制宜地确定。

五问：战略属于一家企业的最高机密，如何平衡既能保密又能激励和指导员工奋斗？

毋庸置疑，每家药企都会有自己的秘密，但所有涉及经营的秘密都是有级别的，不同的职能、不同的层级、不同的员工对公司机密知晓的程度也不同。要对具体的涉密内容进行分类、分级，然后进行有效管控，使战略既能服务企业发展又能保守秘密。

六问：一定要有专门的战略管理部门吗？

战略管理是药企生存和发展不可或缺的一项职能，肯定需要管理。但是，具体是否需要设置专门职能部门要根据企业业务的复杂程度、规模大小和职能分布来确定。规模大而且产品线复杂的药企确实需要一个战略职能部门统筹管控战略，对于中小药企，在相关部门内有战略管理岗位就可以，有的还不一定有专门战略管理岗位，有一位专业人士兼任战略管理就可以，在进行战略评估和战略审计时，可以临时抽调部分员工参与。

七问：战略的决定者不是属于董事长就是属于总裁，作为战略主管部门难以说动这些掌门人怎么办？

战略作为一项职能，一项统筹企业经营和管理最为重要及关键的职能，一般会由董事长或总裁直接主管。而战略主管职能部门与主管领导之间的关系与其他职能实际上是一样的，只是战略对企业影响大一些。要解决上述问题，关键是共识，主管领导和主管部门要以战略为基础达成共识，在环境变化后也要经过沟通、调查和研究达成共识。

八问：战略制定完毕后，被企业束之高阁怎么办？

首先要搞清楚战略被束之高阁的原因，一般情况下包括以下原因：

（1）公司特别是决策层对战略不认同或战略本身存在缺陷，但由于一些原因还是通过并发布了。

（2）战略方案本身无法落实或企业的组织行为或组织效率无法将

战略方案落到实处。

（3）决策层对战略的重要性估计不足。

（4）战略执行体系不健全。

也会有其他原因，解决的途径要根据具体情况因地制宜、因企制宜、因时制宜。

九问：为什么高层决策者确定的战略总是被执行者以不同的借口不执行？

发生上述情况，第一个原因还是战略沟通存在不足，导致战略共识不足。第二个重要原因就是战略执行体系不健全，执行力和领导力不足。一般来说，解决了这两个问题，借口就站不住脚，执行也就顺理成章了。

十问：主要经营者如果变更，那他（她）在任时确定的战略不被接任者所认可怎么办？

战略方案的主要作用之一就是保证企业战略的连续性，包括主要领导者更迭、职能部门变化带来的鸿沟都可以通过战略来避免。主要经营者变更后，继任者对原来战略的态度可以通过以下途径获得解决。

（1）一般来说，新掌门人入职后的最重要工作就是熟悉企业发展战略，或者说在入职前沟通时就会获得这方面的信息。现实中还很少遇到这样的职业经理人，对意向企业的战略一无所知就去做掌门人。通过这些沟通实现药企与新掌门人在战略方面的共识非常重要。

（2）战略是稳定和连续的，但是不同性格的掌门人在执行和资源整合方面会有与前任经营者不同的方式。这种调整是可以的，但最好是按照战略管理的流程进行梳理，以保证战略执行的连续性和有效性。

（3）有的新掌门人对于要加入的目标药企有信心，但是对战略并不认同。这样的情况可以通过系统性的战略重塑和战略调整来进行，与重新制定战略的流程基本一致。

十一问：诸多“进口”的战略管理工具管用吗？

在现代型企业诞生一百多年的时间里，产生了非常多的战略制定和管理工具，其中包括麦肯锡 7S 模型、波特五力分析模型、BSC 战略地图、蓝海战略、长尾理论、波士顿矩阵、PEST 分析方法、价值链分析，等等。这些战略工具在企业发展的不同历史阶段，对不同的行业、不同规模的企业都曾经产生过非常有价值的作用。当然，业内也有一些非议，认为学者编制的这些工具很难用到实践中。

战略实际上是工具（数据）与企业家思维和复合型产品，到现在为止还没有出现也不可能出现一种模型能够通吃所有企业，对各个发展阶段都管用的战略工具或模型，一切都是随时间、产业、发展阶段和具体产品以市场为转移的。所以，应该恰当应用这些模型工具，同时发挥企业家的战略智慧，使两者能够有效结合。

十二问：战略能够代替人的主观能动性吗？

实践已经并将继续证明，面对同一种市场和类似的产品，同一种战略对不同的药企会有不同的经营结果。为什么？这是因为人的主观能动性不一样，是企业家整合内外资源的能力不一样，是药企整体士气不一样，所以才会有同一种战略产生不同的结果的现象。由此我们建议企业家要提高自身和团队领导力，这样才能让战略发挥最大的作用和价值。

第三章

运营与并购篇

第一节　运营管理为企业建立整体竞争优势

一、运营管理在药企发展过程中的定位、职能和方法

市场竞争和淘汰是一个持续不断的过程，市场优胜劣汰留下来的药企将在更高的层面开展竞争。这些在战略、研发、技术、营销或其中一个乃至几个方面具有竞争优势的药企很快就发现，截至目前取得的成绩和竞争优势还基本停留在头痛医头、脚痛医脚的阶段，战略、研发、技术和营销形成的局部环节优势没有带来充分的、可持续的、整体的竞争优势和市场价值。

怎样才能使战略、研发、技术、营销等环节有机地联系起来？如何让战略、研发、技术、营销这些环节形成一致共同面对客户？怎样使战略、研发、技术、营销或其中若干环节形成的个别优势变为企业整体优势？无疑是系统经营、整体经营。而要实现这个目标，引进并做好运营管理是最现实的方法。

运营管理是一个老话题，也是常讲常新的经营环节。不同的企业，不同的时期，不同的规模，运营管理实施的范围和方式也差别很大，正因为这样，其在药企经营和管理中的作用及价值也是刚性与柔性兼备。实际上，不论是在竞争中胜出还是被淘汰的药企，都在运用运营管理的某些方法、工具和手段，只是有些药企是被动和下意识地采用，有些药企是主动并有步骤、有目的、有计划地推动自己的运营管理向科学、有序、有效、有效率的目标发展，企业的命运和经营效果也在此出现分野。

运营管理在药企按照管理的范围总体上可以分为两类：狭义的运营

管理就是指生产及与生产直接相关的环节，如生产计划、统计、生产调度、质量、工程、装备、工艺管理、采购、库存、物流、动力、计量等；广义的运营管理，管理范围除上述环节和职能以外，还包括营销、人力资源、研发、技术，与战略和投资形成三足鼎立的局面。

运营管理在企业的定位就是三个中心，具体内容如下：

（1）经营谋划中心。在药企，研发、技术、营销、生产、HR 等职能都会有自己的中远期谋划，但是在战略指导下将这些职能连在一起系统谋划则是运营管理的核心职能。许多药企包括一些大的药企，这些事情都是掌门人自己在想和布置，弊端显而易见，既占用掌门人时间，又难以系统和科学谋划，头痛医头、脚痛医脚的现象明显，而由运营管理部门来做，则可以避免这些问题的发生，从而使研发、技术、营销、生产、HR 等职能的价值互相加强，形成事半功倍的效果。

（2）经营落实中心。这个定位不是让运营管理去代替研发、技术、营销、生产、HR 等职能，而是能够让这些单独的职能系统化，使单独的职能与其他职能互相衔接和协同，从而取得良好的协同效应。

（3）经营分析中心。在药企中，研发、技术、营销、生产、HR 等职能都会有自己的分析功能，但是运营管理能够将这些职能放在一起去分析，对整个企业的潜力、价值、机会、风险，其价值是任何单独的职能所不能代替的。

运营管理的使命就是把企业内部的运营要素（包括生产计划、统计、生产调度、质量、工程、装备、工艺管理、采购、库存、物流、动力、计量、营销、人力资源、研发、技术）协同起来，团结起来，形成整体共同服务和面对客户。

运营管理的目标是效率和效益。运营管理是要在各个运营要素专业、有效和有效率的情况下，实现各个运营要素的无缝对接和有机衔接。

运营管理的方法是以结果为导向的过程管理。

在运营管理外部，与企业发展战略和投资形成协同及衔接：执行战略并与投资并肩作战，投资到哪里运营就到哪里，运营更应当走在投资的前头，运营效率和效果无法提高的项目就不应该投资。

运营管理的主要职能原则上包括运营决策、运营执行、运营分析、运营协调四大项。运营决策层面，包括药品是自己生产还是CMO，在产业链的哪个环节布局，在全球哪个地方布局，如何获得经营资源，核心产业和非核心产业各自的运作策略，等等。运营执行层面，实施产业布局，实施技术、设施装备、人员、资金、区域软件和硬件整合，流程设计，风险规避，产业整体设计，等等。运营分析层面，主要包括整体和运营各个环节效率分析、效益分析，市场机会分析，风险分析，潜力分析，等等。运营协调层面，主要包括各个运营要素协调，建设与运行和搬迁协调，效率和效益协调，人力资源与运营和财务协调，等等。

运营管理图见图3－1。

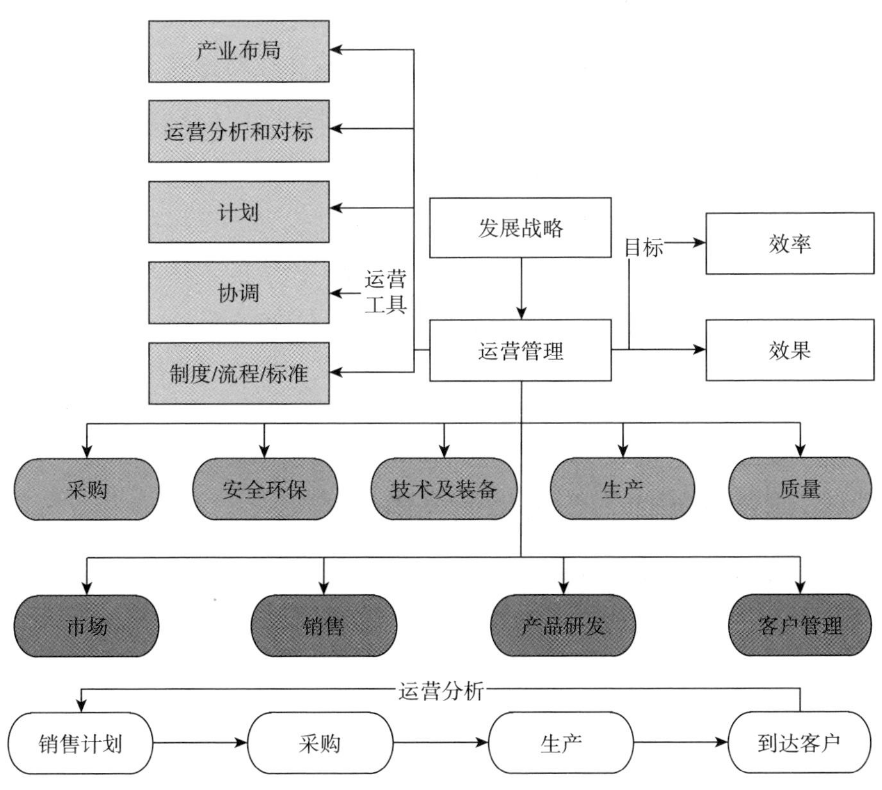

图3－1　运营管理图

运营、战略、投资关系图见图3－2。

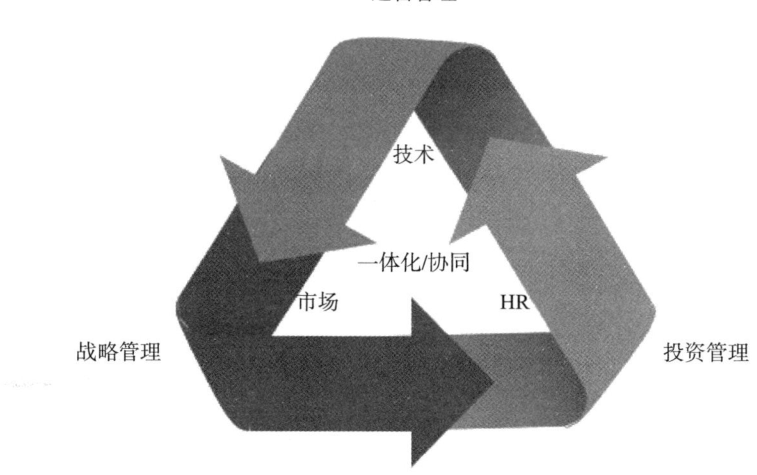

图3－2　运营、战略、投资关系图

运营与战略之间的协同主要体现在：运营在战略指导下运行；运营支持战略；运营向战略反馈信息和建议；战略必须考虑运营的实际情况；战略与运营协同创造价值。

运营与投资之间的协同主要体现在：资金投到哪里运营就扎根在哪里；运营的成果为投资决策提供参考；运营将投资的主体连接到产业主体；衡量投资成败的根据在运营结果；投资的关键在整合，整合是运营的职能。

二、运营管理如何为药企创造竞争优势

药企整体运营系统图见图3－3。

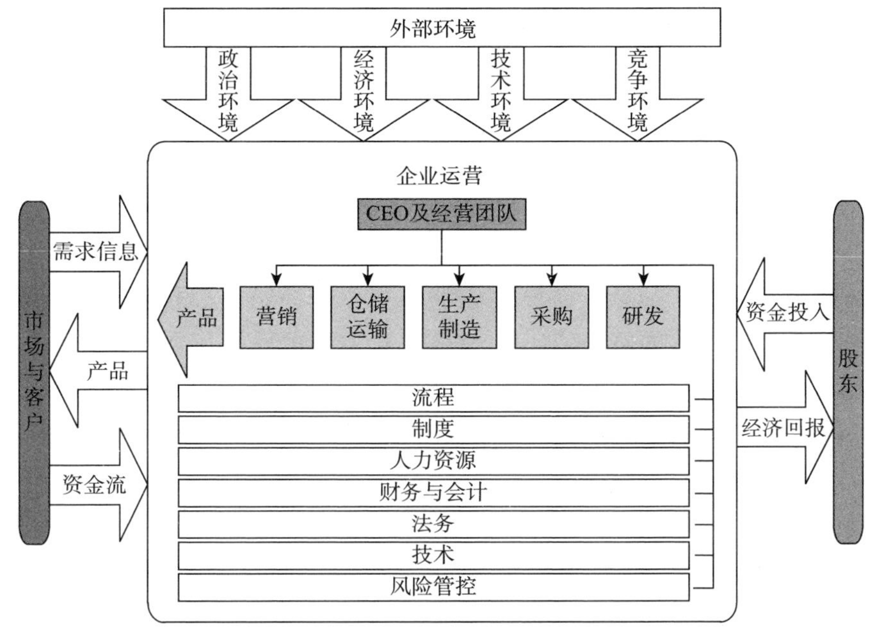

图 3－3 药企整体运营系统图

（一）科学布局产业要素，为企业创造竞争优势

随着中国药企规模的扩大和产品系列的增加，多中心研发、多中心生产、多中心营销以及注册地和纳税地的不同，企业复杂性在增加，从国内一个地方走向全国，从中国走向世界也是大势所趋和赢得竞争不可或缺的途径。特别是中国各省（直辖市、自治区）医药产业区域政策的多样化，全球药品准入政策、税收政策和产业发展政策的多样化，药企产业布局越来越成为产生竞争优势的重要因素。哪个职能来调查、测算、分析、谋划这样的布局？哪个职能能够将一家药企内部的研发、生产、营销、人力资源、后勤、物流等环节统一起来在全国乃至全球谋篇布局？这里涉及药企发展最重要的几个命题：不同地域和国家及其之间的税务政策与资金流成本、物流成本、药品准入政策及多中心临床价值、人才流向及人力资源成本是不同或者说是差别很大的，药企必须根据自身发展需要和资源情况，何时在何地布置研发基地、生产基地、产品准

入，都要有科学的评估和判断，然后采取措施去落实。而这些布局由研发、生产、营销任何一个单个职能来开展显然不能够给企业带来整体利益。要实现产业布局的系统思考和科学布局，就要由运营管理来统合研发、生产、营销，人力资源、财务和后勤体系来系统谋划。当然，不同的药企承担这些工作的部门或岗位名称可能会有差异，但核心职能就是运营管理。

通过科学产业布局，使药企能够在合适的地域完成聚集人才，减少税务支出，降低运营成本，从而为赢得竞争创造良好基础。

（二）使各个经营要素融合、无缝对接和有机衔接

运营管理使各个经营要素形成企业整体合力，共同面对客户。在现实药企经营过程中，不论是集团性企业还是单体企业，不论是实行职能制企业还是实行矩阵式、阿米巴式企业，经营中出现的困难、问题或风险很少出现在各个经营要素个体内，而是体现在各个经营要素之间的衔接和协同，以及经营要素与发展战略的匹配程度，运营管理正是弥合这些分歧和鸿沟的管理方法。

运营管理与发展战略和其他经营要素关系图见图 3－4。

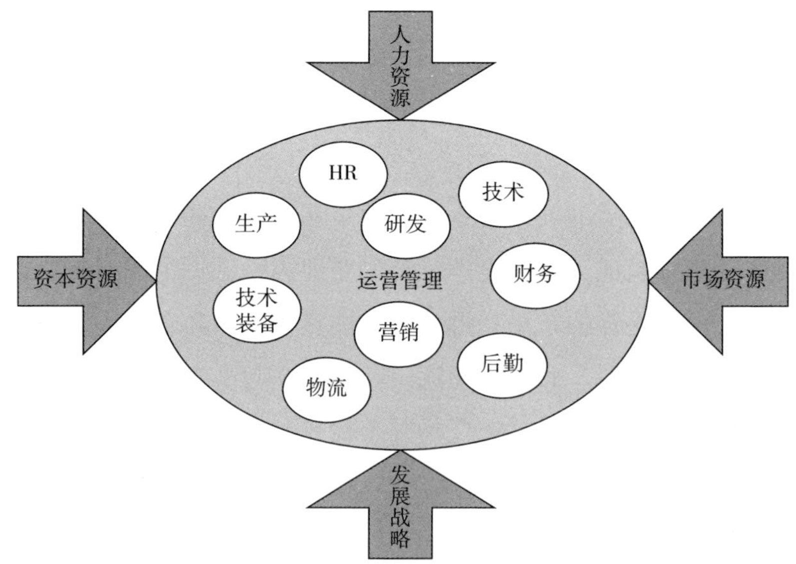

图 3－4　运营管理与发展战略和其他经营要素关系图

（三）使企业处于核心层状态，掌控风险与收益的平衡

许多药企掌门人不论是企业经营得多么风光，实际上在内心都有一种无助和不踏实的感觉。这种感觉一方面来自竞争的压力，不知道竞争对手会在下一轮竞争中如何出手；另一方面也来自近几年产业政策的多变。在内部，实际上就是对已有资源和执行能力难以把握，其本质就在于运营管理是否系统和真实。这里涉及对已有资源、可以掌控和影响资源的把握、分析和运用情况。虽然可以有研发、生产、营销、人力资源、财务和后勤体系等方面传来的信息，但是总体的评估和把握是掌门人最需要的，运营管理在这方面的价值就可以体现出来。

同时，掌门人可以将战略、环境变化、资源变化后的思路、打算通过运营管理来评估和贯彻。从这一点来说，运营管理是掌门人在药企日常经营的首选经营手段和工具。

运营管理不是新概念，但是要用好并不容易。除了要做好关于运营管理的制度和流程以外，建立企业运营管理构架和运行体系则是必要的选择。不必建立一个职能部门，名称也可以有多种选择，但是运营管理各个职能的活儿应该有人做，而且要建立能够融合战略和研发、生产、营销、人力资源、财务和后勤体系的议事体系与执行体系。

经过多年的经营积累和市场化优胜劣汰，药企已经到了整合和系统经营阶段，用运营管理来统合，用运营管理来实现新的价值超越。我们期待更多的药企用好这个工具。

第二节　销售这匹马为何拉不动企业这驾车

在当下的制药企业，为数不少的销售业务员、地区经理、销售经

理、销售总监直至企业主管、销售的高管或多或少地都会存在以下这些一致的疑惑甚至抱怨：企业销售目标越来越高，销售团队得到的理解越来越少，销售人员得到的支持越来越单一甚至成为一只孤雁，销售人员需要企业及其不同专业和职能部门解决的问题越来越多也越来越失望。而在企业决策者和非销售部门的反映则是另一番感觉：这么好的产品为何销售额总是上不去？同一个产品，为何别的企业业绩做得那么好，我们企业的业绩为何做不上去？销售主管和业务人员的收入越来越高，但是增长的幅度为何越来越小？销售人员完不成任务，为何从来就不找自身的原因，而总是将问题的症结派给生产和技术甚至质量管理部门？为何销售部门人员的离职率远远高于企业其他部门和单位？等等。

由于有这样大的认知反差，所以在企业才会有以下一系列现象出现：

企业决策者总是对频繁招聘进来工作半年甚至三五个月的销售人员、主管甚至销售高管不满意，不断淘汰没有达到业绩目标的销售业务人员和主管，不断补充新的销售人才，民营企业人才不行就从跨国医药巨头人员中选，甚至从做得好的制药企业“定点清除”。为数不少的企业决策者总想找一位销售方面的“神”，能够盘活其存量产品资源，实现其做大的梦想。但是，这样做的结果往往是人才走马灯似地换，销售规模却不见明显起色，有的长期徘徊，再有其他失误出现时则断崖式下降和人才流失。

也由此诞生许多“神”一样的培训，这些培训告诉企业及其销售主管如何做政府事务，如何实现销售突破，如何管理渠道，如何招商，甚至如何“压货”都成了培训的重点内容，这些技巧性培训泛滥既是企业实际需要的结果，也助长了销售至上理念的泛滥。压货造成许多制药企业年终销售额数字冲天，庆功会脸面好看，但是第二年一季度处理上年压货，甚至整个上半年都在处理去年的压货，致使上半年销售指标拖后，没有办法，只有依靠年底的再次压货，如此恶性循环实际上是降低了企业整体的竞争能力。

这种状况持续下去的必然结果就是目前部分国内制药企业销售与母体分割。母体对市场实际情况的无知和在无知情况下的决策，销售与母体的联系仅仅限于发货、回款和收入，而更重要的整体产品有机体、产品技术和文化内涵、生产运营与销售的互动都变成了多余，产品在企业发展中的定位与在市场定位的冲突越来越激烈。附带的负面结果就是过度销售、后劲不足和销售人才的无谓牺牲，销售这匹马越来越拉不动企业这驾车。

销售部门和企业决策者，以及企业其他部门为何对一件事情的认知有如此大的反差？不同的企业会有不同的原因和特殊情况，但以下共性因素是不可或缺的：

（1）对药品销售环节的功能认识不清及由此带来的定位不科学。凡是犯这样错误的企业都认为销量是销售部门或销售队伍单独的责任，与企业整体或其他职能单元关系不大，如果说有关系，也仅仅是配合关系。

（2）搞混了销售与营销及企业整体的关系。深层的症结在于中国企业市场化进程的时间只有短短三十几年，从老板到经理人对企业经营规律的把握、对企业管理规律的认识还不深刻，缺乏企业经营管理整体概念，不能够系统和全面地推动企业发展，对企业成长和发展认识比较肤浅，没有在一个大的经济周期中经历风险的经验，所以才出现长期以来的贪大求快、急功近利和头痛医头脚痛医脚的现象。

在企业层面扭转上述局面，需要企业厘清以下几方面关系：

（1）厘清销售与企业整体增长的关系。销售无疑是企业实现经营目标、增长和有效规模的首要环节，但也仅仅是首要环节。我们不能被这一实现企业价值的首要环节所蒙蔽，销售能够成功必有其内在原因，那就是销售背后的一个强大系统支持，这个系统几乎包括经营企业的所有要素，特别是产品研发、技术、质量、人才、管理能力，等等。在短期内，销售业绩可以根据销售人员的主观能动性不同而有差别，依赖于一线营销人员及其背后的领导；但长期看，一定是一个强大的系统在支持，最重要的是独特而又有竞争力的产品。有些长期依赖销售实现增长的企业决策者，在全国公开招聘销售主管，给最好的经济待遇，放权放手经营，为何销售业绩总是不见起色或长期徘徊？有的企业虽然有增长但始终与决策者的愿望目标相差很大，原因可能有多种，但关键因素是没有处理好企业整体和销售的关系。

（2）厘清销售与营销的关系。销售是让消费者或客户购买产品并实现产品送达和货款回笼；营销是调动企业整体力量和资源，从产品定位到产品推广，实现产品价值的一系列活动的总称，不仅包括销售，还包括战略、产品定位、目标市场定位、医学推广、政府事务等内容。从这一定义可以看出，销售只是整体营销中的一个环节。许多企业决策者从来就没有真正理解营销与销售的关系，更谈不上摆正营销与销售的关系，所以重销售轻营销一直是中国药企的痛，许多企业越是痛越是在销售上投入资源而减少在营销方面的资源投入，致使越做道路越窄，资源回报率越低。所以才有重金投入广告，广告一停销售业绩就严重下滑的现象。

（3）厘清销售与产品的关系。许多企业存量药品文号众多，但经常在市场流通的产品并不多，在市场流通的产品中真正能够做到有规模的更少。在这种情况下，掌舵者扩大规模的主要办法就是“逼迫”营销经理人在现有产品和现有市场上增加销量，所以能够动用的资源并不多，超高的业绩也难以实现。

由于药品研发周期长、投入资源多、新产品临床研究淘汰率高，存量产品文号和空白市场及低覆盖率市场就成为3～5年内市场突破的最便捷资源。但是，前期存量产品文号处于“休眠”状态是有客观和现实原因的：

（1）同质化竞争的牺牲品，许多产品都是畅销药的仿制品，当产品从申报到取得生产文号的时候，市场同产品或同类产品已经厮杀得不可开交，竞相降价让许多企业特别是后发企业望而生畏，无利可图。

（2）许多产品存在先天性缺陷，比如工艺存在缺陷，就是用批准工艺无法生产出合格产品，生产出合格产品的工艺没有得到批准而且与批准工艺不一致。

（3）产品存在上市放量障碍，比如疗效不突出、安全风险大、临床材料不全、临床数据不佳、剂型不合适、没有进入医保目录、没有进入保护品种首仿品种目录、没有进入当地药品中标目录，等等。

这些工作销售环节本身是无法完成的，这就需要企业整体的力量。

解决药品销售这匹马拉动制药企业这驾车的问题，最重要的方法是系统思维和企业整体观念，将销售放到企业经营整体框架内，明晰销售在整个企业中的定位。

当前的制药企业都有其或长或短的发展历史，许多企业脱胎于国有企业，目前的内部结构、思维方式和经营方法或多或少地带有国有企业的印记，在企业经营上缺乏整体设计，多数都是自然发展的结果，缺啥补啥，自然而然形成现在的结果。

我们考察一家制药企业，可以发现许多企业就没有市场部门，也很少有负责市场的岗位，时至今日，即使企业有市场部门，其决策者在心底仍然认为营销就是销售，所谓的市场就是浪费钱，好看不好用。

制药企业要想成功转型和脱胎换骨，必须重新设计企业。

在现有产品结构和市场竞争格局框架下，客观分析原有企业各项职能和环节的价值、定位和存在方式，然后按照市场和客户需要重新定义企业内部各个环节，去掉无用和价值不高的环节，外包自己不专业和自己设置成本更高的环节，对各项经营职能给予重新定位。其中，重要的与销售相关的职能就是认识市场和客户职能、推广职能、客户服务职能和销售职能。销售怎么定位？销售是连接市场、客户和企业的桥梁，企业掌握的大量的市场和客户信息应该来自销售，同时销售又是企业实现整体价值的前沿环节。销售背后的支持力量涵盖了市场调查、产品设计、生产、采购、研发、公关关系、政府事务、技术、人力资源和财务政策等一系列关键环节。

同时，企业不应该被已有的产品结构所束缚，应该根据市场、技术、产品和客户需求和发展趋势为未来布局，这就是未来发展战略。企业内部的组织结构亦应该根据市场、客户、技术与产品的变化主动和及时调整，销售的职能亦应随之调整。

这些设计和调整应该遵循企业整体与系统思维原则。

怎样在制药企业整体结构设计中将销售职能与企业有机联系，让销售这匹马能够拉动企业这驾车?

应注意以下七条线设计:

（1）GMP 线。不论组织结构怎样设计，销售组织如何独立，企业整体的 GMP 线要贯穿始终，特别是在国家食药监总局出台专门政策强调药品溯源的情况下。销售不论是产品线还是区域线，都要服从并配合企业 GMP 整体规划和运作策略，尤其要注意从库房开始直到终端各个环节的销售记录、发（收）货台账，患者不良反应记录，患者投诉中销售终端与质量部门的沟通和协同，运输和储存条件，紧急情况下能够迅速召回的机制。

（2）计划和预算线。很多企业是生产和销售各做各的年度、月度计划与预算，有些企业虽然年度计划是统一做的，但在不同月度、季度进行调整时信息不通，不是造成断货就是库存产品积压，在产品有效期短的情况下尤其应该重视。有的企业看一个时期的销售量不错，但退货、近效期产品和过期产品很多，实际上业绩大打折扣。正确的做法应该是打破组织内部不同职能部门的孤立状态，通过流程和软件实现一体化运营，销售在途和存货，以及销售计划在企业仓储、生产甚至采购部门都应该实时掌握，能够用软件在一个平台实现是最好的途径。

（3）信息线。信息线实际是双向线，就是从企业各个职能部门到销售及销售各产品线、各地区线以及销售各产品线、各地区给企业各个职能部门的信息线。这两条线的畅通，一方面保证了企业对市场和客户的了解，对市场竞争状态的把握，对销售业绩的判断，有利于企业决策建立在事实清楚的基础上；另一方面将企业及各职能部门的政策和策略，尤其是市场策划部门和支持部门的策略能够及时、准确地传达给销售前线。

（4）业绩管理线。业绩管理线必须与企业计划线和预算线相衔接，首先由产品线和地区线做出业绩计划，然后上下级之间、产供销之间进行业绩沟通，最后按照各自的职能进行业绩执行。通过业绩线将处于市场一线的产品线队伍和地区终端队伍与总部各职能部门及业务单元相衔接，形成统分结合的业绩平台。

（5）企业文化线。如果说 GMP 线、计划和预算线、信息线、业绩管理线、人力资源线、市场销售线、政府事务线是有形的管理线，那连接企业总部与销售队伍的文化线就是无形的线。如果说前七种线是管理的硬件，企业文化线就是管理的软件。销售人员在目标市场的时间比在总部的时间长，接触的人也是客户多于同事，如何维系销售人员与总部和企业的情感，增强归属感、使命感就成为企业最现实的命题。

（6）人力资源线。人力资源线是维系制药企业总部与销售之间关系非常重要的纽带。许多企业销售人员多数都是从目标市场所在地招聘，也有一些是在做过销售的人员中选择，这种行为无可厚非，但是如果没有其他措施补充和维系，那一线销售人员就会是断了线的风筝或孤雁。维系企业总部和销售一体化纽带的重要措施包括销售人员、技术人员、市场人员、财务人员等岗位的有序交流和轮岗；企业总部与销售队伍同台会议和培训及其他活动；一种原则指导下的公平薪酬体系。这些措施将保证销售与总部的血肉联系，避免成为一种单纯的金钱关系。

（7）市场销售线。如果说销售是在一线冲锋，那么市场管理则是在后方运筹；如果说销售是对零碎市场的了解，那么市场管理就是对整体市场的把握；如果说销售负责具体市场的销售策略，那么市场管理则是对整体市场、整体产品策略的把握。一前一后，一软一硬，前后协同这是最有效的营销结构。产品和产品线定位、客户定位、整体市场变化趋势、医学推广、产品策略、销售策略、市场竞争分析，这些市场管理项目对一线销售绝不是可有可无、可多可少。

当然，企业总部与销售的连接纽带和一体化运作不仅是上述七项，还应该有更多，包括政府事务线，这里就不一一列举。

药品销售是一项复杂性工作，特别是在当前政策变化快、竞争激烈的环境下，要让企业的产品能够释放出最大的市场价值，必须解决销售与总部及总部各个组成部分的关系，让销售这匹马能够轻松拉动企业这驾车，甚至这驾车能够推动这匹马，形成良性互动。

第三节 药企做大与做强的辩证法

做大做强一直是医药产业人梦寐以求的愿望，我们既羡慕那些基业长青的百年企业，更推崇短短十几年就从小企业成长为医药产业航空母舰的领袖级企业。企业人这样想，政府又何尝不是？看看最近几年从中央政府到各省（直辖市、自治区）政府出台的产业政策、规划和法律法规，都在打造世界级和国家级企业。比如，在药品招投标政策、产业支持政策方面，规模常常被列为主要指标，一些政策还列出具体标准和进程计划，不可谓不用心，不可谓措施不具体。但是，我们翻开百年来全球企业的发展史，看看前仆后继的企业成长和衰落史，再理性思考一下为什么会产生这样的结果就会知道企业成长与其他客观事物一样，有其自身的发展规律，药企亦不能例外。任何违背规律的行为和措施，任何超出当前资源和能力的愿望都注定不会成功并付出代价，我们必须吸取历史的经验和教训，不犯重复错误，不重复犯同样的错误。

一、大企业与小企业的利弊分析

医药产业具有规模经济的特点，规模大、抗风险能力强，可以集中资源做大事，可以采购更先进的仪器设施设备，可以招聘更有能力的人才，然后利用规模来摊薄单位成本，取得规模经济效益。

企业大了，可以凭借经济规模掌握交易主导权，取得相对垄断优势，可以产生人才聚集效应，人才的专业分工会更细，有利于各项经营和管理工作走专业化的道路。

同时，我们也应该清醒地看到这些优势是建立在全民攀大的意识群中，是政府政策长期以来推动的结果，是建立在经济快速增长的基础上，是在全民发展意识浮躁的环境中，一旦上述条件或上述部分条件不复存在，一旦全民发展意识回归理性，这些优势就会大打折扣。

同样，大企业也有其无法规避的弱点，具体内容如下：

（1）规模越大转型就越缓慢。而中国和全球经济环境正处于快速转型的过程中，政策在变、消费意识在变、渠道在变、环境在变，而企业无法快速适应这些变化，走下坡路或衰落就不可避免。

（2）不同的规模需要不同的驾驭能力甚至管理方式。大企业对流程能力、人才水平提出了更高的要求，而这些不是都能够花钱买来的，多数需要整个医药产业去积累、去实践。

（3）一旦企业的人才水平、流程能力与规模不相协调，那就会出现一管就死、一放就乱的状态，就会出现规模不经济的状况。

（4）创新能力和适应市场的能力就会大打折扣。我们看看最近十年企业创新和专利榜就会知道，人均专利水平大企业不占优势，许多小而专的企业反而更锐意进取。

二、约束企业规模的客观条件

（1）市场规模决定企业的规模。中国药企要想发展为世界前十大跨国药企，既要将国内医药市场整体做大，又要进入主流国际市场，而这些关键点目前还看不到具体的时间。

（2）企业的规模与我们产业整体积累的管控企业的经验息息相关。虽然改革开放药企通过向外资企业学习，加上自身的管理实践积累和能力升华，经营企业的水平在持续提高。但是，我们要清醒地看到，我们的流程能力、公司治理管控能力和应对周期性波动的能力都远未成熟，还有很长的路要走，还要交许多学费才能站在更高的起点上。

（3）我们的企业基本是习惯于经济大势在10%左右增长的环境中生存与发展。而中国经济的增长幅度随着总量的增加、市场的成熟和潜力陆续释放，增长速度放缓是必然趋势。在这种情况下，企业要适应和面对这样的环境，还需要继续探索。也就是说，我们应该清醒，今天企业界取得这样的成绩除了自身的努力以外，整体高速增长是非常重要的因素。

（4）药企的规模还与医药产业的特点息息相关。这个产业具有规模经济的一些特点，比如需要 GMP 认证这样的门槛。但是，小企业在掌握独特产品后，依靠社会合作或独立运作得当也可以有很强的竞争能力，从而生存并发展。

三、“揠苗助长”的弊端

（1）单纯政策扶持起来的大企业往往缺乏独立竞争的能力。竞争的能力是教不出来的，也不是扶出来的，一定是在竞争中胜出的，温室里的花朵经不起自然环境中风雨的洗礼。

（2）损害公平竞争规则。目前的许多政策还有一些弊端。

（3）管控大企业需要一套成熟的方式方法和系统，而这些系统一般是买不来的，一定要在市场的厮杀中胜出，如果不具备这样的方式方法和系统，就会造成系统脱节。了解一线市场的没有决策权，有决策权的不了解市场，一管就死，一放就乱。

（4）任何大企业都是从小做起来的，给小企业机会和支持就是给小企业做大做强的机会，否则大企业就成为无源之水。

（5）政府的责任不应该是扶持大企业，而应该是消除和避免垄断及竞争壁垒。

四、药企做强与做大的辩证法

药企成长和壮大有其自身的规律，如果我们能够认识到这些规律并按照规律去经营，不揠苗助长、不反复折腾、不好高骛远、不急功近利，就会在整个行业中创造出大、中、小型企业各有其独特的定位，以及共存、协同、互补和良性竞争的局面。

想做大先做强。做强是做大的基础和前提，做大是做强的必然结果。什么是强？企业对环境的变化和市场趋势有前瞻性认识和判断，并且会有恰当的反应来适应环境的变化；不断推出适应市场要求的产品来满足市场的需求；管理精细，运营效率高，即用社会平均投入能够产出更多更有价值的产品或产出同样的产品所消耗的资源更少，这标志着技术能力和运营能力的强；由于产品的价值带来品牌的社会效应；管控资源、环境和业务能力强。

上述四个方面说明了一个道理，企业做大不是罪过，“揠苗助长”才不利于企业长远和健康发展，要想做大企业并使其能够持续和健康发展，必须先做强。

医药产业界是这样的认识，希望政府也能够认识到这样的规律，科学决策，培育公平竞争环境，让大企业做强来规避风险，让小企业在做强的同时茁壮成长，让各种规模的药企都能在医药市场中有自己独特的定位，互补、互助、协同和良性竞争。

如能这样，医药产业之福，政府之福，百姓之福。

第四节　资源整合的加减乘除辩证法

中国医药产业正在进入资本经营与产品经营的双模式发展阶段。

在近几年的并购浪潮中，存在一些浮躁、单纯追求规模的现象。正处在并购炙热中的医药产业，应该清醒再清醒。许多企业在将并购对象纳入囊中后，并没有如当初所希望的那样实现融合和 1 + 1 > 2 的效果，有的成烫手山芋，有的被迫分家，个别企业在经过频繁并购规模增长的同时，净资产收益率、营业利润率等关键指标并未上升甚至还有下降，隐藏着巨大的风险。

华润医药通过子公司北药集团、华润医药投资分别出售其医疗器械资产华润万东和上械集团并战略性退出医疗器械业务。同时，进军医疗产业，以 12 亿元投资换取中山大学附属第一医院黄埔分院管理权。

华润医药在产业上的“一进一出”“一加一减”给整个产业界以非常好的提示：必须围绕企业定位、发展战略和愿景目标来整合发展资源，加减进出都是企业的经营行为。由此，我们也可以用“加减乘除辩证法”来概括药企在并购、整合和产业布局方面的策略。

一、加法

除并购某个企业以外，还包括并购研发或团队、产品文号、正在研发或上市的项目。比如，拜耳前些年从东盛手中购得“白加黑”，可以算是并购杰作；近期拜耳整体收购滇虹，也是大手笔，进展如何业内拭目以待。做加法，还可根据需要自建一些业务单元，以保证企业整体竞争优势。例如，华润在北京大型医药产业基地兴建医药产业园等。上述加法各有千秋，风险和价值都不一样，企业一定要清楚自身的资源和定位，有所取舍。

一些企业一想到发展首先做的就是并购，并购当然有优势，如快速补充产品、市场、产能和人才队伍等，但也存在弊端，如文化磨合风险、显性和隐含的历史包袱等，很难想象一家企业能够完全依靠并购成为强大和历史悠久的企业。说到底，并购的母体必须足够强，这是完成并购及成功整合的前提。具体而言，清楚为什么要并购；是否具备并购的资格和条件；何时并购；清楚如何整合被并购企业并有能力使之成为经营构架中的有机整体；清楚并购的风险并有恰当的资源和能力承担与化解风险。

二、减法

善于舍，才能勇于得。有选择地退出一些非主业、低效能和无法掌控的资产，以便聚焦主业，是腾出资金等资源投向更重要的战略性产业的途径。2018 年刚刚完成整合的某央企医药产业板块，2019 年就拟将体内非主业、低效能和无法掌控的业务剥离。

三、乘法

即让被并购的企业或项目与原有产业产生协同效应、规模效益和凝聚效应，而不是简单和物理性的加法，一定要产生“化学反应”和生物意义上的乘法，才能 1 +1 >2。从这个意义上讲，做加法的目的是为了产生乘法效应。

四、除法

当前许多企业看似通过并购等活动使经济总量扩大了，但按照其占有的资源、员工总量去分析，按照历史的发展做对比，单位效率和效益可能是下降的，核心竞争力还是空的，这就有违规模经济的初衷。善做除法，就是在经济总量增加的同时，单位效率和效益也能同步增加和改善，让企业内各个组成单元都能明确自身定位并有自身的发展战略和愿景目标，同时其战略、愿景又能与企业总的发展战略和愿景相匹配。

以上就是企业资源整合的辩证法，成熟的企业一定能做加法、会做减法、善做乘法并形成除法效应。

第五节　产业整合与重组的管理命题

目前登上年度百强榜的企业主要有三类：第一类是已经完成转型或正在转型路上的国有企业；第二类脱胎于国有企业但已经民营化，并在成长道路上找到正确方向的民营企业；第三类就是进入中国的跨国医药巨头。

如果从另一种维度去分析，第一类是处于上升期的企业，这些企业已经掌握在目前快速变化和不确定性环境下的发展道路，完成原始积累，正在或已经形成核心竞争能力，完成或即将完成企业整体转型。第二类企业虽然还在年度百强榜单上，但是排名下滑，每况愈下。如果遇上政策调整或偶发事件，则成为压垮企业的最后一根稻草。第三类是处于挣扎中的企业，这些企业不乏清醒之士，多数已经认识到自己与产业趋势的背离，但是不愿意或者经不起转型阵痛。

这些现象都说明医药产业正在急剧分化。

一、并购兴起

此前，我们已经认识到产品的重要性，在资源不足条件下，对潜力药品的仿制、发散式仿制、首仿成为这一时期的主流发展模式。从 21 世纪初开始，并购逐步成为药企发展的另一只脚，这时期的并购实际上也与仿制药一样，是兼收并蓄的。

从 2015 年医药新政开始，医药人明显感觉到产业整体经营风格在改变，而这恰恰是中国医药产业整体成熟和达到全球产业顶峰所必须经过的道路。

2015 年之前，医药产业并购是少量的，而且以国内并购案例居多，每一次并购行为都会成为产业的重要话题。但是，从 2015 年开始，药企之间的并购案例增多，且频率加大，重要的是跨国并购比国内并购案例数量增长幅度更大。如复星医药于 2016 年 8 月以近 87 亿元人民币收购印度 Gland Pharma86% 股份；血液制品大鳄上海莱士子公司科瑞以百亿元人民币收购德国生物科技公司 Pan Biotech；山东司邦得以 5000 万元人民币收购山东泰谊制药 75% 股份；东诚药业拟收购南京江原安迪科正电子研究发展有限公司。进入 2017 年，越来越多的企业将并购目光聚焦海外药企，1 月份爱尔眼科拟以 1800 万美元收购美国眼科资产，三胞集团以 8. 2 亿美元收购 Valeant 旗下美国生物医药公司 Dendreon 全部股权。

这种跨国并购难度更大，但目前中国并购境外企业多数采用与被并购企业相同或类似文化进行经营，母公司仅仅管战略等大事，就避免了融合的问题。

二、整合成功标志

对于并购进入的企业，很少有企业立即完成整合并让被并购企业在流程和体系上融入母体。所以，我们看这一时期的百强企业规模上升很快，盈利能力提升更快，这说明规模效益初显，盈利能力在提高。

但是，如果我们从这些企业内部去看主要由并购形成的大中型企业，鸿沟仍在、合而未融现象明显，而且未来业务整合和弥合分歧道路漫漫。这里面存在的问题包括业务融合能否取得协同效益？相对成本能否降低？人才和文化是否能够融合或互补？以拜耳和白加黑为例，从历史上看，这次的并购效果并不是很明显。2008 年，拜耳从东盛科技购得旗下白加黑感冒药片，这成为当时国内最大的医药并购案。7 年之后，白加黑再次被拜耳卖掉，以集成总包的形式由上药控股负责运作。

从 2016 年开始的整合也成为医药产业的标志性事件。国药集团在酝酿了近十年后，在2018年开始启动内部板块整合。将全部化学药企业整合到现代制药这个上市公司平台，将中药整合到中国药材公司这个平台，将生物药整合到中生这个平台，国药股份作为全国毒麻精产品批发平台和北京地区医药分销平台，将一致作为零售终端平台和华南地区医药分销平台，将国药医工总院作为医药技术和产品研发平台。从国药控股海外上市到完成工业体系整合，国药集团实际上完成了从产业战略整合到产业结构整合的步伐。产业线清晰，内部竞争化解，专业经营之路开启，业内将有许多期待。

但是，与国药集团整合类似的企业都面临新的考验，内部产业链整合只是给产业发展带来契机，但不能自动使企业成功，一定要在人才使用、内部机制优化、技术进步等方面有相应的措施。

三、把握几项基本原则

现在，医药产业面对政策、竞争、并购、整合和产业分化等多种因素和趋势主导，在药企经营和管理上应把握住以下几项基本原则。

（1）制定战略最关键。许多企业家公开讲如今环境变化太快，不确定性增强，战略没有用了。笔者认为，环境变化越是快，不确定性越强，战略就越重要。环境的变化和不确定性增强不是弱化了战略的作用而是强化了战略的作用：有战略定力方可以应对环境的变化和不确定性。变化的不是战略的作用而是制定战略的周期和方式，传统的制定战略的方式方法周期长、柔性差、包罗万象，难以应对环境的快速变化和不确定性。将战略管理从五年一次变为日常管理；将耗时长的分析、战略制定、执行流程变为边分析、边制定、边执行；将执行的结果作为分析和制定战略的依据，分析、制定和执行战略从前后顺序变为同时并行。

战略对企业发展的作用还在于战略决定企业并购的方向，决定整合的方式方法，没有战略或战略不对头的并购和整合就是反复“翻烧饼”，消耗的是元气。

（2）与战略相对应的是取舍，没有取舍就没有战略。从总体上讲，每个产业或环节都有成功的机会，但是由于企业自身资源和利用资源的能力的有限性，企业在并购时必然要进行取舍。哪些项目能够增强你的竞争能力？哪些能够强化你在产业内的定位？哪些项目能够让你以较高的竞争能力进入新领域？哪些项目能够产生协同效益？哪些项目能够在进入母公司体系后化腐朽为神奇？这些都需要评估和取舍。

（3）并购和整合均应该考虑到专业化和企业独特定位的需要。诚然，在全球近百年现代企业发展中，多元化与专业化都有成功和失败的案例，在中国医药产业也有像云南白药和广药多元化成功的先例。多元化是企业发展的一条道路，但不是唯一的道路，也是复杂和危险的游戏。没有高水平的管控能力、成熟的管控体系、相应的人才储备，多元化就是陷阱。我们看到在中国药企大多走多元化或大健康道路的同时，外资企业却在纷纷剥离奶粉、兽药等非主业，在前期多元化或相对多元化的基础上回归专业化和聚焦道路，有些外资巨头甚至在药品领域内继续聚焦，剥离或放弃没有优势的药品生产线，腾出资源投入主业中，不断强化自己已经形成的独特定位和竞争优势。这应该引起我们在企业战略管理上的思考。

（4）并购和整合能否成功，实际上最根本的决定因素在母公司的“功力”。母公司的“功力”包括其战略管理能力、运营管理能力、盈利能力、吸引人才能力和让人才发挥作用的能力、新技术和新产品研发能力等。这些虽然是存量资源，但是对于外延增长获取增量资源特别重要。如果一家企业这些能力缺乏或贫弱，即使有钱并购外部企业、团队和产品线，必然面对内外两线作战的困境，风险非常大。

外部拓展能否成功的决定因素在内部，并购和整合能否成功的时间节点在之前。

第六节　新一轮并购浪潮的盛宴与陷阱

从21世纪20年代初开始，药企新一轮兼并重组正如火如荼地进行，本轮兼并重组浪潮与上一轮相比最显著的特点就是兼并主体主动方多、兼并重组方式各异、发生额度大。

上一轮兼并重组主要发生在几家在当时颇具优势的企业中，而本轮重组并购主体涉及上百家药企。上一轮以股权买卖为主，本轮兼备重组的真实目的却在于产品和产品线，股权买卖已经成为获取产品的一种方式，股权的转移、市场合作、研发合作、知识产权许可等环节交叉进行。

一、多重因素产生叠加效应

导致上述变化的因素很多，主要有以下几方面。

（一）内因

（1）中国药企经过30多年的市场化洗礼和磨炼，在2014年以前平均每年以20%左右的增长速度发展，其增速之高、高速增长时间之长，其他很多行业都难以比及。这种增长积累的财富、资源和经验让企业经营者和所有者已不满足于仅仅依靠产品经营去发展，而是要谋求资本经营，谋求更大的市场话语权和主导权。

（2）中国市场环境和竞争结构已发生重大变化，人力资源成本升高，原辅材料价格大幅上扬，产品同质化严重，药价一降再降。在此背景下，很多企业谋求规模经营，以规模的扩大换取单位固定成本的降低，这是规避风险、壮大力量的必然选择。

（3）外企、国企、民企同台竞争，交流与人才的流动，使得药企整体管理水平和流程化能力大幅提高，许多企业已具备在更大规模舞台上发展的基础，因而有兼并重组的欲望和需求。

（二）外因

相关部委下发的《关于加快推进重点行业企业兼并重组的指导意见》《国民经济和社会发展第十三个五年规划纲要》《国务院关于促进企业兼并重组的意见》《工业转型升级规划（2011－2015年）》《医药产业“十三五”规划》等文件，均提出推动医药产业兼并重组、做强做大的要求，并有具体配套措施。同时，在药品招标、基药政策等方面，有关机构均设置了企业规模门槛和要求，这无疑对企业兼并重组起到了推波助澜的作用。

地方政府也积极与大型药企签订战略合作协议，推动大企业进入本地并整合本地医药资源。以河北省为例，地方政府已公开鼓励华药、石药、神威和以岭药业进行产业整合与兼并重组。

（三）市场

大量的中小企业感受到政策和市场的双重压力，分别“投亲靠友”，寻找“婆婆”。来自权威机构的报告显示，全国近5000家制药企业的平均收入不足5000万元人民币，这样的规模也无法支撑创新药巨额的研发费用和长期的投入，无法将有潜力的创新药推向更广阔的市场，这也是药企采取并购手段的重要因素。

内因、外因和市场因素的结合与叠加，使当下医药产业兼并重组浪潮一浪高过一浪。

二、兼并重组价值不可估量

无疑，并购这种外延发展和内生发展都是企业经营的一种手段，而且并购重组与内生相比具有更快、更直接的特点，因而对企业所有者和经营者具有巨大的诱惑力。

医药产业本身具有规模经济的客观属性。医药产业本质上是以知识产权和专利谋利的产业，新产品需要有8～10年的研发周期，新制药技术甚至需要更长的时间，从新产品、新技术的角度分析，这期间只有投入没有回报而且是高投入，这样的盈利模式没有规模经济是很难支撑的。同时，经过长期、高投入上市的新产品，需要规模经济来支持，需要得到医疗机构、患者和医疗保险部门的认可，需要更大的市场以回收前期投入的成本。

从这个意义上来讲，并购可以快速扩大规模，可以快速得到回报，可以支撑“重磅炸弹”研发，可以支撑专业和大面积、深度的药品推广，可以在采购方面享有规模经济，还养得起高水平的人才。

这些价值对制药企业的所有者和经营者无疑具有很大的诱惑力。

同时，也应该看到，全球药企兼并重组的成功率不算高，上述兼并重组的推动因素和市场价值并没有消除而是加剧了兼并重组的风险。我们也从这一轮浪潮中看到为数不少的案例中隐藏着非常大的风险和隐患，这些风险和隐患在特定的条件下很可能发生作用并持续发酵，甚至影响整个行业。

三、行动之前考虑风险隐患

从已经发生的并购案例分析，本轮兼并浪潮暴露出的风险和隐患主要体现在以下几点。

（1）没有对外部环境中的机会与风险、内部资源的优势与劣势有清醒的认知。在不知道本企业需要什么、为什么要并购的情况下就开始了风险极高的并购之旅。体现在并购行为上就是四处出击、漫无边界地寻找并购对象，“兼收并蓄”。这样的后果就是被并购企业与并购企业难以形成战略上的有机统一，为后期的整合和价值增值带来难以想象的麻烦。

（2）不顾自身条件。资本经营是复杂程度比较高的经营手段，客观上要求并购主体有稳定而又成熟的经营构架、流程和人才队伍，其管控水平和能力足以驾驭被并购企业并能够规避并购过程中发生的风险，有能力整合被并购企业。

（3）并购以后不进行整合。并购的效益和价值主要体现在并购后的整合之中，如果并购后仅仅进行简单的财物并表，这种规模是简单的加减法规模，没有体现规模经济的机制。

（4）有的企业深知自身目前并不具备并购企业的条件，但是担心良好资源企业越来越少，匆忙上阵。实际上，只要企业健康发展，被并购资源永远是会有的，只是形态不一样。

（5）缺少合作和风险意识是本轮兼并重组的又一特点。目前的兼并重组主动方不是100%收购股权就是控股，最少是51%的控股比例。这对于掌控被兼并企业无疑是必要的，但也带来非常大的风险——决策时多元化的声音听不到了，并且一旦风险成为现实，控股方或者全资方几乎要承担全部的风险损失。

因此，在确定战略并决定进入并购市场之前，企业要先问自己以下六个问题：

（1）为什么要兼并这家企业？

（2）兼并能够给兼并主体和被兼并企业带来什么价值？

（3）能否化解和承担被兼并企业固有的风险和劣势？

（4）并购的时机是否合适？

（5）能否驾驭并购后的新企业，涉及并购主动方的流程能力、战略能力、人力资源能力等方面？

（6）如果出现问题，并购主体是否有能力承担这样的风险等？

说到底，并购是一项收益快、风险高的经营手段，是一项自我实现感强而又复杂的工作，需要审慎谋划，整体布局，长远考虑，择机出击。

第七节　药企风险管控战略

中国药企虽然走过了很长的历程，可以说还没有走过生命的“春夏秋冬”，业界也有“严寒到了”的呐喊声。但是，从历史的角度看，那不过是“暖冬”。截至目前，中国药企的发展包括发展得比较好的药企几乎都是“娇生惯养”的孩子。

然而，随着中国各个产业不得不国际化和全球化，随着中国加入ICH以及以后诸多的医药产业特有的国际性组织和规则，中国药企真正的严寒正在逼来。

扪心自问，我们真的准备好了吗？

2018年1月28日，国家局公告128家药企撤回199个新药注册申请；2018年3月1日，国家局公告11家药企撤回21个药品注册申请。

仅2017年以后爆发的药企涉税案件就几百件，其中包括“7・03”专案——淄博为民医药配送有限公司接受虚开发票案；“4・26”专案——四川达州合纵连横科技有限公司虚开发票案；“2・16”专案——广西玉林虚开发票药企系列案。相比较2016年国税总局公布的打骗打虚专项行动的十大典型案例，其中金额最大的前4家全部为药企，最大一家甚至逃税金额接近百亿元人民币。

某税务机关对大型医药制造企业A企业开展例行检查，发现该企业“销售费用”下的二级科目**“会议费”列支金额占其“销售费用”70%以上**。经过进一步调查，稽查人员发现，企业员工在“会议费”中报销的餐费，竟占该二级科目金额的80%以上，而与会议相关的场地、交通、住宿和设备租赁等费用合计不到20%。检查人员按照该企业年均会议费发生额估算，该药企近3年的餐费竟高达近8亿元，直接将50%的药品制造毛利率水平拉低了近20个百分点，对此，检查人员提出了疑问。

与十年前相比，以《中华人民共和国刑法》为核心涉及药企入罪的条款有十几条之多。

2018年7月15日国家局发布通告，长春长生生物的冻干人用狂犬病疫苗生产存在记录造假行为，接下来停产、吊销证照、罚款、退市、刑事处罚等一系列措施。

“刑事合规审查”开始走进中国大众视野的第一案是轰动一时的葛兰素史克（GSK）涉嫌商业贿赂事件。当年长沙市中级人民法院认定GSK构成对非国家工作人员行贿罪，判处罚金30亿元人民币，这也是迄今为止中国法院对商业贿赂犯罪开出的单笔最高金额罚单。随着药企合规日益白热化的今天，监管部门对商业贿赂几乎是零容忍。据不完全统计，在175份与受贿罪相关的裁判文书中就有134份与医药行业的商业贿赂有关。

2008年以来药企各种风险统计图见图3－5。

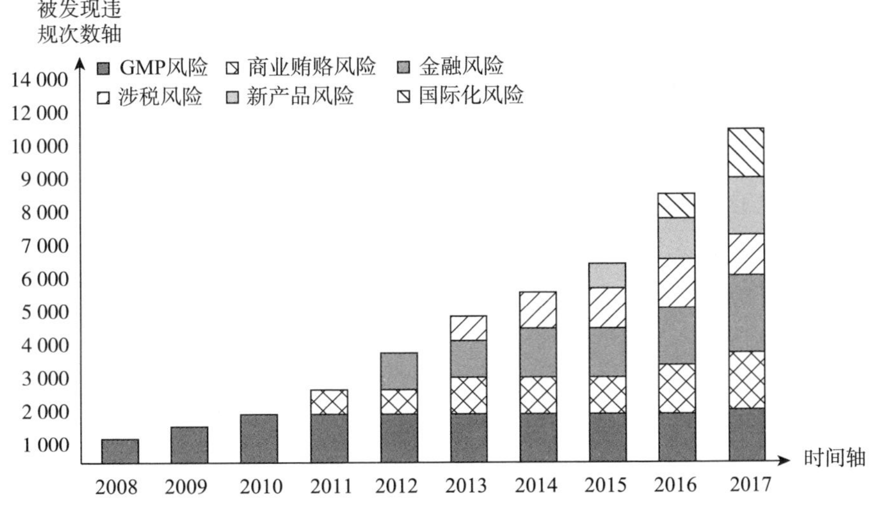

图3－5　2008年以来药企各种风险统计图

图3－5是根据公开数据统计的结果，从图中可以看出自2008年以来各种风险爆发种类呈指数上升，每种风险爆发量增加，从GMP风险、

商业贿赂风险、金融风险、涉税风险到新产品上市风险和国际化风险。

药企风险因素和风险等级关系表见表 3－1。

表 3－1　药企风险因素和风险等级关系表

序号	风险因素	风险等级	风险要点
1	商业贿赂风险	★★★★★	中国药企整体营销模式尚未完成转型，医改亦未完成，药企作为个体无法单独规避此项风险，只能东躲西藏
2	涉税风险	★★★★★	专业与假专业、企业整体体系与税务体系
3	并购及整合风险	★★★★	发展与实际业绩并不一定统一
4	GXP 风险	★★★★	深入骨髓的质量意识与“躲猫猫”游戏
5	新产品研发风险	★★★	越往前走风险越大，不往前走没有出路
6	经营业绩风险	★★★	政策和欲望增加风险
7	金融风险	★★★	应收账款、借贷、多元化投资
8	国际化风险	★★	跨国陷阱、文化差别、政策差别、市场差别
9	其他风险	★	安全风险、掌门人风险、经理人风险等

为什么一些药企发展之快令业界惊讶而风险也随之俱来？为什么这样多的风险在聚焦而药企视而不见？

归纳起来，目前医药产业中风险意识存在以下四大误区：

第一大误区：侥幸心理，这次冒点险以后再完善。

第二大误区：乌鸦心理，有事才想起建风险管控体系。

第三大误区：多快好省心理，将风险管理视作成本，能少花钱就少花钱。

第四大误区：可有可无心理，过去风险管理光花钱建设看不到成果。

从已经发生和即将发生的风险案例看，为数不少的药企只见症候不见疾病，犹如只见海平面以上的冰山，而露出冰山以下的部分则更大、更危险。

冰山理论图见图 3－6。

图 3－6　冰山理论图

怎样规避和化解药企发展中的风险？

建议先治标后治本，实现标本兼治。

药企风险管理体系见图 3－7。

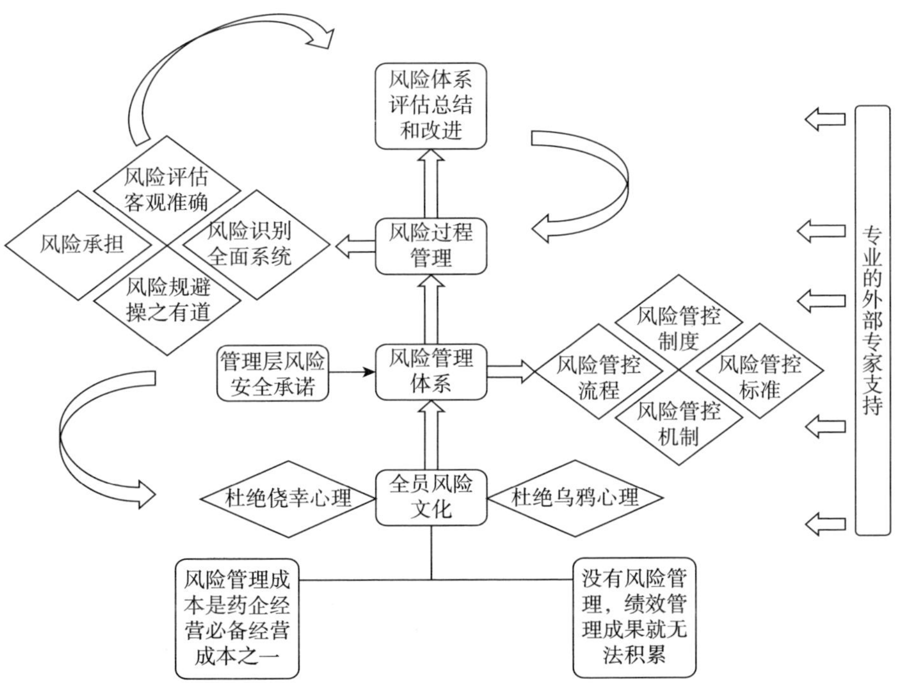

图 3－7　药企风险管理体系

首先进行风险评估，采取措施规避和化解风险。在完成这项工作后推动风险规程管理，实现风险评估客观、准确，风险识别敏锐、恰当，风险规避和化解操之有道，风险承担资源丰富。

在完成上述两项工作后应尽快着手进行风险管理体系建设，包括风险控制流程梳理、风险管控制度建立、风险管理标准建立、风险管控机制建立，而这些有赖于管理层对风险的安全承诺，这是做好全公司安全的不可或缺的因素。

风险评估和化解、风险过程管理、风险体系建设的前提是风险意识构建，没有这一点前三者即使一时做得很好也无法构建持续和有效的风险管控体系。一定要推动风险文化的建立，杜绝侥幸心理、乌鸦心理、多快好省心理和可有可无心理，确立以下两种观念：

（1）风险管控成本是药企生存和发展必须具备经营成本之一，不可或缺。

（2）没有有效的风险管理，所有的绩效成果都无法保留和积累。

处理好发展与风险管控的关系，投入和产出的关系是今后不确定性时代药企非常重要的关系。

第八节　制药企业集团管控的若干思考

中国制药企业集团化始于20世纪90年代初，风行于21世纪初，至今如果你在“舞池”外回看正在“起舞”的制药产业，已经遍地“集团”。从本质和统计学意义上看，这是中国制药企业发展到一定历史阶段的必然产物，是解决企业复杂性和缩短客户与决策者距离的必要措施。那么，中国制药产业的复杂性和规模真的就到了这样大规模、普遍性“集团化”阶段了吗？真的就有这样的必要性吗？回答显然是否定的。我们最大制药企业整体的销售额还比不上全球TOP10药品中的任何一个产品的销售额。这里面既有部分制药企业规模和复杂性发展到一定阶段需要集团化的必要性成分，也显示了部分制药企业盲目攀比和浮躁的心理，一说集团就显示自己企业多大多大，归根结底还是活在面子上。

毋庸置疑，集团化只是药企组织方式的一种形式，并不能解决药企复杂和规模带来的所有问题，有时又是一把双刃剑，用得好会促进企业发展，用不好会妨碍其发展，所以必须因时因地因人因事决定是否采用集团制还是其他管控方式。就集团性管理方式来说，也存在几乎无限的具体办法，从这一意义上说，世界上几乎不存在完全一样的集团化方案。

企业集团的诞生和发展以美国与日本最为典型，代表了全球企业集团演变的过程。19世纪末20世纪初的美国，垄断性组织的重要特征为横向合并，即同一部门内部企业的联合，产生了如卡特尔（Cartel）和辛迪加（Syndicate）是这种横向合并的典型表现形式，也是企业集团的雏形。日本企业于20世纪70年代经济高速成长时期，通过投资创建、兼并、投资控股与参股及建立长期协作关系等方式获得很大发展，形成一批新兴的、主要位于工业加工领域的企业集团，被称为“工业系企业集团”或“锥型企业集团”，如丰田、东芝、索尼、三洋等。

为什么在企业发展到一定规模和复杂阶段后会产生集团管控这种组织形式呢？其必要性主要体现在以下五个方面：

（1）通过集团化降低企业复杂性。集团化的一个显著特点就是分权制，通过分权实现分层决策，将本来需要一个决策（层）者解决的问题分解为多个决策层解决。在业务多元化或在一个产业内相对多元化情况下，实现专业化决策，从而降低了经营和管理的复杂性。

（2）通过集团化缩短决策与市场的距离。随着企业规模的扩大和复杂性的提高，决策（层）者距离一线市场越来越远，给具体决策酝酿和讨论的时间越来越不足，长此以往会增加决策失误的机会，而集团化通过分权会缩短市场和决策者的距离，从而改善决策质量。

（3）通过集团化培养经营和管理后备人才。集团化的分权结果会锻炼和培养更多的经营与管理者，而且是具有实战经验的经营与管理者。

（4）通过集团化实现规模经济。集团形成的规模可以是内生的也可以是通过并购这样的外延产生的，集团化管控可以支配和影响更多更大的规模，而规模经济可以让企业拥有更多的资源和机会去分担复杂技术、高水平人才、大额投资带来的风险，从而实现小规模无法比拟的发展机会。

（5）通过集团化造成一定程度垄断以攫取垄断利益。通过集团化实现的规模经济可以造成一定程度的垄断，由于垄断将造成一定程度上的溢价优势、规模经济优势和政策优势。

目前，中国医药产业集团化管控存在以下几个方面的误区：

（1）从上至下忘记或者说根本就不知道集团化管控的初衷和目的，为权力而权力，为管理而管理，主要体现在集团层面对子公司频繁的检查和汇报、乱指挥，不但不解决问题也没改善业绩，有时反而添乱。

（2）集团插手子公司业务过深，对子公司业务又不熟悉，造成了解情况的没有决策权，有决策权的不了解情况。

（3）没有管控策略，母子公司在管辖范围和管辖层级上不明确，造成有利益、有权利的都想管，有风险和困难的都不想管。

（4）管控方式和行为规矩也不透明，造成不信任甚至混乱。

（5）母子公司没有各自的定位或定位模糊。

（6）母子公司管控流程烦琐。

（7）有的集团性制药企业为了改进集团管控效果聘请跨国咨询公司为自己设计集团管控方案，有的聘请虽然规模很大但缺失制药行业背景的咨询机构，“洋”方案落地困难。以笔者在制药企业集团和子公司层面三十多年的经验和教训，集团性管控设计与企业产品线、上下游、产业链等具有很深的内在关系，与药企拥有的人才水平、发展战略、经营节奏甚至文化习惯都有密切的关系。聘请跨国咨询公司为自己设计集团管控方案，不是“放之四海而皆准”的“真理”，往往达不到目的。

制药企业集团性管控需要遵循以下几项主要原则：

发挥集团与子公司两个层面经营和管理的积极性及创造性，跳出一管就死、一放就乱的怪圈。

集团和子公司在产业、产品线、功（职）能、产业链所处环节等方面定位、责权利清晰、透明。许多制药集团性公司母子公司出现问题，如果从原因向症结深挖，问题多出在两个，即经营与管理层定位、职能、责任和权限不清或交叉。

避免子公司失控，包括战略失误、运营效率降低、投资失误、资金或资产损失和现金流萎缩。

子公司有发展动力和推动发展足够的责任、职能和权力。在一些集团化制药企业中，不缺产品、不缺队伍，缺的是子公司发展动力和权限。母公司只知道压任务、压目标，子公司或事业部既没有完成目标的动力也缺少完成任务必要的权限，结果两头埋怨、扯皮。

创造母子公司之间、不同子公司之间的协同效益，实现 1 + 1 > 2 的目标。在制药产业，母子公司之间和一个集团内不同的子公司之间，存在市场协同、政府事务协同、产品线协同、生产协同、采购协同等诸多创造协同效益的机会。

规避风险特别是子公司给母公司和其他子公司带来风险。通过设立有限责任公司，将各项风险限制在有限领域。

通过合理划分财权、人权和事权，让每个管理阶层都有足够的时间和精力对经营与管理进行思考、研究，保证决策正确。

根据制药企业自身特点打造集成式集团管控体系。

首先就是安排好母子公司治理结构，这看似一个简单的问题，实际上在一个集团下的母子公司治理结构并不好处理，而且现实中集团化制药企业许多问题就出在这里。多数集团化制药企业的子公司均由集团控股甚至就是全资，在集团层面的管理者（包括高层和中层）就会从

"权力"的角度去简单地看待治理结构，觉得麻烦、妨碍决策，妨碍自己"一言堂"，有的企业干脆就设一位执行董事而不是多位专家组成的董事会。

目前的公司制治理结构，虽然各国不完全一样，但基本结构和遵循的理念是相同的，现行各国的公司制管控结构也是公司制诞生一百多年来实践经验熔铸的结果。内含了几代人上百年企业经营的经验和教训，能够比较好地处理发展与安全、支持与制约、效率与风险的关系。权力机构、决策机构、执行机构和监督机构健全并各行其职。到现在为止，还没有其他的设计能够超越和代替公司制治理机构。如果集团化制药企业能够真正理解这样设计的原理和必要性，会大大改善经营状况。公司制治理结构也是企业集团化管控的基础。

把握好用人关。再好的制度、流程和标准都需要人来执行，"道高一尺魔高一丈"。所以，关键人物的选派就变得非常重要。集团层面必须根据子公司的产业产品特点，子公司在整个集团范围内产业链的定位和子公司经营与管理发展所处的阶段综合考虑派出人选，并且要根据子公司原有人员一起搭建一个专业、有效能和效率的经营管理团队。

建立透明、规范、简约的集团管控制度、流程和标准。这些制度、流程和标准必须是集团母子公司共识的产物，而不是上级强压给子公司的，必须透明，让执行者理解并掌握，必须规范而不是经常变化，必须简约而不是繁杂和没有边界。这些规范必须明确母子两级公司各自的定位、权限、责任、职能，对于跨集团和子公司的业务以及虽属于子公司业务但对集团经营和安全有重大影响的，要有必要的流程和制度。

激励与制约。明确集团公司推崇什么，反对什么，目标在哪里。用明确的激励和制约制度来履行这些方向性、战略性约定。一些集团化药企不是没有规范的激励和制约制度，但是或者过于复杂无法落地，有些指标无法找到公平的考核办法，有些指标会被人为地控制和操弄。

集团层面定期对子公司进行财务、会计、管理和风险审计，开展年度涵盖所有子公司业务的全集团战略评估。这是保证战略方向不偏离，风险可控，经营在正轨上的必要措施。

为了保证子公司经营透明、规范，需要有定期的报表、汇报甚至问卷调查措施。

集团化管控是一门紧贴实际的学问，需要与具体的业务相联系，与企业的文化背景相适应，与人才水平相适应。

在为众多集团化药企的咨询实践中，笔者注重将集团设计与企业具体的发展战略、愿景目标和使命相联系，有什么样的战略、使命和愿景就会有什么样的组织构架；注重将集团化组织设计与具体的业务和业务流程相联系，组织结构一定要与具体的职能和业务相联系并做好对接，不会将“高大上”的理念做成“半成品”甩给客户及具体职能部门；注重通过优化集团内组织构架提升效率和效益。

第九节　科学管控：破解安全事故魔咒

安全是经营企业绕不过去的一关，是一把利剑永远悬在企业人的头上，无时无刻不在警醒人们提高安全警惕性。长期以来，我国安全事故呈波浪式发生，给公私财产和人的生命及健康带来非常大的创痛。笔者作为一位在工业企业有三十几年管理经验的经理人，在多年工业企业经营管理实践中，亲身经历和处理过多起大大小小的安全事故，对工业企业安全生产管理的进步和安全设施的完善有亲身感受，同时也对我国长期以来安全管理方面存在的误区有几分惋惜。

破解安全魔咒的根本办法在哪里？在科学，在规律，就是将安全管理作为一门科学，认识其规律性，从而把握这个规律，按照安全管理规律去运行，从政府到企业，从制度到人，从理念到落实。

（1）要从过去“高度重视安全”“深刻认识安全”“安全责任第

一”这些口号式管理向安全管理的科学性、系统性和根本性上转变。从每种物料、结构和危险源的安全特性上采取安全措施，注重科学性、准确性和针对性，注重源头和关键环节。

过去我们安全管理基本是“四板斧”，即安全设施、安全制度、安全检查、安全责任追究，沿袭下来已经变成没有灵魂和科学性的定式。许多企业的安全设施已经变成摆设，安全制度也不可操作、安全检查流于形式。

（2）安全生产主体在企业，企业作为社会安全的主体必须重视安全基础工作，这是安全生产的灵魂。包括企业建设初期的规划、建设、施工、安装和安全制度、流程和标准，确实做到安全生产“六同时”，即同时设计、同时施工、同时投产、同时计划、同时落实、同时检查。

建议强制推行企业安全认证，代替目前五花八门的认证制度，使企业从设计、选址到建设和投产以及日常运营的计划、人才培养与安全管理具备系统的安全保障。

将企业经营负责人安全资质作为其从业的必备条件，不因要发展经济而放松。

（3）抓安全特别是工业安全专业人才培养，必要时国家通过提供补贴等激励措施鼓励人才报考和从事工业安全工作，通过十年左右时间的努力，使多数企业的安全管理人员基本具备安全管理专业学历和深刻的安全知识。

同时应该看到，安全工作的关键既在政策层面也在基层和细节，所以需要在方向对的情况下持续和耐心坚持下去，安全文化才会真正建立起来。

第四章

决策篇

第一节 决策对药企发展的作用和意义

决策作为经营管理的关键环节越来越成为医药企业家和经理人非常重视的命题。决策作为一个有意义的词虽然出现得很早，但是决策成为一门科学和艺术登上经营和管理殿堂尚不超过一百年时间，经验在决策方面的贡献越来越不可替代。随着商业和政治环境的变化、全球化浪潮和反全球化浪潮的跌宕起伏，药企经营面临着越来越不稳定的环境、越来越激烈的竞争，按照传统的经营策略决策者越来越无所适从，决策从过去的一劳永逸、长期有效变为频繁、快速和短期有效。但环境的快速变化和不确定性并没有降低药企决策在经营管理中的分量，反而显得越来越重要。

一、决策概念和源头

“决策”一词最早出现于韩非子的《孤愤》：“智者决策于愚人，贤士程行于不肖，则贤智之士羞而人主之论悖矣。”后来亦发现，于《史记・魏其武安侯列传论》：“魏其、武安皆以外戚重，灌夫用一时决策而名显。”宋曾巩《本朝政要策・黄河》：“然水之为迹，难明久矣，非深考博通，心知其详，固难以臆见决策举事也。”清黄景仁《平定两金川大功告成恭纪》诗：“沉谋密断丑莫侦，万里决策无抢攘。”

通俗地讲，决策就是在不同的方案、不同的资源、不同的标准中进行选择。

二、决策分类

决策作为一个复杂系统，按范围可以分为战略决策、战术决策和业务决策：

战略决策：指直接关系到组织的生存和发展，涉及组织全局性的、长远性的、方向性的决策。风险大，一般需要长时间才可看出决策结果，所需解决问题复杂，环境变动较大，并不过分依赖数学模式和技术，定性定量并重，对决策者的洞察力和判断力要求高。

战术决策：又称管理决策，是组织内部范围贯彻执行的决策，属于战略决策过程的具体决策。不直接决定组织命运，但会影响组织目标的实现和工作销量的高低。

业务决策：又称执行性决策，是日常工作中为了提高生产效率、工作效率所做的决策。涉及范围小，只对局部产生影响。

按性质分为程序化决策和非程序化决策：

程序化决策：指经常重复发生，能按原已规定的程序、处理方法和标准进行的决策。

非程序化决策：指管理中首次出现的或偶然出现的非重复性的决策。无先例可循，随机性和偶然性大。

按主体分为个人决策和群体决策：

个人决策：是指在最后选定决策方案是由最高领导最终做出决定的一种决策形式，决策迅速，责任明确，充分发挥领导个人的主观能动性。

群体决策：是指两个或两个以上主管人员组成的群体按照一定规则所做出的决策，比较耗时，复杂，但可集思广益，弥补个人不足。

按问题的可控程度分为确定型决策、不确定型决策和风险型决策：

确定型决策：是指决策所需的各种情报资料已完全或大部分掌握的条件下做出的决策。

不确定型决策：是指资料无法加以具体测定，而客观形式又要求必须做出决定的决策。

风险型决策：是指决策方案未来的自然状态不能预先肯定，可能有几种状态，每种的自然状态发生的概率可以做出客观估计，但不管哪种方案都有风险的决策。

三、中国医药产业决策及其带来的结果

决策随发展阶段变化图见图 4－1。

从决策角度观察和分析，中国改革开放以来医药产业的发展史就是不断优化决策方式和提高决策水平的历史。图 4－1 回顾了中国改革开放 40 多年来药企适应市场化进程，起步、转型、发展的经历，无不照射出决策选择的分量和作用。同样的起点，同样的政策环境，同样的博弈条件，同样的资源，不同的决策选择造就了药企今天的不同命运。

从改革开放至今，从战略决策角度来看不同药企不同选择的不同命运：

不同的战略选择导致的结果图见图 4－2。

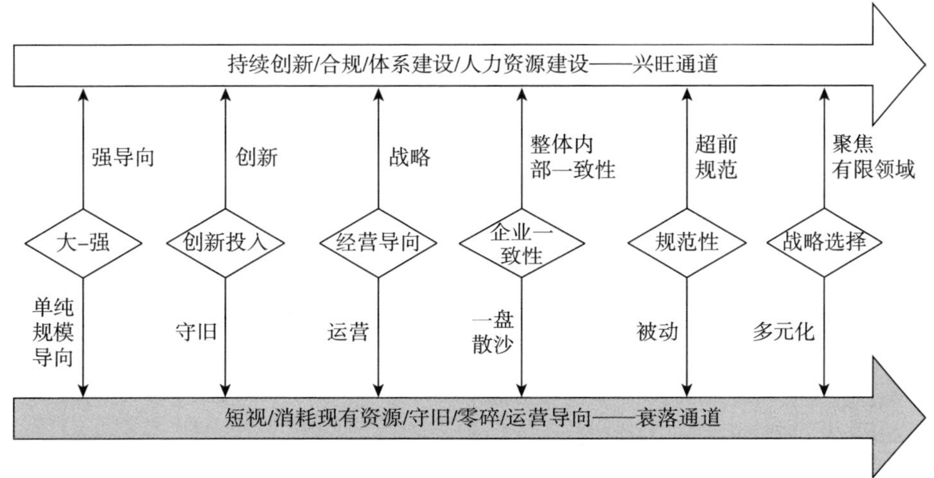

图 4－2　不同的战略选择导致的结果图

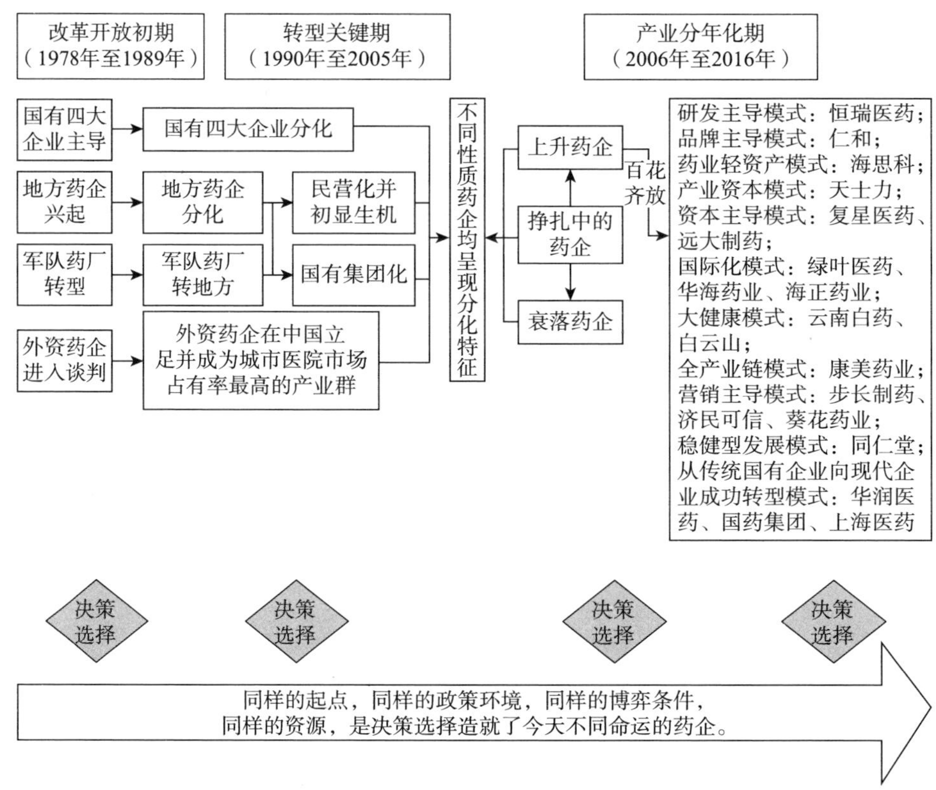

图4－1　决策随发展阶段变化图

四、决策在药企发展中的关键作用

（一）决策是提高执行力的前提条件

近二十年来，拉里·博西迪和拉姆·查兰的《执行——完成任务的学问》受到企业、经理人的欢迎，多个翻译版本同时发行。一时间，以“执行”为名头的书铺天盖地推向新华书店和亚马逊网站，将“执行”这个词推向无所不能的高度，特别是企业掌门人，在无助之中好像找到自己无能的最好辩解理由。实际上，多数人都误解了这本书，也误解了“执行”这个词的本来含义。执行到位的前提条件是决策，科学决策，有效决策，有效率地决策。

在近40年药企发展涉及的决策中，无法执行或执行难以到位的主要原因在于：决策本身就错误，执行者不能执行、不好执行或无法执行。究其原因，不是决策者对情况并不了解就是了解得不深不透；或者是决策解决了眼前的问题而带来未来的问题；或者支持决策的资源不够，让执行无法到底；或者决策程序不对。

（二）决策是战略管理的基础

战略实际上就是一个事关药企发展全局和长远的决策。所谓战略，就是要预测和判断未来一定时期外部环境中有哪些机遇、哪些威胁，药企内部资源有什么优势、什么劣势，从而企业能够趋利避害，确定发展愿景、使命、目标、发展路线，这些都是取舍的过程，也就是在众多方向和路线中选择与确定方向及路线的过程，然后才是落实战略的各项措施。会不会决策、敢不敢决策、能不能及时决策，将决定企业的兴衰成败。

（三）决策是凝聚人心的关键因素

每位企业掌门人都希望自己掌控和经营的药企能够凝聚员工的心，能够让员工一心一意地做好本职工作。但是在现实中我们会发现，真正做到这点的药企寥寥无几。也有很多企业尝试了很多办法，包括推出愿景使命核心价值观、提高员工待遇甚至股权激励、经常开员工座谈会征求意见、尊重每位员工、加强企业制度流程建设，不一而足。这些都会对凝聚人心发挥正向作用，但是，根本上在于决策：科学决策、及时决策、务实决策。在企业愿景、使命、核心价值观确定后，如果制度和流程系统健全，那决策就成为凝聚人心最为关键的要素，让各级管理者甚至全体员工都会有方向感、使命感和动力。每一次正确的决策都会激励员工去奋斗，每一次错误的决策也都会杀伤员工的斗志，所以不可不慎重。

发达国家跨国企业最具典型的成功决策案例之一就是通用技术选择掌门人的决策。通用技术早已是全球闻名遐迩的大企业，在《韦尔奇自传》出版后，影响力更大，特别是其选择自己未来掌门人的方式对于保证其长盛不衰起到了非常重要的作用。生存到现在的跨国巨头在其创业阶段和发展初中期，选择掌门人并没有一套流程，基本上是在现任掌门人退休或业绩不好被辞退后，由董事会在企业内外选拔。随着企业对掌门人作用认识的不断成熟，这种方式的弊端就越来越明显，外聘的人才要了解企业企业需要很长时间，这在快速变化和不确定性增强的时代风险非常大。内部提拔的人才，由于事先没有培养，全面性、思想境界和战略决策能力都受到考验。在这种情况下，以通用技术为代表的跨国巨头纷纷决策用内部长期培养和选拔的方式选择未来掌门人，从而有效地规避了这些风险。这项决策的作用伟大而现实。

第二节　40年典型决策：盘点药企成败规律

中国医药市场结构和竞争格局仍处在变化之中，如果以今年的某一天为第一个横截面，往前每十年作为第二个、第三个甚至第四个横断面，改革开放以来每个十年药品市场结构和竞争格局都会有不同。决定这四个十年不同市场结构和竞争格局的因素会有很多，但可以说都与决策有关，也可以说不同的市场结构和竞争格局都是决策的函数。

一、发展路径决策

关于药企发展路径，40 年制药产业发展史告诉我们，四千多家药企可以说有上百种发展模式或者路径。但归纳起来，主要在三个方面：

（1）是走多元化道路还是聚焦有限领域道路。

（2）是做强还是做大。

（3）走外延主导发展道路还是走内生主导的发展道路。

在多元化与聚焦有限领域的决策上，制药产业也有多种选择和可能性。比如，同样是药品生产，有的药企产品线和治疗线非常宽泛，几乎涵盖了人类疾病的所有方面。而另一些药企则在有限治疗领域和少数产品线深挖，产品渗透到全球所有治疗终端的大部分领域；有的药企的销售收入中包含了医药工业和医药商业两部分，这是不是一种多元化？当然，行业内所指的多元化是指除了制药工业或商业以外，还包括诸如日化品、保健品、食品等非药产业。

哪种战略对药企发展更为有利？可以说，多元化和聚焦有限领域的选择要考虑到产业发展阶段、竞争格局、竞争水平、企业自身定位和愿景目标。

中国改革开放 40 多年，药品、保健品和日化品从短缺到过剩，市场机会多，加上新网络技术、新媒体及运输方式日益便捷，给产业多元化创造了诸多机会，所以看起来做什么都赚钱。另外，多元化也作为一些药企谋求和加快创造竞争优势的手段而不是最终目的与战略性目标。一些企业在起步阶段资源短缺，而新药研发周期越来越长、难度越来越大、费用越来越高，这些药企选择低投入多元化扩张规模、积累资源，为以后走专业化创造条件。一些企业通过一项核心关键优势进入多个产品领域，如甘草生产行业，其产品除药用甘草酸盐等产品以外，还进入烟草行业、食品行业、化妆品行业等。

集中投放会深度耕耘核心能力，会在高价值层获取收益，但也面临孤注一掷的风险；分散投资虽然会把鸡蛋放到不同的篮子而分散风险，但难以形成稳固的竞争优势并在浅薄层取食。新网络技术、基因技术等虽然改变了一些领域的竞争方式和商业模式，但是在诸如制药、保健品、日化品、化工、食品等实体工业领域，产品利润率总体上与技术的先进性、独特性、垄断性直接正相关，而这些因素和环节需要持久、集中资源和深度耕耘，否则，就会在浅表层攫取有限和可怜的利润。从这个意义上说，走专业化道路，聚焦有限领域，深度耕耘市场，培育品牌才能生存、优质生存和持久生存。

在多元化道路上正在取得成功的药企包括云南白药进军牙膏领域，广药集团以王老吉进入凉茶领域，但是失败者更多。

在中资药企持续进行多元化尝试的同时，外资医药巨头却在剥离其非药业务，如保健品、奶粉、食品甚至医疗器械，越来越聚焦有限领域，甚至放弃一些呈“鸡肋”状态的药品产品线，这是否能够给我们一些启迪呢？

在做强还是做大方面，中国制药产业可以明显地分为三个阵营，明确主张做强的，包括正大天晴、贝达药业、舒泰神、智飞生物、恒瑞医药、凯普生物、济川药业、奇正藏药等一系列药企。这些企业将资源持续和主要投向研发与技术，同时夯实管理体系、人力资源，以期积累战略资源，实现持续的生存、发展和超越愿景目标。在做大方面有明确迹象的企业包括修正集团、扬子江、云南白药、白云山及国药集团，这些企业虽明确宣布做大做强的目标，但其发展史已经让业界感觉到其价值取向主要在做大，做强是副产品，实质还是以大代强，希望大能够强。以做大为主要目标的企业虽然在技术上也在投入并持续进步，但在做大与做强的选择上，天平明显倾向于前者。这里有些药企也明确宣布做强的目标并有具体的措施，但实际上这些企业规模的增长仍然快于强的增强。而多数药企是介于两者之间，或者徘徊或者还在爬坡阶段，是以强为主要目标还是以大为主要目标让这些企业还难以取舍。

强与大是什么关系？这与药企追求的愿景目标息息相关，客观地说与掌门人的价值观直接相关。笔者认为，做强与做大是药企成长过程中相辅相成的一对孪生兄弟。强是大的保证，大是强的结果而不是目的。只有强的大才是真的大，如果没有强做支撑，大是无法持久或者说是比较危险的。

在外延发展和内生发展决策的选择方面，并没有一个整齐划一的标准和颠扑不破的真理，而是与具体运作的药企的自身能力特别是整合资源的能力直接相关。应该说内生和外延发展都是经营手段，关键是看以什么样的节奏、以什么方式来选择和整合资源。在医药产业内先有复星医药和华立集团以并购手段迅速建立起在医药产业的地位，后有远大医药、国药集团等企业依靠并购快速扩大规模。而齐鲁药业等药企一直坚持内生发展，一直保持在行业的领先地位。不过，业内也有通过这两种经营方式及其企业在业内的发展地位感觉到外延发展与内生发展之间的内在关系。笔者认为，内生发展是基础和前提，积累经验和资源，培养人才，为外延发展创造条件。而通过并购等外延发展手段，迅速扩大规模，形成规模效益。另外，通过并购可以迅速进入新治疗领域，可以快速整合并购对象的产品、人才和技术资源，壮大自己。但是，并购风险很大，中国医药产业依靠并购发展的药企，还是有一些没有形成规模效益，甚至无法整合，还是处于分立状态，协同效益不高而风险很大。

二、发展方式决策

在药企发展方式决策方面，有些药企基本上是采取“吃干榨净”的策略，而另一些药企则选择在发展核心领域重磅投入，而处于中间状态的药企会更多。中国目前药企多数为脱胎于改革开放初期的国有企业、集体企业甚至军办药厂，少数药企是在改革开放后陆续创办起来的。在脱胎于国有企业、集体企业甚至军办药厂中，起步规模、经营水平和产品档次差别不是很大，但是今天，这些药企基本分为三类：第一类处于第一梯队，基本完成原始积累，在新产品开发、经营体系构建、战略布局、人才培养等方面具有明显的竞争优势；第二类则处于明显的爬坡挣扎阶段，这 40 多年也赚了不少钱而且形成一定规模，但是产品依旧、技术没有太大长进，在国家医药产业政策急剧变化的关键时刻显得成长乏力，被淘汰风险非常高：第三类则是处于第一类和第二类中间的药企。这些企业多数都曾经辉煌过，但是在竞争和政策双重重压下处于非常尴尬的境地，进一步就是海阔天空，退一步就是万丈深渊。造成产业分化的原因非常复杂，但最关键的原因是企业的决策选择。处于第二和第三层面的企业，或多或少都有这样的决策倾向：将自己掌握的药企作为赚钱的机器和纯粹的经济组织，千方百计地降低成本费用。而在投入上是能少则少、能不投则不投。从短期看投入产出比非常好，但是在品牌培育、市场培育、新产品开发、技术进步、经营体系培育、人才培育等战略布局上，不投入或少投入或投入方式不对；长期看则使企业丧失造血功能，逐步走下坡路，短期内这些药企的掌舵人对此可能并未引起注意，等到差距进一步拉大，量变引起质变时则无力回天，我们将这种经营方式叫作“吃干榨净”。

在持续投入的发展方式中，少数有远见的药企直接选择新药发展模式，另一些企业则走稳中求进的道路，发展仿制药，而更多药企在发展初期选择仿制药，积累了一定资源后进入新药领域。发展路径的选择，是根据自己对内外环境和资源的判断做出的决策，无可厚非。

关于药企是选择战略导向还是运营导向，情况比较复杂，不能严格地画一条线，许多企业总体上是战略导向的，在规模成长和赚钱额度方面并不急功近利，而是注重打基础、建战略、培养人才，但是在具体领域和不同时期则采用运营导向，更多的企业在创业初期是典型的运营导向，先活下来，发展到一定程度后转向战略导向。

三、发展导向决策

在药企发展导向决策方面，有些药企一直聘用能力型人才主导企业发展，而另一些药企则以忠诚型人才为主，更多的药企在不同的领域采用不同类型的人才。很难说哪一种模式更好。以笔者的观点，企业在不同的发展阶段，应该采用不同的用人策略。随着社会的开放和人的价值主张越来越受到尊重，职业化是必然的选择，但职业化不排斥忠诚，而这正是当下职业经理人缺乏的一个方面。

在规范经营与“边缘路线”经营方面，中国药企整体上可以说共同铸就了一部在规范和边缘行走的血泪史，这里面有药企的原因更有政策不完备甚至不科学的成分。随着医药市场的全球化、中国加入 ICH、中国医药产业“供给侧改革”的深入和政策越来越强化规范，中国药企提升药品标准、规范做药是必由之路。那些还在踩边缘线的企业注定没有未来。

在中国医药产业快速发展的历程中，我们会看到有的药企一直处于变革之中，而另一些药企则基本上是在稳定中度过的。那么，在药企的变革和稳定方面有哪些规律性的命题呢？

医药产业的政策环境、竞争环境、经济环境和人文环境一直处于不断的变化之中，这种变化推动几乎所有的药企都在发生变化。只是有些企业是主动应变或看到趋势来临而提前调整自己，而另一些企业则是被动应变或者说是不得不变。在变与不变的辩证法中，关键是要把握好变与不变的节奏和幅度。在稳定中为变创造条件，变化中稳定基本面，防止变化带来的茫然和混乱。一成不变会衰退，总是变也会自取灭亡。

中国医药产业快速发展的期间，诞生了诸多明星企业，包括从国有企业转制为外资企业、民营企业和新型国有企业的制药企业，这些企业在经营时机把握、医药经营规律把握、决断力、资源投入等方面表现出卓越的胆识和适应市场、创造市场能力，是已经过去的 40 多年的强者和赢家。包括研发主导模式代表企业恒瑞医药和正大天晴，品牌主导模式代表企业仁和药业，轻资产模式代表企业海思科，产业资本模式代表企业天士力，资本主导模式代表企业复星医药和远大制药，国际化模式代表企业绿叶医药、华海药业、海正药业，大健康模式代表企业云南白药、白云山，全产业链模式代表企业康美药业，营销主导模式代表企业步长制药、修正制药、济民可信、葵花药业，稳健型发展模式代表企业同仁堂，传统国有企业向现代企业成功转型代表性企业华润医药、国药集团、中国医药和上海医药，当然还有许多正在成长中的典型企业代表。

随着中国市场经济体制的逐步成熟，以及医药产业及相关政策的成熟和稳定，中国药企创造竞争优势的方向和方式方法也将逐步稳定下来。但是竞争更加激烈，竞争方式也将从逐步形成的关系型、带金型、规模型、机会型、边缘型向企业整体型、战略型、价值型、规范型转型，这些变化必将迫使药企决策方式转型以适应竞争方式的变化。未来药企的决策风险将主要体现在以下几个方面：

（1）目前已经发展势头很好的药企并不代表其经营体系就不存在问题了，不少企业乃至产品的崛起虽然有企业贡献的因素，但主要还是经济发展大潮推动的结果，药企的决策是否需要补足企业经营基本要素和体系这门课，这是当前药企特别是经营向好企业首先必须考虑的决策命题。

（2）成功企业如何成功完成掌门人交接班，如何配置可持续发展的决策团队和决策流程？企业掌门人交接班对中国药企来说并不简单，不是找到一位接班人或一个接班人团队就可以，也不是父业子承就能够保证企业未来就可以风平浪静地前进。

（3）药企风险管理。据笔者了解，三大涉药央企已经在2015年前完成整体和所有子公司风险管控体系诊断和体系建设，在华外资药企早已完成，一些上市药企也已完成，一些发展比较好的药企也在谋划完善风险体系建设。而大多数药企在风险管理方面则是空白，或者还处在头痛医头脚痛医脚的阶段，急需补课。

（4）许多药企在过去的时光中探索出了自己的发展方式甚至发展模式，在未来是否需要根据环境和资源的变化而变化？需要怎么样的变化？

这些都需要药企掌门人深入思考。

中国药企发展史从我们内部看是波澜壮阔，但是从全球经济、政治和金融发展周期来看还没有经过波涛汹涌的大风大浪，能否在更大的周期中存活下来上尚需用实践证明，所以决策无小事。

第三节　“一把手”与决策

“一把手”在不同的企业和组织中往往具有不同的定位和角色。本文“一把手”是指在企业中具有日常工作和战略工作最后决定权的岗位或管理者，包括控股股东、董事长（董事局主席、执行董事）、CEO、总裁（总经理）等。

“一把手”在药企中的决策作用根据所在企业文化不同、规模不同、成长经历不同、所在地域不同也会有差别甚至非常大的差别。但都具有唯一而且不用质疑的共性：都对决策具有举足轻重的地位和作用。如果说有差别，那就是作为企业所有者的“一把手”对决策结果承担几乎无限责任，而作为职业经理人的“一把手”往往只承担有限或者说绩效责任书中约定的责任。

一、“一把手”决策类型

尽管“一把手”因人而异、因企业而异、因时而异、因地而异。笔者把“一把手”决策放到一个“大事－事无巨细线”“独裁－民主线”“微型－巨无霸规模”三个维度空间中，在这个不同类型的空间中决策者占据不同的位置，可以说每个位置都会有“一把手”占据，但是为了分析方便，我们将其分为以下六种类型：

（1）A 型“一把手”（民主－大事型）：这样的“一把手”长于建体系，否则他（她）是不敢只抓大事不抓小事的；充满自信，否则不敢民主；这样的决策者在事情到来前自己或决策团队已经沟通过多次，对事情的前因后果考虑得已经比较清楚，对可能的风险早有准备；小事情放给下属去处理，自己只处理重要、关键事务。这样的“一把手”在小企业看不出更多的价值和优势，随着企业规模的增大和业务复杂性增强会越来越显示出价值和优势。

（2）B 型“一把手”（独裁－大事型）：与 A 型一样长于建体系，对于一般工作也肯放手让副手或基层管理者去处理。但是，在大而且重要工作的决策往往乾纲独断。

（3）C 型“一把手”（民主－事无巨细型）：C 型“一把手”既民主又能够听进副手和基层意见，也事无巨细都要管，一点事情不管或不知道，心中都不安，只相信自己，也容不得别人用其他方法去处理。

（4）D 型“一把手”（独裁－事无巨细型）：D 型“一把手”属于完全独断型领导者，事无巨细自己决策，很少与别人商量，也容不得别人做出决定。

（5）E 型“一把手”（民主独裁－事无巨细型）：E 型“一把手”与 D 型“一把手”最大的区别就是在独断风格的基础上有些民主成分，做事喜欢尽量走程序，但事无巨细都要管。

（6）F 型“一把手”（民主独裁－大事型）：F 型“一把手”与 B 型有些相像，但遇事只要有些时间就会与各方面商量，然后形成自己的意见并做出决策。

各种类型的“一把手”并没有优劣之分，只有是否符合企业实际情况和当时的环境与内部资源，能否给企业带来价值。

决策类型矩阵图见图 4－3。

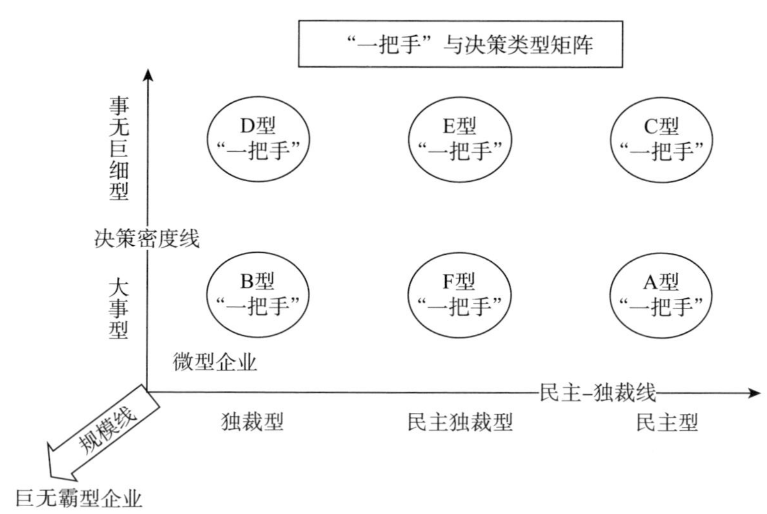

图 4－3　决策类型矩阵图

二、当下“一把手”决策暴露出的弊端

中国药企三十几年快速发展，客观上说明药企决策总体上是健康和正确的，但也暴露出一些问题和缺憾。

（一）缺乏远见和系统性

主要表现在头痛医头、脚痛医脚，解决了此问题带来彼问题，解决了现在的问题给未来造成问题，需要系统考虑，长远考虑。

（二）信息不对称

信息不准、信息不全。一些“一把手”在决策时有误读信息、信息不周全、不真实的情况，所以将决策建立在错误信息基础上，决策难免出错。主要体现是一些“一把手”喜欢听小道消息特别是分析性或猜测性信息，不重视正规渠道信息，不分析正规渠道信息，不建立规范的信息传递渠道。不能够放到桌面的信息和汇报要谨慎。

（三）缺乏对现象的分析、挖掘

初始的信息往往带有表面性，如果能够从诸多现象中去分析和挖掘就会找到真问题，找到现象背后的原因和症结。带着现象、原因和症结去决策，正确的可能性就会大些。

（四）缺乏准备、仓促决策

在药企中，不论是来自外部的还是企业内部的风险、事件都会有先兆。比如，重大安全事故，按照杜邦安全理念，一个重大安全事故都会在发生前有几十个甚至上百个小安全隐患或事故，几个甚至几十个中等规模的事故或隐患。如果能够及时发现并予以消除，就不会发生大的事故。决策也一样，如果对趋势有判断、提前分析并做好准备，即使事情发生得突然，企业也会有处理预案，避免仓促决策。

2016 年至 2017 年“两票制”是药企最为头疼的事情之一，在国家正式文件出台后许多药企如热锅上的蚂蚁，平时很少参加培训的药企老板也拎着包出入各种培训场所，或找咨询公司支招，或主动邀请业内“人士”聚会，探讨的都是自己最急最怕的问题。在决策层面上，这是典型的“临时抱佛脚”案例。实际上，“两票制”在 2012 年前业界就有呼声，国家有关部委也发过文件，只是当时不具备执行落地的条件，对政策敏锐的药企，从那时起就在准备，有的企业已经开始试水，所以在这一政策来临之时，这些有准备的药企就很从容并将风险降低到最小。

2015 年下半年开始的“研发数据核查”也是一样，虽然事先没有预兆但是趋势在那里摆着：一方面是大量没有任何先进性的仿制药积压在评审中心；另一方面是创新药失去市场良机；一方面是评审中心面临巨大压力；另一方面是所谓的“新药”堵塞评审渠道，同时不真实、不客观、不系统数据占据专家大量评审时间。所以，自查申报数据、开辟创新药快速通道、重新定义新药概念就成为改进新药评审标本兼治的“三板斧”，虽然在政策初期抱怨的企业比较多，但新药评审环境迅速澄明也是不争的事实。所以“一把手”把握趋势、早有准备、做好“预”、勇于决断非常重要，而不是临时抱佛脚。

（五）大小权独揽

主要体现在“一把手”不仅大事独断专行，对小事情也全部包揽。随着企业规模的扩大和业务领域变得复杂，以有限的时间和精力去处理越来越复杂的事务，就会存在信息不全、考虑时间不够等问题。

（六）不了解一线情况但喜欢指挥一线

在一些药企中，了解情况者往往没有决策权，有决策权的人不是没有时间了解情况就是离经营一线太远，但是这些“一把手”还想把决策权攥到自己手中，就难免出现决策不符合实际或难以落实的情况。我们经常听“一把手”强调执行力，实际上是决策力不够带来的执行力不足，要想解决执行力问题必须从决策开始。

（七）急功近利

一些药企决策出现问题，除了上面六个原因以外，“一把手”急功近利更具普遍性。缺乏准备、缺乏条件、急于求成。

三、“一把手”决策修炼

（一）确定可以真正实行的企业愿景、使命、核心价值观和发展战略

将可以真正实行的企业愿景、使命、核心价值观和发展战略吃深吃透，并在行动中体现出来。一些药企的理念系统虽然词句漂亮但缺乏特

点，与其他企业雷同，无法落地执行，这些恰恰是决策的根基。如果企业的决策方向与自己制定的愿景、使命、核心价值观和发展战略不一致甚至冲突，就会给员工和合作伙伴造成思想混乱，进而影响企业声誉，也是会造成决策难以落地的重要原因之一。

（二）因时因地尽可能获得全面、客观信息

略。

（三）挖掘真相、原因和症结

一件事情的发生或错误的出现一定有原因，也会有症结，挖掘出原因和症结，解决办法往往就会自然浮现。如果就事论事，看似节省了时间和精力，往往会重复出现同一种问题，因为你没有从根本上消除造成问题的原因。

（四）将民主决策与集中决断结合起来

决策不可教条，民主和集中乃至独断也没有一个必然的界限，往往是交叉和融合，因时因地、因事因人采取不同的决策方法，这实际上考验的是企业“一把手”的经验。

（五）尊重常识，不违背常识

一些企业决策出现问题或难以落地往往不是由于需要多么复杂的数学计算，而是由于违背了常识。许多药企喊出学华为的口号，实际上它们只看到了华为今天的昌盛，但并不愿意去付出创业期的艰难和努力。华为的成功最重要的经验就是尊重常识，而一些药企包括一些曾经很优秀药企的衰落，不是由于别的原因，不是环境，而是自己，是其违背了常识的结果。

（六）平时多讨论不急但重要的事情，急事就会越来越少

中国历史上唐朝的“贞观之治”一直被后代所欣赏和传颂，其中

最为人们津津乐道的是唐太宗一反过去皇帝或国王板着面孔发布指令的通病，与大臣一起讨论“天下大事”，其中讨论最多的是隋朝灭亡的经验教训，也讨论唐朝治理、税负、人才、水利工程等问题，最为后世推崇的是魏征的敢言和直谏，唐太宗的虚怀纳言。

药企经营也是一样，不要紧紧盯着紧急事务，而要将长远、根本、战略性工作放到议事日程，一有机会就讨论一番，不一定每次都有结论，而是不断探讨下去，许多紧急事情就会在发生前被化解，即时一定来了，也有长久的应对之策，避免临时抱佛脚，仓促应战。使措施失去系统性，解决了眼前的问题带来的未来的问题，解决了彼问题带来刺猬头。

（七）有效授权决策

随着企业规模的增大和业务越来越复杂，一个人的独断专行越来越阻碍企业的发展，这时就要授权和分级决策，同时做好流程和激励，让各级决策者都能像“一把手”那样思考。

（八）不做自己不懂的决策

虽然是“一把手”自己权力范围内的决策，也必须懂或者让懂的人来做决策。

（九）考虑到正反两个方面的成败得失，有风险预案

任何决策都会有风险，都存在成败两种可能。“一把手”对较大的决策一定要考虑到正反两个方面的得失并有化解风险的预案。

从每年的“医药工业百强排行榜”可以看出，中国医药工业企业规模不断扩大，20 年前上 10 亿元规模的制药企业就是最大的，而现在过 50 亿元规模的制药企业已经很多，而且有过百亿元的药企也已产生。规模的扩大对药企“一把手”最重要的考验是什么？为什么一些药企在快速增长到一定规模后就原地踏步？为什么在健康成长到一定规模后

就显得力不从心？所以业内都说发展到了一定的“坎”。企业的坎实际上就是企业“一把手”的坎，药企每个发展阶段都有这个阶段的有效办法，而且随着规模和复杂性的变化有些办法和措施包括思维方式都会有差别。作为药企“一把手”，要不断抛弃已经不适应环境和资源的办法，及早自我超越、自我更新、自我激励，开阔自己的心胸、境界和视野。

随着规模和复杂性的变化，药企“一把手”要不断问自己掌控的药企的组织构架是否能够继续支撑目标？人才和培育人才的能力是否支持目标？新产品、新技术是否支持企业目标？机制和文化是否支持目标？弄清楚这些，“一把手”在企业发展上的决策就会渐入佳境。

第四节　药企如何提高决策有效性

决策是一个理性和感性共同作用的结果。很多药企掌门人在决策中非常清楚自己的药企定位在哪儿，目标是什么，通过什么路径可以达到目标，当然也会有备用措施和路线。而另一些药企从没有想过要决策，也从没有用过教科书上列出的决策程序，但是确实每时每刻都面临选择。十年、二十年乃至三四十年回过头来看，相同的起点，不同的结局，原因何在？应该说，偶然和必然的因素都有，但无疑都是选择的结果。我们将前一种情况称为主动决策，后一种情况称为被动决策，选择本身就是一种决策。

一、决策必须掌握真实、客观、尽可能全面和及时的信息

决策既然对药企发展这样重要，慎重决策就是必然的选择。笔者在

实际工作中与业界企业家、职业经理人的交往中明显地感觉到药企决策最明显的问题就是决策者（包括决策团队）对情况掌握得不深不透或者不及时，甚至决策者（决策团队）掌握的决策前提信息不是真实和客观的，有的“问题”本身就不是问题，这是决策最大的问题。

（1）情况不是第一手信息，而是经过多层转达甚至筛选到达决策者，这里面除了信息传送在各个环节的自然失真以外，还会有各层面转达者自己的好恶和观点。

（2）信息来自发生问题或需要解决问题的某一方面，难免偏颇。

（3）对于政策性信息，许多药企往往只关注个别和零散信息而不是趋势，这往往会让药企亦步亦趋领会政策，有时难免走弯路。如果从这些零散和分散信息中捕捉到趋势性信息，那才是需要决策和落实的有效信息。

（4）一些药企掌门人对下属过于苛刻或严格，使下属不敢或不愿意反映真实信息，特别是与自己直接相关以及有责任的信息，所以各级各类组织都有报喜不报忧的问题存在。

如何保证决策者（团队）即时掌握客观的信息呢？以往的教科书都强调规范型信息渠道的唯一性和重要性，笔者觉得非正规渠道、随机性和自媒体信息对决策者（团队）也是不可或缺的。每个企业在成长过程中都积累了一些对自己特别有效的决策方式包括获得信息的方式，不同的决策者（团队）对此亦有自己的偏好和特长，应该予以尊重并发挥这些特长。

优化决策要从优化信息体系开始。

决策与信息质量关系图见图4－4。

许多药企觉得信息体系太小儿科，喜欢花钱或建队伍去做战略、品牌等高大上的项目。实际上，**信息系统才是战略、品牌、决策的基础性设施**。图4－4展示了一般药企应该建立的信息系统框架。这不是一个另起炉灶的体系，而是与业务体系一致和一体的两面系统。原则上，有效的信息系统在企业内每个业务单元、职能部门乃至岗位都有收集、整

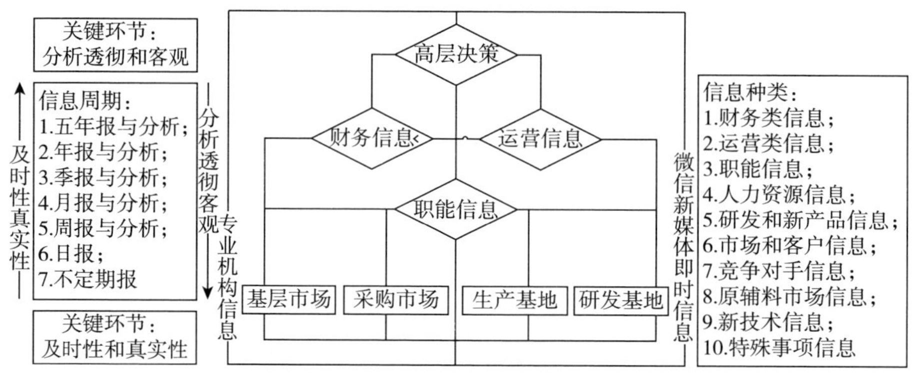

图 4－4　决策与信息质量关系图

理、传播的职能和责任，所以要有流程、标准和制度规范。

有实力的药企会有个专门团队负责对信息的管理，保证信息及时、准确、客观并有条理地到达各级决策者。

良好的信息系统要求药企要有开放的文化氛围，让真实、客观信息及时到达各级决策者，而对于非真实信息则寸步难行。

在此要说明的是，企业家做出决策都希望掌握完全的信息，但这是不可能的或者说是永无休止的过程。实际上，多数决策都是在信息不完全的情况下做出的，这里决策者（团队）的实践经验、经营境界和经营感觉就会起到非常大的作用。笔者在三十几年前刚刚涉足企业经营管理时，几乎完全是依靠感觉和前辈的经验在工作，所以非常羡慕读过MBA的人和外企依靠数据与理性进行的决策。当自己也读了MBA并在外企、上市公司乃至央企做掌门人以后，方知道企业经营和管理的决策是数据及理性决策与感性决策的复合体，而且事实多次证明有时候感觉非常准。药企的经营和管理往往并不会给你太多的时间和充分的信息，但是决策不能再等。

二、挖掘事情的深层原因和症结

笔者曾多次参加药企特别是上市公司的决策型会议，这些会议从合规上讲几乎无懈可击，但要想做出对历史负责并不让自己后悔的决策实则漏洞百出。问题出在哪里？出在缺乏对问题和需要决策课题的深度挖掘。

一般的决策形式基本分为两类：第一类是个人决策；第二类是集体决策。个人决策的优点是责任清晰、快速；缺点是难以考虑周到，信息难以完全。集体决策也分为两类：第一类是参会的分管高管或职能部门提出需要决策的问题及收集到的情况，其他分管高管提出自己的意见，总裁或总经理做最后决断；第二类是由会议主持者总裁或总经理抛出问题，各个参会者发表意见，最后形成解决方案。有些企业更进一步，就是提前确定议题，将议题和与之相关的信息、情报提前发到每位参会者，让参会者提前阅读、了解情况并进行研究。

即使这样，整个的决策过程都缺乏关键一环——深度挖掘“真问题”，就是挖掘产生问题的原因、条件，挖掘这些原因和条件背后的症结，挖掘化解问题的因素、资源和解决问题的途径。笔者在若干药企做总裁（总经理）和作为私董主持私董会时，很大的收获就是几乎每次进行集体决策时，通过挖掘原因、症结、解决问题的关键因素，都发现原来确定的问题是“伪问题”，都能找到真问题。根据真问题确定解决方案，就会治本，就会考虑得比较周到，就不会解决了当期的问题带来未来的问题，就不会解决了这个问题带来另外的问题。

怎样做到这点呢？如何能够挖掘事情的深层原因和症结呢？决策者（团队）深度思考是最为重要的一环，不论这个决策者是个人还是团队，深度思考都是最重要的。其理论根据可以从两个方面来介绍，而且非常奇特的是，外国专家接纳和吸收了中国历史智慧来丰富自己的理论。

第一个理论根据就是奥拓·夏莫先生创立的 U 型理论。这个理论将心理学和教练理论应用于挖掘问题的本真和症结，有利于决策者（团队）打开思维、打开心灵、打开意志。

U 型理论示意图见图 4 –5。

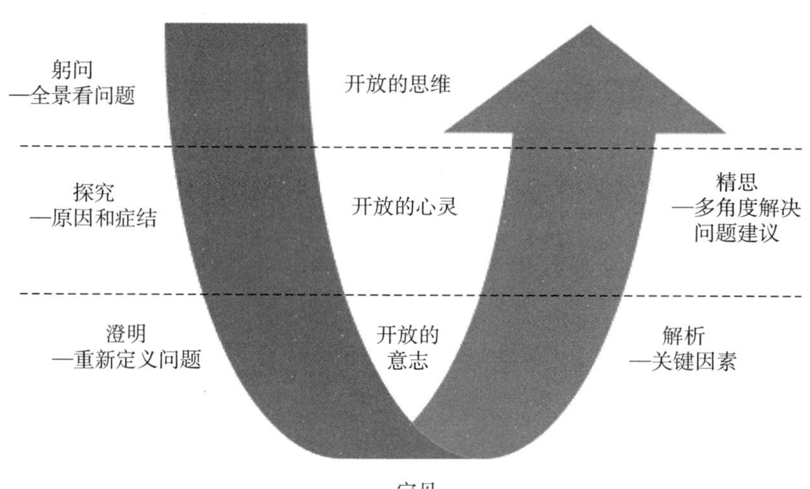

图 4 –5　U 型理论示意图

第二个理论根据是从古典文献《大学》中汲取智慧："知止而后有定，定而后能静，静而后能安，安而后能虑，虑而后能得……物有本末，事有始终，知所先后，则近道矣……古之欲明明德于天下者，先治其国；欲治其国者，先齐其家；欲齐其家者，先修其身；欲修其身者，先正其心；欲正其心者，先诚其意；欲诚其意者，先致其知。致知在格物。格物而后知至，知至而后意诚，意诚而后心正，心正而后身修，身修而后家齐，家齐而后国治，国治而后天下平。"

三、系统性决策

将问题放在药企甚至产业环境这个大系统中去分析，去解决，孤立的问题变为系统的问题。决策往往是这样，问题一定会出在一个部门或者一个环节，如果决策者紧紧盯着这个部门或这个环节去解决，往往是解决不了问题的。笔者不论是做企业经营者还是做顾问的过程中，发现几乎所有的问题都不是孤立的，我们看到的问题在一个环节或一个部门甚至一个岗位，但是根往往在另一个环节或部门，古人讲“顺藤摸瓜”真是智慧。所以，决策解决问题，一定要有跨部门、跨团队的协同和配合。有任务、有目标、有流程、有结果、有检查。

从这个意义上讲，今天许多药企掌舵人和其团队乃至各级管理者都很忙，但是，实际上多数的时间都在忙过去决策造成的问题，所以周而复始，以致无穷。要想结束这种状态，不犯重复型错误，不在一个问题上重复犯错误，就要系统决策。

四、决策者（团队）自我革命

决策者（团队）要“守住位置”，就要减少个人因素、权力欲、说了算思想、急于求成思想、降低决策成本思想、推诿意识干扰自己的决策，做到放下、中立、站稳。我们经常可以预见这样的药企决策者（团队），在合作或并购中要控股，在工作中要决策权，要防止或制止“杂音”，实际上这是不自信的集中表现。一个良好的决策环境，一个良好和有水平的决策者除了要掌握真实、客观、尽可能全面和及时的信息，要挖掘事情的深层原因和症结，要系统性决策以外，还要有正反两个方面的声音，要有各种可能的选择，甚至要有失败后的承担办法。这才是一个完整的决策者。

让我们回到药企决策现实中。

药企如何平衡短期、中期和长期发展的关系和利益？短期的价值在哪里？对一些药企来说，生存下来是第一位的。为中期和长期发展积累资源，包括人力资源、产品资源、品牌资源，当然也包括为业主提供更多的发展机会，为投资方创造更高的回报。没有短期的价值就难以成就中长期价值。但是，掌门人如果将目光仅仅停留在药企短期生存与发展，特别是以牺牲长期发展为代价推高短期绩效，也是杀鸡取卵的行为。

改革开放中国医药产业波澜壮阔的发展历程，我们也看到一些药企的短视行为。如为了当年业绩在年末压货，偶尔会有到第二年前三季度还在消化上年批号的药品的情况；为了提高短期盈利额度，削减研发费用、技术进步费用、市场推广费用、品牌费用、员工培训费用，有的企业甚至削减员工工资。

在处理药企短期和长期关系时，平衡非常重要。抓好当下业绩但以不伤害长期发展为前提。

资源重点投向哪里对药企具有长远价值？这里主要涉及软件和硬件的关系。中国制药企业从21世纪初开始经历两次具有截止时间要求的GMP认证，官方本想借助两次GMP认证能够淘汰部分落后企业，压缩产能富裕比例，提升中国药品生产水平。可是事与愿违，两次GMP认证后以片剂、胶囊和颗粒剂为代表的产能不降反升，加剧了产能闲置。各家药企各显神通、地方政府重点支持，硬件投入耗费了大量资金资源，致使许多药企在完成GMP认证后无力进行技术进步和新产品研发。一些企业家在药企摸爬滚打二三十年，但是其观念仍然是重硬件轻软件。愿意花钱去买土地、建厂房、购设备，但是不愿意进行新产品开发甚至仿制药一致性评价，不愿意在人才开发、培育方面投入资源，不愿意聘请专业机构帮助其发展战略、流程、规范。这是中国制药产业至今整体上进步不大的主要原因。

平衡仍然是权衡硬件和软件最关键的要素。

掌门人如何平衡创业团队与职业经理人的关系？许多药企创业二三十年后都面临人才更替问题。许多药企元老在创业初期非常艰苦的条件下坚持了下来，是企业发展的功臣，但是面临知识跟不上、体力跟不上、思想老化、意识保守等一系列问题。如果不能改变势必影响企业进一步发展甚至遭遇淘汰等风险。如果全面换成职业经理人，面临人才稳定性问题、职业经理人真才实学问题和能否融入企业等问题，将元老与经理人混合搭配又面临观念和谐和如何共处问题。

这是一个两难选择，如果放到企业发展整体进程中和更大背景下，这个问题实际上是人才培养战略和方式问题。突破点在内部人才成长和“元老”员工的自我更新，要作为一项工程及早进行，然后就会水到渠成。

如何处理药企稳定与变革的关系？中国医药产业环境、政策和竞争格局一直处于快速变化之中，而且不确定性空前严重。药企要生存和发展必须不断调整内部资源配置方式甚至内部组织、人力资源、资金资源、职能和责任乃至目标，以适应快速变化和不确定性的环境。这就是所谓“变则通，通则久”。但是不断的变革也会给企业经营和管理带来困难甚至风险。如何处理好稳定与变革的关系？关键点也在平衡二字。

（1）企业的核心和核心层要稳，骨干队伍要稳，战略、使命、愿景要稳。变化的是措施、资源投放方向，以及随之而来的流程、制度甚至员工。只有稳住核心层和战略才能为变革创造条件。

（2）在变革时，尽量不要全面变革，即使全面变革也应该有步骤、有计划地推进，稳住一块动一块，先动的后面要稳，为先稳定的部分变革创造条件。

（3）在变革中，思想优先，思想通，一通百通。

（4）利益机制必须与变革一同设计。

总之，决策是一门实践的学问，决策的目的是增强企业整体竞争能力和竞争优势。决策会根据企业不同、决策者不同而千变万化，一家企业不同的发展阶段，决策方式也会不同。

第五节　知行合一，如何让决策有效实施

决策之难不在于怎么开始，不在于有多少人参与，而在于是否正确。但是，决策是否正确要由决策实施的结果来证明，而这个结果往往需要很长时间。所以，如何让决策实施、如何让决策有效实施就成为决策最关键的环节。

回首改革开放40多年来医药产业的发展史，其中不乏多少个闪光的决策案例，但是有多少决策实现了当初的目标？有多少决策在实施过程中出现偏差而与成功差之毫厘？又有多少决策胎死腹中？所有这些都是在决策实施开始、过程和结束等环节发生，所以实施是决策不可或缺或者说是非常重要的一环。

说到决策的落实无论如何绕不开《执行》这本书。美国学者拉姆·查兰所著《执行》一书在十几年前进入中国，很快就成为中国当时最畅销的商业书，其人气之旺持续了大约十年时间，至今仍是中国经理人必读的经典商业书籍。笔者也不甘落后，买来《执行》这本书看了两遍，根据自己十几年做药企“一把手”的酸甜苦辣，二十几年药企高管的实践、探索和思考，再看看目前一些药企战略和决策落地的实际情况，深深感觉到多数药企误读了这本书，而且一直到今天，一些企业家也没有读懂这本书的核心内涵，所以执行力提高不大。大多数领导者仅仅关注个人执行力，而忽略了个人执行力的基础是组织系统的设计，没有从组织系统的角度理解《执行》一书的要义，因此，往往头痛医头、脚痛医脚，不得根本。

全球范围内掀起的这场声势浩大的“执行”运动，可追溯到1999年6月拉姆·查兰在《财富》杂志发表的署名文章《CEO为什么失败?》，作者根据对已经被解职的数十位大公司CEO的研究表明：战略和决策的缺陷并不是决定性的，没有忠实地执行战略和决策才是CEO下台的关键因素。其中，最关键的因素是用人的失败——没有把合适的人放到合适的岗位上、没有及时处理好人的问题，特别是没有处理好一些关键岗位的下属带来的糟糕的业绩。

2002年查兰教授在撰写《执行》一书时再次强调，仅2000年，《财富》500强的前200家公司就有40位CEO被迫离开——不是退休，而是被解雇或被迫辞职。当美国最强有力的商业领袖中有20%出现这种情况的时候，那一定是出了什么问题。这个问题仍然是战略和决策的执行。

企业的“执行”体系建设包括三个层次：企业层次、部门层次和个人层次，这里重点讨论的是企业层次，也就是把整个企业比作一个“暗箱”，通过“输入”和“输出”的变化来判断企业的运行效力。部门层次的执行是指建设高效团队，个人层次的执行是指培养高效能员工。

影响决策的有效执行有以下十大方面：

（1）决策本身不合理，不能操作或员工不认同。

（2）决策落实缺乏有效的检视系统。

（3）激励机制的设计不科学、不到位，缺乏动力。

（4）同一件事情决策经常改变，下属无所适从。

（5）执行决策的制度做不到公平、透明。

（6）决策、制度与文化存在分裂或对立。

（7）相关决策和制度之间存在实质性矛盾。

（8）缺乏对决策和制度的定期改进与修补机制。

（9）决策自身目标不清晰、不确定。

（10）下级没有机会参与决策。

执行之所以关键，在于执行是目标和结果之间的桥梁，执行是战略和决策实施中不可或缺的一环，是各级领导者的主要工作，是企业文化的灵魂。就药企整体来说，执行力源于高层，重在中层，成败在操作层。

执行力主要包括六大要素：执行能力、执行信念、执行环境、执行效率、执行动力、执行资源。要想从根本上解决药企整体执行力问题，关键是建立企业执行体系，而这一体系的关键是夯实三个基础。

一、决策人自己重塑自己的管理风格和理念，坚持下来并在坚持中改进

（1）决策者全面、深入地了解自己经营和管理的企业与员工。一

些决策者觉得企业是自己一手创建的，或者即使不是自己一手创建的也在此工作很长时间，了解是没问题的。实际上恰恰相反，由于环境的变化、员工队伍的变化、技术的进步和管理流程的演变，企业每年都是不一样的，要想了解，必须躬身虚心。在缺乏深入了解情况下的决策和执行都会出现问题。

（2）实事求是。一些药企决策者在取得一定的成绩后就会飘飘然，有些药企虽然没有成绩仅仅是存在，决策者有时也会忘乎所以，不敢或不愿意客观、真实地认识自己的企业。

（3）设定明确的目标并排出优先次序。这是问题吗？在现实经营中确实是问题，一些药企目标或漂浮不定或忽左忽右，还有就是目标太多而缺乏优先次序。

（4）持续跟进，直到达成目标。要有专人、专门的流程并定期盘点，持续改进。

（5）赏罚分明，重奖业绩优秀人员。无论文化多么先进，使命多么光荣，作为一项长期和集体的事业，必须有踏踏实实的激励措施。

（6）通过教练辅导提升下属能力。

（7）药企决策者必须了解自己，具有决断和务实的品格，才能在CUCO情况下带领企业走出雾区，这是执行力最关键的环节。

二、建立药企文化变革环境，改变员工的信念和行为

一个决策要执行到位，有时是一项业务，有时是一个变革甚至是革命性变革，没有一个与此相适应的文化氛围是无法达成目标的。

（1）制定可操作性的信念和行动改变方案。许多企业决策者觉得动不动就写方案太啰唆和麻烦，把这些作为低效率和烦琐哲学的代名词。实际上恰恰相反，有方案才会在各个参加者甚至职能部门之间建立协同，有方案才可以在事后进行复盘，总结经验教训，这是最有效率的办法。

（2）奖励与业绩挂钩是行为改变的基础。让业绩支撑奖励，文化才会改变。

（3）建立良好的互动沟通机制，促进战略落地。在职能部门化的今天，一般的经营和管理事项都会涉及两个以上部门或业务单元，建立规范和谐的岗位之间、部门之间和业务单元之间协同、沟通和互助机制，就会改善决策的落实与执行结果。

（4）积极、坦诚和开放地对话，激发参与和合作。

（5）领导者以身作则，率先改变信念和行为是文化变革的核心。

三、知人善任

（1）人才是组织最重要的资产，人才培养是一个长期的过程。

（2）领导者的工作主要是两个方面：一是完成任务；二是培养人才。

（3）领导者不能知人善任的主要原因：缺乏专业知识、缺乏勇气、心理偏好、缺乏足够的责任感。

（4）明确人才标准：善于激励他人、勇于担当、决策果断、通过他人完成任务、持续跟进达成目标。

在夯实三大基础的情况下，建立有利于决策执行的三大流程体系，具体内容如下：

（1）人员选育流程。人员选育是决策执行三大流程中最重要的环节。许多药企掌门人在规模小时基本都是自己亲自找人才、亲自面试人才，所以企业在初始状态都比较好而且在药企逐步长大后发现当初面试的人才仍然处于很好的状态。一些药企在企业壮大后就将面试一关放手给人力资源部经理，自己仅仅面试高级管理者候选人。这样的做法从流程上讲没有什么不妥，但必须做几个基本功课：明确不同岗位用人标准、职能和责任；业务部门参与选人；集体面试；掌门人尽可能下延一级面试。

①人员选育必须与公司战略和运营结合起来，支撑战略目标达成。战略和运营结合起来这才是岗位说明书或者说你掌管的药企需要什么样的人的基本条件的基础，离开这点去编制岗位说明书，无异于舍本逐末。

②通过持续改进、继任者培养和降低离职率构建领导梯队。中国药企经过市场化洗礼，建立一个领导团队并不是难事，难的是构建一个可持续的领导团队梯队，为药企发展提供源源不竭的领导人资源。这与人才培养体系和有效性有关，更与人员选育流程有关。

③对表现不佳的人做出处理，显示用人标准。对文化和机制最好的诠释不是会议领导人讲话多么动听，不是制度和流程制定得多么规范，而在于企业是怎么做的。许多企业领导人天天讲巨额年终奖、股权，但是几十年下来，只听楼梯响不见人下楼，所以骨干员工都对此不以为然，领导人说话不算数或无结果也就在情理之中。要兑现，对有佳绩者给予奖励，对不佳者做出处理。

④将人力资源管理与企业绩效结合起来，激发人员潜能。有时我们仅仅注重人员“选”的流程而忽视“育”的流程，而后者在员工入职后就显得非常重要。在环境变化不快的年代，企业需要什么样的人都可以通过发布招聘广告或通过猎头寻找，而今天，新业务、新岗位、新要求层出不穷，目前有些岗位已经难以在人才市场找到严格对位的人才，怎么办？这就需要企业自己去培养。即使能够找到的“对位”岗位，要想让岗位有绩效，也必须进行全方位的“育”，而完成“育”的基础就是有效的流程。

（2）战略制定流程。战略定义了企业发展方向，也必须是可执行的行动计划。一些企业以环境变化太快、政策调整频繁、市场竞争无序为由贬低战略的价值。有些企业战略制定随意性很强，草草安排一些“笔杆子”编制一些冠冕堂皇的文件用于对付上级或董事会，所以好看不好用就是正常的。

以笔者的实践和思考，越是在不确定强、变化快的环境下，越是在竞争无序的市场中，越需要战略这个定海神针来支撑企业发展。

从执行的角度来看战略，必须有对环境、政策、竞争的详尽分析，必须有企业的定位、战略和实现战略的措施，还必须有行动计划，没有行动计划的战略就是不完整的战略。在战略制定层面，保证信息收集的准确、系统，保证战略制定过程吸收了企业经营各个环节和层面的智慧、意见，保证企业掌门人主导了整个战略的制定过程，保证实施计划能够连接执行部门的行动计划。此外，与行动计划相衔接的是激励和制约机制，否则战略就会躺在领导的办公桌上而不会成为实际业绩。当然，战略制定流程要履行编制、审核和批准流程，以保证战略的权威性。

（3）运营实施流程。在完成人员选育流程和战略制定流程以后，最重要的就是运营实施流程，这是保证绩效目标和前两个流程有效的最重要的工作。在实施运营流程时，药企要注意以下几个方面：

①简明扼要的运营实施方案非常重要，这既是考验也是运营能力的集中体现。

②企业内部各项业务同步协调而不是各行其是。

③合理的假设：设定基于现实的、可实现的目标。许多药企在确定经营目标时，上下级不是掐架就是博弈。作为上级总想通过高目标压下级提升自己的业绩，而下级也总是提出种种理由予以“软”抵抗。

④与运营实施流程相匹配的是运营实施计划，特别是对于比较大的项目，然后就是在运营实施中的过程管理和权衡艺术。

⑤在运营实施流程中，一定要设置评估环节，在项目一开始就明确会有一个评估环节，以终为始，改进落实绩效。

许多药企决策者将不理想的经营结果或者决策推卸给执行力不强或下级，从以上分析可以看出，这一点连同决策者自己都不会相信，执行者更难以相信，所以执行出现问题就是理所当然了。

所以，解决决策和执行问题关键在于坚持以下三项原则：

（1）以终为始。从落实和执行的角度进行决策，将决策与执行有机结合。

（2）系统性。不再头痛医头、脚痛医脚，而是合理安排好决策和执行在整个企业的轻重缓急、远近虚实。

（3）整体性。将个性化的决策和执行放到整个企业的大背景下，就清楚这个决策和执行的位置，也就不会顾此失彼、摁下葫芦浮起了瓢。

三个关键环节：

（1）以中国的历史传统、药企特点和管理人的管理风格，人治仍会是很长时间的显著特点，我们的制度能力和流程能力还有很长的路要走，这是中国现阶段药企决策和落实必须客观面对的现实，所以选准人是保证执行效率和不走样的重中之重。

（2）在保证纵向职能有效和有效率的过程中，改进横向协同能力，使药企能够尽可能整体、一致面对客户和市场需求。

（3）将决策尽可能细化、精准化、明确化和数字化。许多决策难以落实与不同岗位、不同层面、不同职能对同一个决策的理解不同有关。所以，要对决策及要达到的目标尽可能细化、精准化、明确化、数字化，还要回头问一下决策者和执行者“怎么确定是否达到了目标”这是必要而且重要的一问，能够回答这一问题，表明决策的目标和确定标准是明确的。

第五章

人才篇

第一节 药企人才的现状与趋势

自2010年特别是2015年以来，药企在产业政策、竞争和新技术三重压力推动下正处于转型的关键时期，如果要问药企掌门人当下最关注的是哪方面，政策走向和经营战略无疑是首选，但是要问近十年或者更远的过去持续让掌门人最头痛和烦恼的是什么，人才就会是首选。

从掌门人的角度看内部人才，永远是无才可用；看外部人才，永远是人家的人才好。从员工特别是骨干员工的角度，尤其是有离职倾向的骨干员工角度看企业，不受重视、不能发挥作用永远是他们不满和跳槽的主要原因。从企业人力资源主管部门的角度，则是受到决策层、基层用人单位和员工三面夹攻，人才难找、人才难留、人才难用是他们窝在心底的“三难”。

药企人力资源管理为什么会形成循环式的抱怨和担忧？中国医药产业人力资源怎么了？医药产业人力资源演变趋势会向哪个方向发展？药企在这场人力资源博弈中如何取得优势并发展自己？

一、医药产业人力资源发展脉搏和特点

医药产业人才成长图见图5－1。

见图5－1，中国医药产业人力资源经过改革开放的洗礼和锤炼，总体上经过了四个阶段：第一阶段从改革开放伊始到1995年是医药产业人力资源作为产业发展一支独立力量登上舞台的准备阶段，这时期国有药企经营每况愈下，少数骨干人才纷纷以承包、改制等方式取得企业

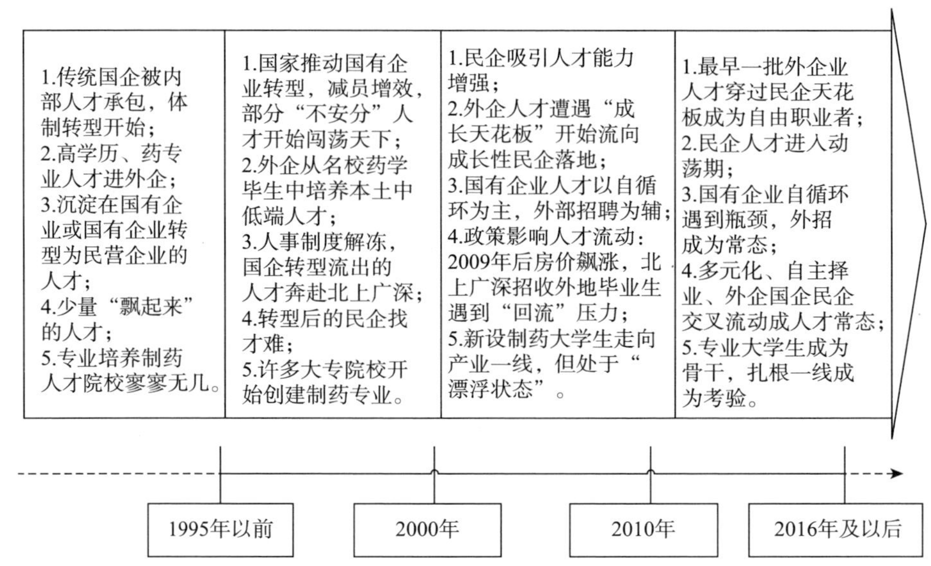

图5－1　医药产业人才成长图

控制权，产业转型开始，高学历专业人才纷纷进入外企，专业培养医药产业人才的大专院校不多，国有企业专业人才开始外流。第二阶段从1995年到2000年，仅仅5年，中国医药产业人力资源发生重要变化，国家推动国有企业减员增效，大量国有企业职工下岗分流，人事制度逐步解冻，一部分“不安分”骨干人才流向“北上广深”寻求发展机会，许多大专院校纷纷开设医药专业，外企直接从知名大学药学专业招揽人才，从零开始培养。第三阶段从2000年到2010年，民企吸引人才能力增强；外企人才遭遇“成长天花板”；国有企业人才自循环走入死胡同，逐步开始从外部寻觅人才弥补成长压力带来的人才内部培养不足；户籍、房价等政策性因素对人才流动影响增大：2009年后房价飙涨，“北上广深”招收外地毕业生遇到“回流”压力，新设制药专业大学的毕业生走向产业一线，但处于“漂浮状态”。第四阶段是2010年到现在，是人才流动最活跃的时期。最早一批外企人才穿过民企天花板成为自由职业者或自己创业；民企人才进入动荡期；国有企业自循环遇到瓶颈，外招成为常态；多元化、自主择业、外企国企民企交叉流动成人才常态。

从改革开放以来人才流动和成长的历史来把握医药产业人力资源发展脉搏，医药产业人才来源主要有：生产、销售、研发和技术一线锻炼的人才，如雨后春笋般涌现出来的大专院校制药专业培养的人才，外企培养锻炼的人才，这些人才中的一部分又多次参加产业内部各类培训机构的实操性培训，使得这批人才在中国处于转型期的医药市场上纵横驰骋，有力地支撑了中国医药产业从几百亿元到过万亿元的超高速增长。同时，这种增长也锻炼了一批人才，使他们能够适应本土医药市场的需要和变化。

改革开放40多年来形成的中国医药人才总体特点的内容如下：

（1）市场化进程和在本土上与外资企业学习与博弈的经验，锻炼了大批医药人才。医药产业目前的人力资源状况加上不断释放的医药专业大专院校毕业生，总体上能够基本满足产业当前和今后可以预见的未来医药产业发展的需要。

（2）结构性冗员和结构性过剩同时存在。简单操作工人、非专业医药代表、在后勤和辅助部门工作的员工严重过剩，而能够推动产业转型的专业型人才、领军人才和具备实操能力的战略型人才则严重短缺，比如懂5S、全员参与生产管理（TPM）、集成产品研发体系（IPD）、FDA及欧盟认证、智能制造人才，能够结合企业实际，在转型期和新形势时下率领团队或配合企业完成企业转型的CEO以及人力资源、营销、研发、技术以及运营管理人才。

（3）人力资源管理工具应用不足，在近代一百多年工业化进程中，企业界积累了大量在产业化条件下人力资源管理的经验和教训，这些工具和理念对于如何发挥各种性格、各种技能、各种类型人才的长处，规避短处具有重要价值。但是在我们近五千家制药工业企业中实际使用得不多，虽使用但能够发挥作用的就更少，能够根据实践创造的规律性模型就少之又少，这是我们人力资源对产业发展支撑不足的重要表现。

(4) 培训费用不低但是实效不高。主要是集中灌输式培训多，实际操作型培训少；培训多，教育少；形式多，实际内容少；更不注重在各自岗位上实操型培训和锻炼，过去长期实行而且有效的师徒制也被废置。这种情况不仅浪费了培训资源，更使决策层失去对员工培训的信心，在下一年度进一步削减培训预算，推动企业培训预算减少、技能降低、业绩下滑，进一步减少培训预算这样的恶性循环。

(5) 随着民营药企的崛起，自以为成功企业的掌门人与经理人如何相处越来越成为决定企业成败的关键一环。经理人与掌门人相处是一门学问。同样，掌门人与经理人相处更是一门学问，可惜的是多数掌门人都没有兴趣来尝试和探讨与经理人相处的学问。以笔者的预计，未来十年是民营创业者交班的关键时期，无论是在家族内部寻找接班人还是由家族制改为经理人制，都难以回避经理人在企业转型和发展中的重要作用。

如何判断已经过去的药企人力资源状况？如何判断未来三十至五十年医药产业人力资源发展趋势，这是我们做好下一步药企人力资源工作的基础和前提。

过去医药产业从几百亿元发展到目前过万亿元的发展规模，有人才和人才成长的推动因素，但更重要的是国家政策、市场化进程和经济发展大势的必然结果，这是医药产业整体受益并持续成长的关键因素。如果医药人对产业成功因素判断不清，看不到大势的因素而将功劳都归于自己，那在未来环境发生变化时，会跌得很惨。但是，在整体和共同的大势与机会面前，不同的药企发展质量差别很大，这方面与药企所在地区小环境、把握机会的能力、政府事务能力、胆识、冒险精神和具体经营管理水平相关。

需要引起重视的是中国经济和社会发展进入新常态，治理环境污染、创新、降低原辅料和能源消耗、提高工业生产水平和管理水平、药品数据管理、仿制药一致性评价、药品工艺核查等因素的共同作用，加上以新网络技术为代表的技术进步和人的思维方式与心态的变化，使得过去一度成功的经营管理理念、方法和措施变得过时和危险。

药企要想在新的环境中求得生存与发展，必须调整自己业已习惯的理念、方式、方法和经营管理措施。而如何与人打交道特别是如何与员工相处，如何获取优秀人力资源并激发人力资源的创新机能将是决定药企命运关键之中的关键。与此相比，技术、产品、政策这些重要因素都变得微不足道。

二、未来药企人力资源发展趋势

随着社会、医药产业的发展，药企人力资源具有哪些趋势性发展呢?

（1）员工流动性不会减弱。随着全社会大部分地区户籍制度的放开，社会保险实现省际间共享和选择余地的增加，药企员工流动性会保持现在这样的状况若干年。但“北上广深”和其他高房价城市的房价及户籍准入政策会越来越影响员工的自由流动。

（2）新招收员工的学历会逐步提高但实操能力会下降，而且会有更多的博士、硕士甚至本科生不愿意扎根一线。

（3）未来十年是20世纪90年代创业的一代人交接班最密集的时期，许多药企掌门人主要精力在处理发展和转型方面，很少顾及这样重要而又无法假手与人的问题。他们在面临以下尴尬局面：想让子女接班但是子女可能兴趣不在药企，让经理人接班一时又没有可以信赖的经理人，集体接班又没有形成成熟的决策和经营流程，转让出去又觉得于心不甘。

（4）职业经理人不愿意流动特别是频繁的流动，但在具体事情方面又不得不流动，两难的选择让职业经理人倍感艰辛。

第二节　药企人力资源的出路和对策

一、人力资源管理本质上是药企掌门人的核心职能

不论这个掌门人法定岗位是董事长还是总裁，都不能假手于人，可以通过企业内部的制度性规定和流程对掌门人与董事长、法定代表人、总裁及人力资源总监在人力资源管理上的职责进行定位和划分，不会冲击合法的公司治理体系。那么药企掌门人在人力资源方面管什么？要了解人力资源外部市场和内部员工队伍思想和技能状况；要关注关键岗位人员，了解这些岗位人员的工作、思想和技能情况并与关键岗位人员保持沟通并定期交心；要决定人力资源管理政策。为什么要这样？这是由人力资源这种战略性资源对企业的决定性地位决定的，与人力资源相比，战略、运营、资金、研发都是次要工作，这些环节出了问题都是局部性问题或可以弥补的问题，而在人力资源方面出现问题都是全局性和无法弥补的问题。

正因为人力资源和药企掌门人对企业都如此重要，所以药企掌门人在人力资源方面的素养、战略性思考和方法非常重要，需要培养、汲取经营团队和智囊的精华，不能用朴素的人力资源观来代替人力资源管理的科学性。

二、培养人才

人才培养是最复杂和没有终点的工作，许多药企一厢情愿地选择招

聘技能、学历、经验和专业完全可以进入自己企业模子的人才，实践一再证明，这种方法对少数和个别岗位与人才可以，大量的难以奏效。

从计划经济时期的学习到市场经济的培训，药企从思想到资源投入已经基本完成这种转变，但是分析实际培训的效果确实不敢恭维，所以一些有识之士表示企业最大的浪费在培训，这种判断笔者认为言过其实，但培训效果无评价、无法评价、评价不高也是实情。我们今天所讲的培训，概念来自西方发达国家几近成熟的实践，但同样可以从中华民族传统的汉字本义来理解培训的深刻意义，而且更为贴切和实用。“培”字的本义是给植物或墙堤等根基垒土，有增益和增添的意思；而“训”字从言从川，本义是用言语（贯通）使人心思如河流般流淌顺畅。从祖宗造字到几千年的汉字沿革，“培训”两个字的组合可以给我们三个方面的启示：第一层面，人如树木和墙基，不论其强大还是弱小，固本强基是关键，要培养员工的技能、知识和容纳、吸收知识技能的心态；第二层面，要将员工的本职知识技能与其本职工作相关领域的技能知识相贯通，实现知识和技能乃至心态之间的协同、融合；第三层面，发挥知识技能的关键在员工的价值观、人生观和世界观这“三观”，如果企业的培训忘记了在“三观”方面下功夫，那前面的两个层面发挥的作用就会大打折扣。

那就要将“培”和“训”结合起来，将“教”和“育”统一起来。

（1）要知道员工队伍培训和教育的目标，不同岗位、不同层面、不同专业会有不同的目标。

（2）要对现有员工队伍知识、技能和“三观”状况有清晰的了解，对社会人力资源及其流动趋势有客观的把握。

（3）以企业和岗位现实作为教材与案例的学习、讨论及分析最实际，将成熟企业经营和管理理念、工具与本企业、本部门、本岗位结合起来进行。

（4）要实现上述目标，企业必须有周密和有见地的培训计划。

（5）全体员工特别是各级管理者和骨干的使命乃至工作职责不能仅仅是完成工作任务，而必须加上研究现实问题、分享心得、培养人才这样的内容，才能从根本上实现学习型组织的目标。

（6）造就学习、分享和不断进取的企业文化，要将培训做实，当作打造企业核心竞争能力的关键一环来对待，从掌门人和骨干团队开始对此须深信不疑，常抓不懈。

三、打造充满生机和活力的机制与企业文化

这句话看似老生常谈，实则句句切中要点，做不好就是华而不实的空中楼阁，做好了就是无价之宝，关键在对机制和文化的认识程度。企业机制和文化需要设计，然后不论是掌门人还是一般员工特别是人力资源主管部门都要按照这个设计来操作。长期以来，多数企业的文化和运营机制都是自然而然形成的，许多是老板或其他掌门人习惯和做事风格的衍生品，无法集众智，无法以更宽的视野来规划，更没有一个完整和系统的设计，这是我们许多药企机制随意变，文化随着老板转的根本原因。

良好的机制和企业文化意味着什么？企业能够及时和清晰地捕捉到外部环境和内部资源的变化，并在经过一段时间的认识积累后反映出趋势性。进而能够及早准备、及时调整战略、策略和资源使用方向，采用恰当的措施应对，提升企业的竞争能力和竞争优势。在中国医药产业中，在面对环境和资源变化方面，绝大多数药企是没有规范的应对职能、流程和机制的，多数企业之所以应对得还可以，那是责任心、掌门人敏锐的洞察力和领导力及偶然因素在起作用。如果有规范的机制、措施和流程来面对，笔者相信我们中国医药产业会发展得更好。

同样，企业的组织机构、岗位和经营管理措施也能够随着环境和资源的变化而变化，不僵化，不故步自封。

能够吸引、留住人才并让人才发挥作用，特别是才能和缺点都比较

突出的人才。让不同性格、不同能力、不同缺点的人才都能够扬长避短，在适合自己的岗位上建功立业。

员工的收入能够与其贡献、承担的风险、价值和劳动量相平衡。员工特别是经理人能够追求比金钱和地位更重要的东西，那就是成就感、幸福感、价值及和谐。

优秀的企业是没有庸才的，但不是员工的能力、贡献和专业能力没有差别，而是被放到能够发挥作用的岗位，所以说称职的HRD就是良好的组织构架师和优秀的木工匠。良好的企业机制和文化不是没有内部斗争而是内部斗争是良性和有价值的。

建立基于战略的人力资源体系。一家药企如果出现本文开头部分的问题，原因可能是各种各样的，但是症结往往在于人力资源体系没有建立起来。轻者头痛医头脚痛医脚，重者措施和目标背道而驰。这个体系从第一个维度上说，包括人力资源战略、人力资源措施、制度、流程、标准；从第二个维度上说包括员工进、用和出；从第三个维度上说包括员工能力识别、培养、使用、后备人才管理、淘汰；从第四个维度上说则有业绩管理、薪酬管理、人才风险管理、员工合同和法律关系管理。这个体系的建立基础在制度、流程和标准，关键在系统、协同和互补，重点在能够执行。

在人力资源具体操作实务方面，围绕企业发展战略定位人力资源战略是首要命题，这是人力资源管理的锚。在战略指导下知道在企业发展的不同阶段、不同层面、不同岗位需要什么样的人。许多企业找来人或不能发挥作用，或人才流动率大，关键在于不知道不同的岗位应该用什么样的人，这方面有许多工具可以使用。识才是HR最核心的技能，除了凭经验、责任心、制度以外，近百年来全球企业开发出许多测评人才、识别人才的工具，可以有选择地使用。识才出问题会带来用人失误，进而影响业绩，这是多数企业业绩受影响的关键原因。在当前社会转型时期，人才流动率高是必然和现实的，优秀的企业不是害怕人才流动，也没有必要对人才流动恐慌，而是要做好自己的工作，让优秀人才留得住、用得上、业绩好。同时要做好人才储备，包括外部储备、内部储备、关键岗位设立 AB 角，持续培育后备人才，这是面对人才流动大潮从容经营的有力武器。

成功的药企人力资源管理要处理好以下关系。

（1）人力资源管理与企业发展战略的关系。战略是企业发展方向、目标和措施的总锚，人力资源管理必须也能够始终锁定发展战略，根据发展战略的推进进程和调整方向不断优化人力资源配置，有什么样的发展战略就有什么样的人力资源战略和措施。中国一些药企在人力资源方面的最大错误就是没有与企业发展战略相匹配，与战略脱节或者背道而驰，造成战略没有得到有效执行而又在运营的其他方面找原因。

（2）人力资源与运营的关系是配合关系，因人设事与因事用人相结合。一些企业为了控制成本而压低了员工收入，而低收入的员工又进一步降低了运营效率，造成利润空间萎缩，再一次缩减员工收入，恶性循环加剧。这样的教训屡屡出现而没有逆转的征兆。

（3）企业人力资源主管部门与用人单位的关系。企业的人力资源主管部门具有双重职责锚：一方面是锚定企业发展战略；另一方面是服务企业发展也就是支持业务部门拓展。在这两个层面的运作中存在合作和矛盾是正常的，要处理好这种合作和矛盾，必须注意以下三个方面：确定用人单位是培养人和使用人的主体责任；改善用人单位主管的人力资源管理素质和技能；提升人力资源主管部门的服务意识和服务责任。

（4）企业老人、后来人、老板与职业经理人的关系。在中国药企市场化三十几年的进程中，特别是近十几年，随着人才流动频率的加大和企业兼并、重组的活跃，多数药企或多或少出现企业原有人才和新进人才、企业掌门人与职业经理人的界限和矛盾，而且为数不少的企业矛盾偶尔被激化，有些药企到了影响企业发展甚至生死存亡的境地。这已经成为企业人力资源部门需要引起注意和必须有对策来处理的事项。

企业原有员工和新进员工之间的问题，需要引起 HR 部门的重视。但是，在矛盾没有激化前或没有激化迹象的情况下，可以通过与员工交流、融合和必要的企业活动来化解。应引起重视的是：

（1）不要在涉及待遇、用人和处理其他涉及员工利益、机会政策上人为区分新老员工，一个标准、一把尺子衡量所有员工。

（2）在岗位安排上一个团队或班组尽量安排新老员工都有，以加速融合。

（3）管理者与员工和谐相处是一门很深的学问，有科学成分，更多的是艺术，在管理层，包括车间主任和班组长一级培训加速融合的技巧和方法，不激化矛盾。

关于掌门人与职业经理人相处的问题，在医药界故事挺多，潜在的影响也非常大，但处理好的不多，这是近十年药企特别是出名药企掌门人最头疼的问题之一。究其原因，掌门人与职业经理人都有很大责任。在掌门人这方面，十几年甚至更长时间积累的资产不想被别人说了算，没时间做决策却愿意做决策，需要职业经理人做事以完成业绩却不愿意放权，想清闲但又不想放权，看职业经理人都是别人家的好，不能容忍职业经理人做出虽然更好但与自己思路不一样的决策，急功近利、好高骛远，喜欢听话的职业经理人。而在实际中，听话的职业经理人与有能力、能成事的职业经理人并不都统一于一体，所以麻烦就来了。在职业经理人这方面，对金钱的崇拜压过了对价值、人格和职业操守的坚守，用技巧代替责任，用业绩掩盖无能，愿意做表面文章不愿意将基础夯实，追求独一无二的权力却不愿意付出常人所不及的艰辛。

为什么这样？具体原因如下：

（1）掌门人与职业经理人对对方的性格、处事方法、思维方法和道德底线缺乏深层了解。

（2）掌门人与职业经理人在任职前后缺乏深度交流，大多数都是浅尝辄止。掌门人在聘任经理人时看他过去业绩的多，与其深层交流的少；被职业经理人过去光环照晕的多，审时度势，看清职业经理人优点并容忍缺点的少。

（3）企业方在游戏规则制定上缺乏系统、全面和可操作性的安排，包括用人合同、绩效合同、职能、责任、权限、决策流程和方式。

至于解决的办法和途径，也必然存在于这三项原因之中。

随着人均寿命的延长、退休时间的延后和领取养老金时间的推后，“杂发智力”资源成为越来越重要的人力资源。

药企目前正在经历政策和竞争双重压力，企业转型迫在眉睫，从2017年起到2020年将是大量落后药企退出的惨痛时期，转型的助力力量在哪里，在人力资源。药企在这方面交了三十几年学费，必须做好人力资源这篇系统的大文章，赢得转型，实现事业和人才的双丰收。

第三节　药企人力资源思考：以人为本

一提到激励、人才和业绩，都会想到如何给经理人高工薪、高福利乃至股权和期权激励，而且往往与绩效合同挂钩，同时给予很高的绩效任务，美其名曰没有压力就没有动力。笔者也认为这些都有道理并值得去认真做好。但是，还有更有效的办法却很少有企业用，有的用了也没有用好。

笔者在这方面有个非常典型的经历，每每回忆起来仍觉得需要总结。一家央企旗下的医药工业企业，在笔者接手做董事总经理时已经连续亏损18年，而且刚刚发生安全事故并有人员伤亡。在把这家企业起死回生和扭亏为盈的过程中，传统的激励措施都用不上，不用说给人才高工资，就是日常开支都是无米之炊，高福利更是不用想，当时央企也没有进行期权和股权试点，做一个高目标、高压力的绩效合同吧，没有这个基础，留人都留不住怎敢在缺乏资源情况下去给经理人这样大的压力？那怎么办？结果是用了一年时间就实现扭亏为盈、人才济济而且充满生机和活力局面。几年后，偶尔有人提起这件事，引起了笔者的思考，当时做了哪些事实现了这样的结果？为什么会有这样的结果？业内许多人士推崇笔者在产品提取收率和成本降低方面卓有成效的工作；短时间内挖掘出多少个独家产品；短时间内建立起推广、渠道和品牌管理队伍。实际上，与以下几种成效比较，那都是结果而不是原因：

（1）做正确的事情，日积月累，会给员工以信心，这就是最大的激励。要做到这点，掌门人要抛开私心，以公心做事，每一项措施都是有战略思考并经得起历史考验的，这不容易，需要很深的修炼。

（2）尊重每位员工，甚至尊重做了错事的员工，给予足够的信任，发自心底而不是装出来的信任。笔者一直相信“信任凝聚力量”，有时将这句话作为公司年会的主题词。

（3）放开手脚，解放生产力，让员工充分发挥主动性和创造性，然后掌门人为其承担责任。在这种情况下，员工会释放出无法预计的能量。

还有一个笔者亲眼见到的例子。

在唐山的一家药企掌门人，与笔者曾经同时是一家企业的班子成员，他分管党务，可以说对业务不是很在行，但是三年经营下来，业绩非常好。什么原因？就是善于与人相处这一点让他发挥到了极致。

一次，他与一位销售业务人员一同拜访客户，结果业务员为了保护领导喝得酩酊大醉，这位掌门人为了照顾这位业务员特地搬到一个房间住，而且在业务员呕吐为他擦洗，此事在当时的企业传开。这位掌门人一贯关心员工，对人信任并尊重，从此就有一批死心塌地为其服务的骨干力量。

有些企业向笔者反映说人才成本太高，有些企业付出高额培训费结果员工的操作水平并没有太多的提高，有些企业反映骨干人才流失率高。笔者觉得，不同的企业原因也会不同，包括现实的原因和历史欠账的原因，经济原因和归属感原因。但是一定有一个共同的原因，就是企业没有唤起员工内心的信任、自豪感和大脑最活跃的部分。

企业掌门人一定是这家企业的首席人力资源官，不可假手于人。但这不意味着企业掌门人代替人力资源专业岗位去工作。因为人力资源这个职能既是一门科学也是一门艺术，需要受过专门训练的人去操作。

人力资源经营体系图见图5－2。

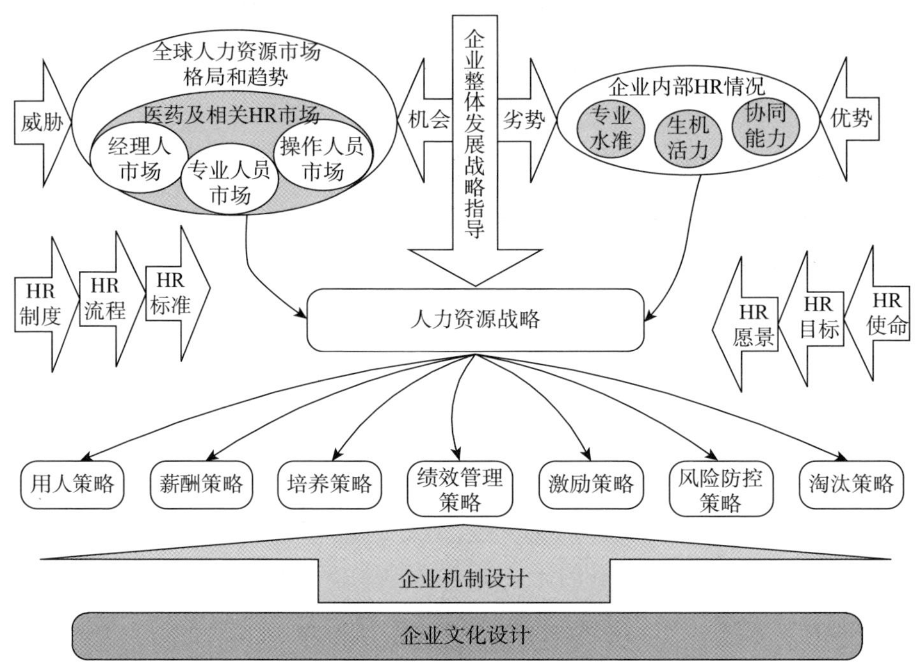

图5－2 人力资源经营体系图

在笔者的职业生涯中，曾认识过一位药企人力资源总监，他是从其他行业进入制药行业而且没有几年。笔者之所以推崇他有以下三点理由：

（1）他作为非业务经理人对该公司的业务了如指掌，业务结构、进度、优势、劣势非常清楚。

（2）对企业战略非常熟悉并能够根据企业战略确定人力资源战略和措施。

（3）对企业人力资源状况、优势和劣势也非常清楚，而且知道如何改进。

专业、清醒、分寸感强，我觉得这是人力资源经理人最为重要的三项优势。

如何带出一支专业、稳定、有激情和活力的员工队伍？这是一个复杂而且需要多种措施并行的命题。

（1）根据企业业务结构和特点、根据企业成长阶段设计各类、各个层面需要什么样的人才，做到心中有数。

（2）把住人才入口关，许多企业在员工队伍方面出问题是由于入口没有把住，造成员工队伍先天不足。

（3）及时清理和辞退不合格员工。

（4）以实际操作和使用为核心的技能、心态、职业素养齐头并进的人才培养措施。

间接的措施就是让企业有希望，各级经理人带人公平，薪酬合理。

员工流动性大怎么办？

人才流动性大是当今社会转型的一种特殊形态，不是哪家企业可以单独改变的。但是，企业可以根据自身情况在改善人力资源结构方面有所作为。流动性过大，企业成为培训基地固然需要改进，但是人才不流动，长期一潭死水也不利于企业发展。

（1）创造一个有希望，积极向上，公平公正，以贡献和价值为导向，能够凝心聚智的的文化氛围非常重要，这是留住员工的基础和前提。

（2）重点要稳住对企业成长至关重要、培养成本高周期长的员工。

（3）如果问即将离职的员工是什么原因导致其辞职，可能收入低和回老家应当是前两种原因。但实际上这可能是最大的谎言。真实原因可能更为复杂，包括企业没有希望，骨干员工遇到成长的天花板，遇到排挤，受到不公正待遇，等等。

每一位骨干员工离职都是企业盘点和反思人力资源状况的机会，要坚持每年一次的人力资源及人才成长环境盘点，坚持提前进行人才成长环境调查，坚持与离职人员的面谈而且是更高层面谈制度，建立人才流动预警机制。这些都是企业改善人力资源管理水平的机会。

用企业教练解决目前药企发展中存在的骨干力量影响能力、绩效和领导力问题。从20世纪80年代起，发达资本主义国家的企业陆续进入转型期，企业转型的关键在人特别是骨干员工的转型，由这样的实际需要而产生了企业教练这样的组织发展和转型方法，有力地支持了发达国家的经济发展。中国实际上也处在人才、产品、发展方式和组织方式的转型关键期，许多企业不惜高薪挖人才，但是很难让人才“如模”，从而产生“水土不服”问题，在企业能够采用人力资源工具不足的情况下，或者中途换将，或者将人才“束之高阁”，或者放任其低效管理。实际上，用企业教练方法，可以一对一解决经理人和骨干力量个人能力发挥不足、方法不对等一系列困难问题，实现企业和经理人的双赢。这种方法在当下中国的跨国公司已经成为解决人力资源问题的关键方法，而内资企业还没有采用。

总之，人力资源管理无止境，企业在变，环境在变，政策在变，人力资源管理亦要不断创新，走在环境前面，不打无准备之仗，不做无准备之事。笔者方才介绍的方式方法并不神秘，关键是长期坚持做下去，点点滴滴浸入员工心田，企业的文化和机制就会好起来，科学管理人力资源，就会形成良性循环。

第四节　新时代企业用人的深层探讨

改革开放以来，中国企业用人方式在经历了计划经济传统人事管理、转型期企业人事关系放开以后进入人力资源活跃时期，这其中又有人力资源观念和人力资本观念等概念热时期。可以说，这40多年是中国企业中员工思想、创新力、激情和主动性空前大活跃和爆发时期，从某种意义上说人的解放创造了国家持续40多年的发展。

这期间企业用人的方式、方法和技巧空前丰富，有从跨国企业引进的，有本土企业在实践中探索出来的，更多的是内外结合的成果。人的解放让中国企业取得空前的、群体性的成熟、成功，这一时期虽然不能说百分之百的原因在于人，但人起到主要作用是有共识的。

那是不是我们的企业在用人方面没有潜力可挖掘了呢？是不是我们的员工在企业发挥了主动性和积极性了呢？是不是我们企业的用人制度都合理了呢？不是的！实际上，中国企业在用人方面还有很长的路要走，而且在用人领域走好了，中国企业的活力、动力和创新力会再上新台阶。这是笔者走访多家央企、地方国企、外资企业和知名民营企业后得出的结论。

在中国企业用人上快速进步的同时暴露出哪些弱点呢？

（1）将按照业绩用人理念绝对化，扼杀了经营管理人才本来应该具备的长远视野和崇高的思想境界，让人才变成急功近利之徒。

多数企业虽然都是有限责任公司，但哪家企业不希望具备无限的生命？以此为前提，那经营和管理措施就要同时考虑到当下、未来甚至更远。从这个意义上讲，我们目前多数企业用人所说的业绩基本上是指当期业绩，而从企业发展长治久安的出发点去看经营和管理，当期业绩和未来业绩、显性业绩和隐性业绩、可量化业绩与不可量化业绩都很重要，而且未来业绩、隐性业绩和不可量化业绩往往更为重要。

但是，我们当前企业采取的绩效考评办法，包括关键绩效指标法（KPI）、平衡计分卡（BSC）、360度、目标管理法（BMO）衡量的基本都是当期业绩，只有平衡计分卡对未来发展有一定助益。

（2）为数不少的企业选人用人特别注重候选人过去的业绩，有的还对候选人过去企业规模等进行攀比，以为候选人过去业绩好现在业绩和未来业绩也会好。

（3）一些央企和地方国企、民营企业用人开放度不够，还是局限在自己的小圈子里。

长处是稳定、忠诚和互相熟悉。短处也是显而易见的，思想封闭、后继无人、新思想难以落地。当今企业之间的竞争主导因素很多，技术、产品、品牌和资源情况都会对竞争形成不可估量的影响，但归根结底都要依靠人的作用，包括人的积极性和主动性，人的耐力和判断，而这些因素一时难以培养，外卖来的这些要素也很难融合到自己的企业。从这个意义上讲，企业之间的竞争归根结底是人才的竞争，必须集全球之力，容纳全球最顶尖的人才才能有机会将企业在竞争中存活并形成优势。

（4）不要迷信大学会为你量身定做提供和培养合格员工资源。

大学就是大学，大学培养的是公共产品，是初品，虽然大学也在进行市场调查并根据社会用人需要设置专业和确定生源专业比例，但总体上培养的是公共产品。那企业怎么办？必须进行“再加工”。

何谓“再加工”？就是要根据企业当前和未来对人才的需要去着手培养，这里只一套人才培养体系，不是仅仅建立一个培训中心或企业大学，让人力资源部门管起来就可以。

目前百分之八十的全球五百强企业都有自己的大学，有些企业大学不比公共大学逊色，如微软大学和通用电气的大学，这些大学培养出的职业人士被业界广泛认可。

（5）对于关键专业和管理人才特别是经营人才，仅仅在公共大学、企业大学甚至 MBA 培养还不够，这些场合都是培养公共产品的地方，而一些企业的高级管理和经营人才都是过五关斩六将才进入这个人才平台，他们实际上已经达到公共大学培养人才的最高标准。但他（她）们在经营和管理企业的过程中还是暴露出一些需要改进的弱点，有些弱点还与其优点相伴相生。

比较典型的高级管理人才暴露出的问题包括以下内容：

（1）愿意表达不愿意倾听，不论是在会议上还是在听下属汇报时都表现出不耐烦等问题，实际上他知道的可能是过去的事实，先入为主的思想妨碍了他继续成长。

（2）愿意告诉别人特别是下属怎么做但是不愿意也不会提恰当的问题。问问题与倾听一样是一门学问，需要不断实践。

（3）不能够自省。不论你是顶级大学的高才生还是跨国公司的高管，环境在变化、企业在变化、一位不能自省和改进自己的“人才”是没有多大用处的，也很难走远。

（4）要解决这些问题，一方面需要不断的自修，另一方面应该引进职业教练帮助自己，使自己不断提升。

社会的变革和进化需要职业人士不断调整自己，提升自己和反省自己，企业也需要不断思考人力资源的变化，不断改进自己的工作，让人才为企业发展服务。

第五节　药企人才留与用的辩证法

如果统计一下进入21世纪以来这些年药企高级管理者变动情况，就不会对这份报告惊讶，这几乎是中国当下医药产业剧烈变化的缩影。如果比较一下中国药企与跨国药企在企业高级管理岗位的变动情况，我们可以看出两点明显区别：

（1）在中国当下的医药产业，除家族完全控制的药企以外，高级管理岗位变化极为频繁，在主要经营管理岗位持续工作超过十年的很少，基本在两三年，不足一年的也不在少数；而跨国药企主要管理者在岗时间在十年以上时间的比中国药企高出三五倍，基本都在五年以上，而达到十五年甚至二十年的也大有人在。

（2）中国药企从内部成长起来直到坐上掌门人岗位的很少，高级管理者多数从外面聘任；而跨国药企，内部成长起来的高管非常多。

药企高级管理者频繁变动、职业经理人频繁跳槽集中反映了中国药企快速成长和转型时期的特点：战略上的急功近利、人力资源管理缺乏科学方法和包容性、药企资源社会性分散。

一些药企，总认为社会上一定存在这样的人才，能够解决自己现在的问题或实现自己的目标。聘任后如果短期内没有达到这一目标或解决这些问题，就认为人力资源部门找错人了，赶紧解聘并重新去大海里捞针，或者将已经聘任的人才束之高阁“冷冻”起来，任其提出辞职。

在职业经理人方面，基本上可以划分六大主导心态：

（1）总认为没有遇到千里马，所以这山望着那山高，骑马找马是这部分职业经理人的基本心态。

（2）盲目乱闯，各处散发简历，对自己的长处、短处、目标、方向不清楚，不知道哪些岗位和企业适合自己发展，也不对目标企业在投简历前进行调查和分析。

（3）如果能够选择，则唯薪水水平决定是否应聘，不考虑自己是否能够适应这家企业，不考虑能否在这家企业长期奋斗下去。

（4）权力欲过于浓，总认为有权力才能做事，结果导致自己的业绩和心态都不被认可。

（5）过于敏感，担不得一点委屈，也缺乏足够的包容性，致使自己与原管理团队难以融合，甚至走到老板的对立面去。

（6）客人心态，一些经理人不能够站在企业立场去看问题，总是以客人和旁观者心态经营管理企业，慢慢就会出问题。

当然，高级管理者频繁流动更多的原因是双方互相博弈的结果：有的企业在公司治理体系之外又弄出许多管理手段，目的是制约经营者，逼迫经营者无力经营或不能获得有效资源；有的企业问题的根源在老板，但是老板没有认识到，经理人更不敢触及，所以总是在原地绕而无法从根本上解决问题；有的企业是给主要经营者要求的目标与提供的资源不匹配，使经理人无法完成使命。

中国药企在医药产业政策、竞争和技术推动下正处于整体转型时期，如果说过去的二十年在人力资源特别是高级管理者管理方面正处于学习、适应、不断试错还有些理由的话，那未来药企生存和发展则不但不能在人力资源方面出错，而且还要将人力资源体系建设特别是高级管理者和关键人才建设纳入最重要的优先级轨道。为什么？因为快速变化的环境将战略周期从长期变为短期，日新月异的技术不断改变着行业的竞争方式，制度和流程也一反长期稳定和固定，而是需要与不断变化和不确定性的环境相适应。这一切都需要企业中的人要发挥出比过去更多的主动性、激情和精准方法，不断校准企业发展方向。

未来的药企要能够吸引人才、留住人才并让人才充分发挥作用；未来的药企要能够培养人才，具备自我造血功能；未来的药企要能够从企业整体和长期框架上做好人力资源体系并不断适应环境的变化，适应人才成长和幸福感的需要，适应人才学识、技能、心态和交往方式的需要；未来的药企要能够同时使用物质激励和精神激励两种甚至多种手段系统化让人才愿意留下来，愿意充满激情去奋斗，愿意与企业同心同德，愿意并能够具有包容性。

短期解决药企高级管理人才流动性大的问题要处理好以下几个方面的关系：

（1）企业要知道自己需要什么样的高管人才。这是一些企业高管人才流动频繁的根本原因，为数不少的企业不知道自己需要什么样的人才，没有为需要的人才画像，造成人才选聘时先天不足或削足适履。许多猎头偶尔请笔者帮助推荐人才，有时笔者就奉劝这些猎头，要先让需要人才的企业清楚需要什么样的人才，不要没有标准去海选，这也是这些企业人力资源部门不好做的主要原因。

（2）审慎选择掌门人和其他高管，从专业匹配、性格互补等方面去搭配。有些药企这次要招聘的是一个岗位，但涉及的是企业整体，这个岗位新进入的人才要留下并发挥作用，也涉及各个岗位的衔接和配合。

（3）如果遇到总是重复发生的事情或类似事件，那就是系统性问题而不是个别问题，就不能从仅仅是换一个人就能解决问题的角度去思考，而是要从系统性、整体、历史和掌门人自己身上寻找原因。

长期解决药企高级管理者流动性大的问题，需要处理好以下几方面关系：

（1）下决心从基层培养人才。从优秀高校毕业生中选择人才，放到一线锻炼，凭业绩、能力和潜力择优录用；也可以将有经验人才聘任到中层，为高层储备人才。对高级或潜力人才，不仅要从专业技能和管理技能方面去培养与考察，更要考察这些人才承担风险的能力，看待问题和困难的角度，处理棘手问题的思维方式，在不公平情况下的选择。

（2）全面、系统地盘点人才，让现有人才有展露才华的机会。许多比较大的药企都没有定期人才盘点制度和方法，致使一些看似平庸人才跳槽到其他企业发挥重要作用，这时原企业才恍然大悟，大喊后悔。

（3）建立人力资源发展规划，不要将人才培养仅仅限制在管理层，实际上在技术飞速发展的今天，许多基层岗位需要复合型人才、工匠型人才，企业都应引起重视。让各级各类人才都有成长计划和支持。

（4）许多企业从取得重大成就的专业人才中选拔管理人才，有时并不是最好的办法。古人讲“有功则禄，有能则用”。让合适的人才做合适的事，才能做出成绩。为了解决这个问题，企业需要建立多通道薪酬制度，让非管理岗位也有正常成长通道，不走必须做管理方能提高工资的独木桥。

实际上，高级管理者流动性大有很大成分是沟通不畅特别是经理人高管与最高掌门人之间的沟通不畅的结果。笔者见过多家企业老板将总裁聘任后就“放手”了，他认为就是按照掌门人水平请的，不需要交代和沟通，而且想避嫌干涉下属工作，实际上这时的经理人最需要沟通、帮一把和送一程；许多经理人到岗后找老板汇报工作很困难；许多老板在倾听方面障碍也很大，听不进别人的汇报，总觉得这个企业是我一手办起来的，我都清楚，实际上这往往是前进最大的障碍——不知道自己不知道。

良好的人力资源管理体系会让当留人才留得住，用得上，用得好；

而当流出的人才流得出去，不引起震动，不造成经营和管理断档。这就是药企用人和留人的辩证法。

第六节　关键人才是药企发展的要素

笔者长期以来在药企一线经营中所尝试的大量人力资源作为分享如何选用关键人才、如何稳定关键人才并让人才发挥作用的思路。

如何选用关键人才？这实际上涉及一家企业人力资源体系是否有效。中国药企在这方面暴露出来的问题主要在以下几点：

（1）没有人才培养和选用体系与标准，用人时临时抱佛脚，“有病乱投医”。

（2）总是感觉别人家的人才好，不注重自己企业人才培养，结果自己的员工到了另外一家企业则成为人才。

（3）选用人才求全责备，实际是掌门人自己的视角和方法问题。

（4）寻找关键人才标准幼稚，总想寻找有成功经历的人，殊不知，成功是不能复制的，经理人的成功和失败一样，都是因时因事因地的结果。

笔者一直主张建立企业自己的人才培养和选拔体系。从招聘应届生开始，从基层、中层到高层根据岗位特点建立培养、选拔体系，在实际工作中品评人才，培养人才，发现员工的优势和劣势，然后根据实际业务和发展需要按才能选用。这样做的优点非常明显：企业和员工互相了解；忠诚度高；选用几乎无过渡期，这也是人才成本中最关键的环节；给成长型人才提供信心，不会被外来人才这层天花板盖住，起码与外部引进人才有同台竞赛的机会。

内部人才怎么培养？许多企业长期挂在口头上而无实际的操作办

法，最多是在实际工作中去磨炼。笔者认为，可以根据员工岗位特点、潜力和个人成长意向定向培训和教育，还可以根据人才每个阶段的难点和困惑采用内部与外部教练方式解决。许多企业对员工的年度绩效管理实际上简化成绩效考评，而在绩效考评中，没有对工作的评估和辅导，将绩效考评简化成打分并根据打分结果发放年终奖。实际上，绩效管理与人才培养最佳的结合点在以下三个方面：

（1）年度绩效计划，这是一个沟通的过程，这是做好绩效管理和人才培养非常重要的方面，不能省略，也不能简化。

（2）绩效过程管理，这是确保完成年度计划非常重要的一环，许多企业都是年度算总账而弱化绩效过程管理。

（3）年度绩效考评，这个环节最重要的就是找到一年中被考核人优势、劣势、哪些方面有成长、哪些方面有退步，贡献和失误，让被考核人知道自己该如何努力，而不是一次打分就万事大吉。

由于市场及环境的变化，企业成长所需要的人才都从企业内部选拔是不现实的。那些新业务、新职能和企业需要长时间培养的岗位从外部招聘是现实的选择。这也应该有长期的储备，建立人才库，对于关键人才可以保持长期联系，一旦需要就可以引进，避免临时的忙乱和因不了解而给企业带来风险。

如何留住关键人才？许多药企对高水平人才如饥似渴，不惜高价引进甚至挖人才，但是由于不知道怎么与高水平人才打交道而让人才再次流失，实际上这样的局面掌门人不想看到，也不是职业经理人的初衷。如何化解这样的两难困局？

企业要想吸引和留住外聘高水平人才，首先要做的是内部自我人才成长环境盘点。如果你的企业稳定住的都是低层次员工和高水平“庸才”，人才一旦成长到一定阶段就跳槽了，或者一直成长不起来高水平人才，关键人才完全靠外部引进，那你的人才成长环境是有问题的，需要尽快找到原因并努力去解决和改变。也可以在引进人才的同时调整和改进人才成长环境，改进哪些方面呢？原则上讲，关键人才遇到的困难就是需要企业改进的方面，而且要系统改，从表面改进到深层原因和症结挖掘，否则仅仅改表面是不能解决问题的。其次，需要清楚自己企业到底需要什么样的人才，许多企业实际上不知道自己需要什么样的人才，一门攀高找贵，既不需要也留不住。这两点是留住高水平人才并让其发挥作用的前提和基础。

对于已经进入的高水平人才，要想留住并发挥作用，笔者有以下三点建议：

（1）企业对总经理、总裁、CEO 一级人才，掌门人必须与其保持密切联系，不可假手于人。对于决策层其他高管，掌门人也应时时关注并委托一位高管负责联系和辅导，对其他关键人才，主管 HR 领导或人力资源部门也要在三个月至半年内予以关注、联系、辅导。关键人才入职头一周、头一个月、头一个季度最关键，为数不少的药企，在引进关键人才后，觉得引进的都是高手，入职后就放到岗位，然后就是压担子，任其自生自灭。有的刚刚入职的高管想找老板沟通或汇报工作都难，心中一堆话要说，无人可说。笔者无论是在做分管 HR 副总裁还是做总裁时，对于引进的关键人才，无论是子公司的总经理还是集团本部的高管，其入职后一周最少会接到笔者的三个电话，一个月内这个人不论是在本部还是在外地，笔者一定会飞过去与其在一起一天，听他发牢骚、讲问题，然后或者化解或者为其量身定做解决问题。对其他关键人才笔者也会督促分管领导或 HR 部门予以关注并向笔者汇报，人才无小事。

（2）为关键人才发挥作用做好组织准备。企业的目标是让内生和外聘人才都能够发挥作用，那就要有组织和权限设计，保护双方，从职能和权限设计上尽量不重叠、不空白，而且要在新人入职后的一个季度或半年安排一些非正式聚会和交流，让新人与内部人才有充分的沟通和理解，建立信任关系。掌门人对此期间发生的冲突要及时化解，不让小问题变成大问题，不让沟通问题变为互相的不信任。

（3）给予新引入关键人才以足够的尊重。许多药企老板只身创业成功，在企业威望高，所以脾气也大。对内部成长起来的人才由于比较了解和信任，经常批评甚至骂都不会有问题，有些内部人才几天不挨老板骂就觉得不对劲。有些企业掌门人认为外聘的职业经理人我付你高薪，你要听我的，甚至也会骂几句，一旦这样的事一发生事情就急转直下，外聘人才很难过这一关。也有些老板喜欢与自己走得比较近的内部人打听和评价外聘人才，这会严重伤害外聘人才对企业的信心。从逻辑上讲，内部选拔不出来这方面或高水平的人才才会从外部引进，但是，如果老板让水平低的人才评价高水平人才，让前任评价后任，十有八九不会有好的评价。掌门人不要犯这样低水平的错误。

当然，要留住关键人才还有许多其他办法和措施，如让新聘人才有职有权，给予生活方面的关怀和照顾等，这不是本文的重点。

由于政策因素、竞争因素和技术因素的交叉作用，医药产业正在经历历史性巨变，人才的心态、处事方式也会发生重大变化，药企要认识到这个趋势并顺势而为，掌握人才先机，为企业发展创造人才优势，改进和提高老板与关键人才打交道的能力。已经过去的三十年是我们认识人才与企业关系的关键时期，下一个三十年药企要用好人才资源发展自己。

第七节　做一个有价值的职业人士

一、何谓职业价值

不同的人可能会有不同的理解和表述，下面我们举一些例子来说明：

比如你的专业水准让企业离不开你，即使你的直接上级不喜欢你甚至一直挤兑你让你自己走，但是你的上级的上级或者说企业不想让你走，那说明你在某方面就有价值。

比如你与同类专业的人同时就职于相同专业领域，但是你的收入就是比一般的人高，除了偶然和你人际关系好或者比较会谈判工资以外，一定有比别人强的职业价值。

比如你能够解决同龄人、同学历人、同专业人不能解决的问题，那同事和领导都会高看你一眼。

比如在你工作的专业领域，你总是有别人没有的洞见、新见解、同事和领导也会为你骄傲。当然，体现职业价值的方面很多，由于时间的关系就不举更多的例子。

在了解了这些例子以后我们再回过来将职业价值进行概括，职业价值就是指职业人士应用专业技能在从事某方面工作时能够体现出或通过职业本身能够表现出对社会、组织和客户的不可替代的、正向作用。

二、职业人士为何一定要有职业价值

这个看上去是个不是问题的问题，但实际上隐含着非常重要的命题。为何一些人退休后依然高朋满座？依然被朋友尊敬？为何一些人虽八九十岁高龄但是气质依然清新并充满活力？为何在退休二三十年后业界仍然在传达你的观点？看上去是权力问题、养生问题、修养问题、专业造就问题，实际上这些原因背后的症结依然在**职业价值**。

职业价值是你收入丰厚的基础；职业价值是你立足社会和职场的利器；职业价值是你游走职场的自信心所在；职业价值是你升职加薪的前提；职业价值是实现自我的职业锚；职业价值是提升自我修养水平的内在功力。

三、近十年职业人士在职业生涯中应该汲取哪些经验和教训

许多职业人士大学毕业后或者留学回归后十几年，奔波劳累，但是收入、社会地位和自我实现感平平。为什么会这样？论智商不比别人低，论学历不比别人差，论吃苦耐劳精神付出不比别人少，甚至论人脉和关系网也不比别人差。

归纳起来，初入职场或者在职场中表现不好导致职业价值不高的原因主要有以下几个方面：

（1）好高骛远型。这种类型的职业人士仅仅看到一些成功人士在聚光灯下领奖的壮观场景，只看到“成功人士”在台上口若悬河讲成功经验，没有看到与这些成功人士一起起步还有很多人，他们或者业绩平平或者折戟沉沙；没有看到即使这些“成功”人士也是几度挫折、几度沉浮的过程。所以，为数不少的职业人士就是以这些所谓成功人士为自己的目标，这本无可非议，但是如果你不想夯实自己的职业基础、不想设计并实施自己的成长计划，或者走了错误的路线，这种“高大上”的目标可能成就不了你而且还有毁了你的风险。

（2）路线错误型。职业成长有自己的规律，作为职业人士应该创造条件、适应规律而不是违背规律、揠苗助长。

我们举一个具体的例子：

如果你有既做过 QC 又做过 QA 还做过生产管理或者工艺员岗位那是最好了，但是如果在三种岗位都有充分的职业历练一般要 15 年，本科 22 岁毕业加上 15 年就是 37 岁，如果职业生涯的每一步并不会完全如自己所愿，那就要过 40 岁，一般的职业人士很难为了一个部门经理熬到这个年龄。如果求其次，在这三个岗位中的一个走上质量部经理的岗位，哪个要更好呢？以笔者的职业生涯经验，最好是 QA，其次是生产管理或工艺员，再次是 QC。为什么？因为制药企业质量管理的核心也是质量管理部经理的工作核心，在事前预防而不是事后整改，等你已

经查出来不合格，那已经要付出代价。事前预防的关键在质量保证体系是否能够真正发挥作用。所以，QA 的职业历练对这个岗位是最为重要的，笔者在药企做总裁或董事长时，在决定质量部经理人选时，主要也是考虑这一点。一般来说，QC 出身的质量部经理更注重技术和细节层面的管理，遇到取舍时往往刚性更强，这本没有好坏之分，但是每一种岗位都有其特殊的职业导向和习惯。

再有药企总裁的人选需要怎样的职业履历？目前，从营销副总裁或营销总监岗位上上来的多，做营销的职业经理人做总裁的优势是上规模快，容易出成绩。但是缺点也显而易见，这些经理人历练太有限，他们很难在短时间内平衡研发、运营、人力资源、财务、战略之间的关系，而药企要想健康、持续发展，平衡实际上非常重要。如果单纯注重销售，长期下去药企的战略就简化成规模，研发、运营、人力资源、财务职能就简化成营销的附庸，单纯地为营销服务成为主流意识，这样的药企有现在缺未来。而由财务总监上来的经理人做什么都有成本意识，做什么都在财务上心中有数，但是容易放不开，没有把握的事不做，求稳倾向比较重。企业战略最大的操作方式就是放得开、收得住，容易错失良机。

这里不存在对由各个职能上来经理人的歧视或不满，而只是举例说明职业成长路线对实现目标的优势和劣势。

（3）基础不牢型。有些职业人士初出茅庐职业升级很快，这本无可厚非。但是，如果他（她）得意扬扬，浮在上层，以开会和听汇报创造业绩，那就比较危险。而如果自己知道自己的薄弱点，虽然职级上升但工作重心仍然在基层，愿意沉下去，未来就会好一些。

（4）耐力不足型。一些职业人士本来在职业生涯中一帆风顺，有些虽然并不“风顺”但磕磕绊绊地走过来了。这些人士业绩好，人缘好，上升通道优势明显，但耐力不足，具体体现在以下几个方面：

①职业或层级变了，自己还是用原来的眼光、视野、方法和手段。用老办法解决新问题，总是力不从心。

②听不进不同意见，总觉得自己无所不能。

③对于新层级、新问题需要新专业能力、新方法，但是准备不足。

主要原因在于陷入职业通道的职业人士只忙业绩，只关注关系，而忘了充实和提升自己。

比如随着自己职业的成功，对自己的人文素养要求也会越来越高，人文素养高有什么用呢？就是会提高你的职业认知能力。什么是职业认知能力？职业认知能力提高会在遇到新问题和老问题时，你能够迅速洞见到本质，能够知道这件事与其他事情的千丝万缕的联系。

不同的人在相同的职业生涯中，对社会、对自己、对家庭、对所在的企业会有不同的新认知，这些新认知会改善你的工作效果，而认知浅或者少的职业人士就会显得耐力不足，而那些认知深刻和认知多的职业人士在职业发力过程中就会显得后劲充足。

（5）风险型。一些职业人士职业生涯蛮顺利的，不论是职业稳定性、职级晋升速度还是收入增加速度都不错，但是，在面临职业陷阱、道德选择和进退时机等方面或者由于急功近利，太想成功了，或者由于没有预见到的风险，使自己在职业生涯巅峰坠落，后者使自己的职业生涯蒙受污点。

第八节　如何创造自己的职业价值

（1）知识。说到如何创造职业价值，我们必须回到职业人士的人生原点来思考？

如果以终为始来看待职业价值，实际上只有两个指标：首先，就是你的职业认知能力，这点方才讲过，在这个阶段必须深入挖掘；其次，就是对社会的贡献程度。实际上，职业认知和职业贡献也是一个事物的两个不同方面。

对认知这个词，笔者更愿意用“知识”来表述，但是容易与社会上通常所说的“知识”相混淆。社会上通常所说的知识，往往指一个人对现象和事物知道多少、知道的全面性怎样、真实性和客观性怎样。信奉这个层面知识的职业人士往往成为“百科全书”，他（她）们什么都懂点，什么都能说出点儿，什么论题都能够插上嘴，什么场合都少不了他们。但是缺乏深度、缺乏本质、缺乏联系。总之一句话：解决不了问题，不能给他（她）人、企业和社会带来价值。

笔者这里所说的知识，第一层面是对事物有翔实的了解，是真知道而且客观，对社会或者自己周边发生的事情有准确的判断。

职业人士且不可犯“百科全书”这样的错误，这往往反映了你的认识深度，可以说是职业“大忌”。

如果说第一个层面是说“知”，那第二个层面我们要说“识”，就是对事物的认识要有穿透力，要有更深的本质上的认识。第三个层面，要将对个别事物本质上的洞见和穿透力与其他事物进行联系，看看这一事物与其他事物之间的关系，是因果关系还是共生关系？是平行关系还是主次关系？还是没有关系？

到现在为止，我们讲到了知识的三个层面：客观认识知识、深度洞见和事物之间的联系。

举一个笔者亲身经历的案例；一家药企在北京的西南四环外，最近几年发展很好，仿制药一致性评价、两票制、“4＋7”集采、辅助用药和限抗都没有影响这家药企的发展。在科创板出来后，这家药企想在两年内实现创业板公开发行股票，所以发展措施要重新布局。其中，就想销售收入要在2018年基础上增长58%，满足上市规模方面的要求，但是，今天已经是4月下旬，第一季度实际增长只有12.8%。是不是指标定高了呢？这个指标实际上也是有充分根据的：2018年完成了全国各省（直辖市、自治区）的招标，完成了各地经销商签约，目标医院开发也有189家，占目标医院的69%，完成了产品进入医保流程。应该说，有这个基础完成这个目标是完全有可能的。但实际上是第一个季度没有完成，而且如果没有找到问题的原因直至症结，后面三个季度也难以完成。

这个问题的表象是什么呢？是销售收入没有完成。

为什么没有完成？可以毫不犹豫地讲，是销售人员不努力，或者销售总监无能，或者激励没有兑现，或者政策又变化了。

如果你稍做了解就会知道，销售收入增加如此高的幅度仅仅依靠新产品是难以完成的，如果能够老产品、新产品同时发力，那要好得多。事实上，这家药企恰恰在方案布局上存在重大漏洞，对老产品改进的措施不多，包括在老产品线激励机制、经销商管理等方面没有更有吸引力的措施，而将完成目标的宝全压到新产品上。这应该是导致一季度没有完成目标最为客观的原因。

但事情如果到此为止，笔者认为作为管理者和经营者的认知是不足的。

继续挖掘我们会发现，导致新老产品措施失衡的症结在决策机制。这家企业最终的年度措施是由总裁拍板的，而这位总裁是“成功人士”，一手将这家企业从年收入几百万元发展到目前收入近10亿元，利润总额近2亿元；博士学历，营销和研发都做过，可谓知识、履历、业绩都非常好。也正是由于这些“好”让这位总裁自觉得“无所不能”，听不进基层的意见，开会一言堂，决策自己做。在确定年度目标和措施时，实际上营销团队有整套的方案，挖掘了各方面的潜能，经过多次集体沟通，多次调查和研究。但是作为总裁没有能够听完主管营销副总裁的汇报就否决了基层的意见。这应该说是比较典型的决策本质性问题。

从这个案例可以看出，职业人士在知识上的三个层面缺一不可，尤其在“识”的层面。

（2）贡献。如果以终为始来看待职业价值，我们方才讲到了“知识”这个指标，第二指标就是对社会的贡献程度。无论你自私还是“大公无私”，企业、朋友、同事、社会对你的评价还是看你对社会的贡献，这种贡献不一定都是经济贡献，交多少税，赚多少钱，还包括思想、洞见等方面的贡献。

我们方才讲到知识的三个层面，实际上这三个层面无论多么优秀，必须落到对社会的贡献上才有价值，你的职业生涯才有价值，否则还是处于空对空的状态。

（3）注重成果。不论你是初出茅庐还是在职场已经有几年甚至十几年经验，你能够拿出来的是成果而不是过程，是本质而不是表象。

在职场工作的人士都会有或系统或粗糙的“岗位职责”，那里面列出了你要做的工作，完成的时间甚至完成的标准。你的上级甚至老板也会时不时地给你“添砖加码”安排工作。你的同事或者平行部门也会有一些工作需要与你协同，需要你的帮助和配合。

初出茅庐的职业人士往往会一头扎进工作，贪黑起早，努力完成，笔者钦佩这种精神，这也是职业人士必须有的态度。

但是，成熟或者说有经验和境界的职业人士在接到任务与目标时，会冷静下来去分析自己的职能、责任、目标、任务背后隐藏着怎样的成果需求。

这才是有价值职业人士与无价值职业人士在工作方面的本质区别。

要从复杂、交叉、众多的职能、责任、目标和任务中挖掘企业或上级需要的成果。然后你按照产生成果这个目标去重新设计工作路线图。所以，有职业价值的职业人士对每项职能、每项任务都会有自己独特的完成路线图，包括从哪里找到资源？需要哪个职位的帮助？向谁去澄清任务和目标细节？

然后你才可以有计划、有步骤地开展工作，这就是以终为始，以成果为目标，以达到事半功倍的效果。

（4）通过调查、思考、研究、讨论产生有价值并经得起时间考验的职业洞见，这是产生职业价值非常重要的前提和基础，有深度的洞见是产生成就的起点。职业洞见显然是职业人士产生职业价值不可或缺的项目，然而，在职场生活中多数人都会感觉到“俗人”多，浅尝辄止的见解多，人云亦云者多，有穿透力的见解少，能够直达本质的见解少，能够导致彻底解决问题的见解少。

职业人士怎样产生有价值的洞见呢？

①多人讨论。邀请与此件事情有关或知情人一起讨论，集思广益。这种方式确实不错，能够将大家的见解、思考与实践凝聚成共识和解决问题的办法，避免个别决策产生的偏见、漏洞。

但是，这种方式有一个明显的缺陷，就是大家对这件事的所知所想仅仅限于其平时的积累，既没有调查也没有研究，所以即使提出一些见解也难以有足够的深度。另外，每位参加讨论的人由于身份、角度、利益和关系不同，发言也会或多或少有所保留。

②咨询和请教专业人士。这也是一种好办法，毕竟比自己窝在办公室“苦思冥想”好得多，但是也会受“专家”立场、看问题的角度、经验等束缚。

③读书和材料。这种方式也不失为一种好办法，但一时难以找到有针对性的书，有的书二三百页真正有价值的观点就是几句话，所以读书如“大海捞针”，辛苦备至。对于想急切找到洞见的人有“远水不解近渴”之忧。

笔者在这里提出更具价值的“**调查、思考、研究、讨论四位一体价值模式**”。

调查：就是要深入现场，深入实际，取得第一手材料和情况，或者通过知情人座谈会、面谈来了解情况。

思考：仅仅有调查的一手材料和数据还不足以让你产生有价值的洞见，还应该对材料和事件进行思考、分析，“去伪存真、由表及里、由此及彼”，去发现和挖掘事实中有价值的事物。

研究：研究是在调查和思考基础上的进一步加工，需要挖掘事实真相背后的原因、症结，挖掘各种不同现象之间的关系和联系，包括因果关系、先后关系、协同关系等。研究一件事情发生的动因、过程、结果和未来趋势。

讨论：在进行调查、思考和研究的基础上再进行多人讨论，产生的成果就更贴近现实，更能从根本上解决问题。

为了形象地说明方才的方法，这里举一个非常具有普遍性的案例。

最近几年，如果你到多家制药企业去考察和参观，如果你在问他们面临的最现实的问题是什么？笔者相信多数企业管理者都会说员工流失率太高，尤其是骨干员工的流失让企业很惋惜也不知道怎么办才好，因为不是一家药企存在这样的困难，非常普遍。

笔者于2018年和2019年第一季度考察了差不多十家处于不同发展阶段、不同规模的药企，这些药企员工的年度流失率少则18.8%，多则78.6%，这里当然包括入职不满一年流失的。

从各家药企人力资源部门提供的员工离职谈话记录看，离职理由中的76.5%是由于工资偏低，21.1%是想回原籍发展，这两者加到一起就占整体流失率的97.6%。

事实果真是这样吗？如果你略加思考就会发现，有些药企的收入在当地同岗位中不仅不低而且偏高，有些所谓回原籍工作的员工实际上还在同一个城市工作，只是换了一个药厂而已。

事实和表象差距如此之大，必定有深层原因。

在对其中五家药企及已经离职后员工进行深入调查后发现，22%员工由于公司不公平而离职，31%员工由于感觉企业没有发展前途而离职，18%员工由于感觉受上级压制和欺负而离职，25%员工由于感觉收入低而离职，其余4%的原因就更分散。

根据这些进行研究，40%由于上级工作方法原因，实际上是可以克服起码是可以减少的的，而企业发展前途方面一部分是由于企业内部沟通不够，一些企业发展本来不错，但是企业由于保密原因不公开经营数据，而具体员工由于接触面窄，感觉企业没有前途。

再深入研究，通过改善非人力资源职能经理的人力资源素养、能力和中层干部与人相处的能力，是可以降低员工流失率的。

在这个基础上，再邀请企业人力资源和其他职能部门特别是各业务单元主管业务和人力资源的领导进行座谈和讨论，此件事情的原因、症结、解决办法都会产生。

这就是“**调查、思考、研究、讨论四位一体价值模式**”的价值和威力。

（5）丰富人文素养。职业人士，不论是从事某一方面技术或行政工作，或作为经理人从事经营和管理工作，从表面上看用到的都是你本专业的专业知识和经验。

实际上，任何知识和经验都不是孤立存在的，需要与其直接和间接相关知识及素养的支撑、协同。

职业人士怎样提高自己的人文素养呢？从哪些方面着手来提高呢？笔者这里做一些提醒，具体的方法还是要靠自己去探索，人的兴趣也不都一样。

当然，提高人文素养的方法方式很多，笔者这里由于时间的关系只讲几点关键的方面：读书、实践、思考、研究、讨论。

读书：人的一生太短暂，少则三五十年，多则百年左右，能够积累的经验和教训与人类有历史记载以来的五千年（易中天说 3700 年）相比太短暂，如果不吸取前人积累的经验和教训、知识和创造的精神和物质财富，每代人都从零开始生活，那我们可能还是处在原始社会的状况。我们不能总是用自己去试错，因为机会成本太高。怎么办？从别人、历史中汲取营养。书籍是人类认识世界、认识自己、逐步积累了几千年沉淀的结果，虽然历史上这些作者的知识水平、观点不同，写出的书也会掺杂自己的观点甚至偏见，但毕竟是一种积累。

如今每年全球出版的书有成千上万种，一个人即使想要用自己一生也读不完全球一年出版的书，那怎么办？**有选择地读书。**

怎么选择？这无法统一规定，要看自己的爱好、兴趣、从事的专业，而且一个人的一生每个时期读书的内容也不一样。

仅仅读书如果不思考，不将书中的思想与现实结合并解决现实问题，那就会沦为书呆子。《论语·为政》讲“学而不思则罔，思而不学则殆”是有道理的。

也有的朋友强调微信传播的文章属于“碎片化”，笔者倒是觉得整篇、整部书要读，“碎片化”的短文章、摘要也要读，而且可以利用等车、候机、坐地铁等零碎时间读，二者不可偏废，而且微信中有许多好的文章。

如果说除了以上几方面创造职业价值还有什么，那就是靠谱。什么叫靠谱？相信每位职业经理人心中都有自己的解释，都有一杆秤。

什么是靠谱？这个词本来是北方方言，现在成了流行语，是从“离谱”衍生出来的反义词，表示可靠、值得相信和托付的意思。不论你是多高的学历，多高的职位，赚多少钱，靠谱成为能够成就事业，能凝聚队伍，能够带领队伍冲锋陷阵非常重要的素质。

怎样被人称为是靠谱的人？增强确定性减少不确定性：做事有计划，承诺的就要完成，没有听明白的要问清楚，不能做的要及早告知，事情无论是否完成都要及时告知。做老板要靠谱，做经理人也要靠谱。

第六章

领导力篇

第一节　职业经理人的前世今生

现代意义上严格的职业经理人是指在一个所有权、法人财产权和经营权分离的企业中承担法人财产保值增值责任，全面负责企业经营管理，对法人财产拥有绝对经营权和管理权的职业，由企业在职业经理人市场（包括社会职业经理人市场和企业内部职业经理人市场）中聘任，而其自身以受薪、股票期权等为获得报酬主要方式的职业化企业经营管理专家。职业经理人是凭能力和业绩吃饭的人，而不是凭货币资本吃饭的人。现代人力资本理论将职业经理人与技术创新者共同称为人力资本。

与上述概念核心相一致，本文所说的职业经理人则更泛指不是所有者但对组织具有全局或局部（或职能或业务）经营和管理有重要影响的经营管理者。

这里的职业经理人核心概念有三个：

（1）必须是在一个组织中，不论是古代的诸侯国还是一个现代意义上的企业；

（2）必须在组织中起到非常重要的作用，可以是掌握全局的人，也可以是虽不掌握全局但分管对全局具有重要影响的某一方面；

（3）不是所有者，对组织没有最后索取权。

职业经理人是社会分工和专业化发展到一定历史阶段的必然产物，至于在历史上产生于何时、何人为第一位严格意义上的职业经理人已很难考证。不过在中国浩瀚如烟的历史典籍和民间代代相传中仍闪烁着若干光芒四射的以业绩和能力奠定历史地位的人物，他们自己不是老板，不是国王和皇帝，但是这些人以其智慧、勤勉和卓越业绩被后世传颂。

由于这些人物与现代意义上的职业经理人有很多相似的特点，笔者将这些人看作是职业经理人的前辈和早期雏形。

在回首中国两千多年诸侯治理和企业发展史时，首先映入脑海的是被称为“千古一相”的管仲。前685年春秋之际，齐国内乱中站在公子纠一边的失意商人管仲，被对手公子小白一方的鲍叔牙推荐出任相。管仲虽然经商并不成功，但是在经营和管理齐国过程中却体现出其高超的经济思想和才略，推动齐国成为春秋时期第一个霸主。

齐国在当时的诸侯中并不是疆域很大的国家，也不是当时的经济、交通和政治中心，但是管仲能够挖掘和盘活已有资源并善加利用，成就齐国霸业。史学家认为管仲“善因祸为福，转败而为功，贵轻重，慎权衡”。翻译成现代汉语就是管仲最擅长配置资源，提高效率，转祸为福，转危为安，以妥协和审慎重建各种秩序。这些特征无疑是现代企业家精神中最为宝贵的核心。作为“职业经理人”的管仲在齐国经营和治理方面成就卓越，最为后世所称道的是“四民分业、贸易兴国和盐铁专营”三项措施和思想。

卫国商鞅（前390－前338年）对后世的影响甚大而对其人和措施的争议也最大。其在秦国推行的“商鞅变法”是秦国最终完成统一最为强大的思想和措施，不论其在世还是被车裂以后，其思想和措施一直被历代帝王或明或暗所使用。

与管仲所处的时代不同，从商鞅生活的时代到秦朝统一中国，是当时意义上的“职业经理人”盛行的时代，一批批充满野心的读书人背负孤剑，行走于各国之间，凭其智识、表达能力和对目标国家针对性问题解决办法猎取功名富贵。

商鞅不是秦孝公“面试”的第一个“职业经理人”，商鞅也不是与秦孝公第一次见面就打动了秦孝公，而是三次分别用了帝道、王道、霸道三种治理理念，最后是霸道理念打动了秦孝公，秦孝公觉得这才是解决秦国当前问题并称霸诸侯的方法。商鞅以“治世不一道，便国不法古”的理念，分农耕、军战和中央集权三个阶段推动变法。商鞅变法虽然从设计到推行前后仅仅十余年时间，但是，由于其循序渐进、环环相扣，从思想到体制，从人到物无不浸透了变法思想，所以说商鞅的强国之术堪称中国乃至世界史上最为残酷和严厉的一种，是一次激进的国家主义试验，也是命令型计划经济的鼻祖。虽然对商鞅及其变法在历史上褒贬不一，但其核心理念一直以不同的面目存在至今，

与管仲和商鞅不同，这两位都是当时诸侯国的操盘手，而韩信作为“职业经理人”则只是在军功上独树一帜，他成就了刘邦和汉朝。韩信在汉朝创立过程中，虏魏、破代、平赵、下燕、定齐、潍水杀龙且，垓下破项羽，不愧为“汉初三杰”。

这里面有一点非常值得深思，商鞅与历史上所有人物不同，管仲凭经商和治国之才名满天下，韩信凭军功名留青史，而商鞅留下的则是一整套制度和措施，至今沿用的许多思想、制度如果追溯历史，恐怕有很多来自商鞅和当时的秦国。

当然，在繁若星辰的历史长河中还有许多“职业经理人”式的历史人物，如汉武帝时期的桑弘羊、战国时期范蠡，他们对所处的时代有很深的把握，都抓住了机会，与所处的平台融合在一起，建功立业。

企业发展历史上，被称为现代第一位职业经理人的是 20 世纪 30 年代通用汽车的斯隆。他之所以在 80 年后仍被后人所敬仰，不是他赚了多少钱，不是其作为 CEO 执掌通用汽车多少年，而是其能够认清当时外部环境并调整内部资源配置方式，凝聚起通用汽车内部思想和意志，既帮助通用汽车躲过 1930 年的经济大萧条危机，也开创了诸多现代公司治理的先河。至今全球多数企业都在享受他当时的思考、实践和探索。

在斯隆执掌通用汽车的岁月中创造了六项至今仍在使用的经营管理第一，具体内容如下：

（1）以市场需求制订生产计划。

（2）集团性企业资金集中管控，统一调配和使用。

（3）贷款买车。

（4）提出职业经理人的概念。

（5）提出主动报废概念。

（6）集团公司分权经营。

上述六项创新在现在看来是再简单不过的管理和经营手段，但是倒推到八九十年前则是了不起的创举，这些措施在不同的层面、以不同的方式推动了企业进步。

进入20世纪80年代到20世纪末，通用电气总裁杰克·韦尔奇被推崇为职业经理人的又一位骄子。韦尔奇初掌通用电气时，该公司的销售额为250亿美元，盈利15亿美元，市场价值在全美上市公司中仅排名第十位，而到1999年其御任时，通用电气实现了1110亿美元的销售收入（世界第五位）和107亿美元的盈利（全球第一位），市值已位居世界第二位。韦尔奇初掌通用时，通用旗下仅有照明、发动机和电力3个事业部在市场上保持领先地位。而在其御任时有12个事业部在其各自的市场上数一数二，如果单独排名，通用电气有9个事业部能入选《财富》500强。在韦尔奇执掌通用电气的19年中，通过重组和变革让通用电气重获新生，这一阶段，韦尔奇推行数一数二原则、六个西格玛标准和以全球公司为师的举措，共出售了价值110亿美元的子公司，解雇了17万名员工。同时，也买进了价值260亿美元的新企业。公司一路迅跑，并因此连续3年在美国《财富》杂志“全美最受推崇公司”评选中名列榜首。

进入20世纪80年代，全球经济进入空前变化、进步和全球化时代，以网络技术、新材料、生命科学为先导的技术革命推动企业进入空前的复杂和多变时代，在这一时期直至本文发稿时仍在继续。这一时期全球企业界诞生了更多卓越的职业经理人，如英特尔的CEO安德鲁·格罗夫、中国的王石都是现代职业经理人的优秀代表。

说到这里，笔者的第一个思考就是，为什么会产生职业经理人这一阶层？

（1）职业经理人是时代和组织发展到一定程度的历史产物。随着组织规模的扩大，业务和职能日趋复杂，竞争的激烈，不论是两千多年前的诸侯国还是现在的企业，为了生存和发展需要，客观上要求经营者知识结构日益复杂、经营管理必须系统并具备整体性，而且经常面临信息不完备、竞争压力巨大等难题，有时若干困难交叉。这是一个特殊的群体，需要经过学习、培养、锻炼和持续的心智修炼，完备的经营管理知识和经验。

（2）职业经理人是选择的产物，也是不断淘汰的产物。在几千年和近现代历史中有诸多职业经理人式的人物在不同的历史时期、在不同类型的企业、以不同的方式闪烁着耀眼的光芒。但也随时面临被淘汰的下场，所以职业经理人是风险极高的职业。

（3）职业经理人与科学家、专业工作者和操作的工匠不同。科学家、专业工作者和工匠是某一方面的专家，通过自己的智慧和劳动实现目标，而职业经理人这一阶层是通过整合资源、通过别人达成目标的人。

（4）职业经理人是社会分工的产物。随着组织规模扩大和业务及职能日益复杂，所有者需要解决的问题日益增多，无暇顾及日常的经营和管理活动；而组织的各个专业部门或队伍又急需协调、协同，职业经理人就应需而生。

（5）竞争加剧的产物。齐桓公之所以用管仲，秦孝公之所以用商鞅，刘邦之所以用韩信，无一不是竞争的需要。春秋后期和战国时期，由于不断的兼并，从上千家诸侯国逐步减少到几十家，周朝这个“中央政府”衰落，无法依靠行政手段管控诸侯国，诸侯国之间只有依靠自己的实力征伐扩大地盘或抵御被别国侵蚀。而实力在当时主要由两个因素组成：一个是财富特别是能够直接支持战争的财富；另一个就是能够指挥战争或富国强兵的操盘手人才（也就是现代意义上的职业经理人）。在春秋战国时期，采用这样职业经理人的诸侯国也不只齐国、秦国，但对后世影响大而又成功实现目标的就是这样几个诸侯国和职业经理型人才。

进入现代以后，资本主义体系最为发达的美国先后诞生诸多巨无霸型企业，这些企业多数均聘用外部职业经理人。这是由于激烈的竞争对企业掌门人的心智、经验、知识和与人相处的能力提出非常高的要求。仅仅靠企业内部继承、依靠血缘关系已经很难产生全球一流的经营者，客观上要求企业必须以全球视野找到操盘手，而格罗夫和韦尔奇则是这些经理人的典型代表。

（6）股份制企业的产生特别是公众公司的出现，股权分散化，已经没有哪家股东可以一言九鼎；国有企业的出现，没有谁可以不经授权就代表国家和人民集体，不得不采用公司治理结构，聘用一流职业经理人。

第二个思考，职业经理人的价值何在？

（1）创造业绩。这是聘用职业经理人最为重要的目的。特别是在不确定性时代、快速变化的环境、模糊的市场边界线情况下，企业生存本已很难，要突出重围，在千军万马中独占鳌头，赢得竞争，职业经理人必须创造业绩。

在现实中，一些职业经理人会以各种客观理由来解释业绩不佳的原因，包括政策原因、市场原因、环境原因，等等，但是或多或少回避了自身素质、能力和企业家精神的原因。

现实一再说明创造业绩无须理由。

（2）更宽阔的视野和更强的整合资源能力。企业家不论多么优秀，他（她）只能生活在他（她）自己创造的企业中，其经历和视野或多或少会受到限制。而职业经理人因为是经营和管理方面的专家，经历多家企业，视野当然更为宽阔。

（3）更客观。企业所有者或多或少会受资产、财富和企业历史的束缚，不能够在所有情况下打开思路并冲出束缚来客观看待企业，而职业经理人不是企业所有者，他（她）没有企业所有者这个包袱，看待经营中的是非问题、对错问题、价值问题往往会更客观、更理性。

第三个思考，职业经理人是一群什么样的人？

职业经理人是竞争的产物，是企业或组织发展到一定阶段的客观现象，越是环境复杂、多变，越是不确定性增强，越是竞争压力增大，越需要职业经理人大显身手。

所以职业经理人是这样一群人：

（1）经营、管理知识与经验丰富。他（她）们不是仅仅懂得企业经营的某一方面或某一领域，而是懂得经营管理的方方面面；不是仅仅知晓经营和管理的表面而是掌握本质；不是能够照葫芦画瓢，而是能够设身处地为服务企业着想，量身定做各种创新措施和战略。

（2）能够解决和处理复杂问题。在网络时代，许多经营和管理问题都呈现出与以往传统经营不同的特征，线性思维、平面思维、模仿思维和惯性思维已经不足以决策当前的问题。必须能够以更广阔的视野、战略视角和全局思维去系统设计经营策略和管理策略，使问题不发生或少发生而不是临旱掘井、遇水搭桥。

（3）有能力承担压力，承担复杂性，有时需要忍辱负重。没有强大的心理能力是无法承担的。

通用电气还为此提出职业经理人的4E品质：充沛的精力（Energy）；激发别人的能力（Energi zer）；敢于提出强硬要求——要有棱角（Edge）；执行的能力（Execute）——不断将远见变为实绩的能力。

这里需要说明的是，职业经理人不是天才，不是无所不能的人。

第二节　医药职业经理人修炼

缺少真正顶用的管理者，几乎是所有药企掌门人最头疼的事。如果你问药企掌门人，你聘用的职业经理人怎么样？对自己的管理层满意吗？相信许多掌门人会说：“别看职业经理人多而且工资高，但真正顶用的没几个。”在多数药企中，掌门人对自己聘用的职业经理人存在复杂的心理。用之不可心，离开又不行。从药企掌门人角度看职业经理人，归纳起来有如下几点：

（1）业绩达不到预想目标。

（2）业绩和能力与企业付出的薪水不符。

（3）能力尚可，但心不在企业。

（4）放权了但职业经理人接不起来。

而在职业经理人这边，则抱怨掌门人放权不够或表面放权，掌门人亲属和创业元老排挤，缺乏认可和信任，设定的经营目标过高，掌门人主意经常变，职业经理人无所适从，等等。

目前乃至可以预见的未来，医药产业正在从高速发展向高质量发展转变，从依靠过度营销向依靠疗效、技术和品牌营销转型，从依靠机会发展向依靠战略经营和精细管理发展过渡。在这一历史进程中，随着规模的不断扩大、业务越来越复杂、股权结构越来越多元化，掌门人无论多么优秀，家族多么庞大，都难以依靠自己或亲属包打天下，一定要用而且要用好职业经理人。作为职业经理人如何在中国医药产业登上制药强国这一波澜壮阔的历史进程中发挥独特的作用，如何找准自己的定位发挥特长和优势，如何与掌门人和全体员工一道在不同的平台上建功立业，并体现出自己和整个职业经理人阶层的价值，这是职业经理人必须直面的命题。

刚刚毕业的大学生包括完成硕士和博士学位的高知，羡慕职业经理人的高收入、高待遇，出行乘飞机，高铁坐商务舱，出入五星级酒店，不时在媒体露面，在各种论坛登台演讲，他（她）们将这看作成功的标志，殊不知，职业经理人的所谓成功充满苦辣酸甜。

一、丰富本领是职业经理人的第一要义

职业经理人最直接的本领就是能够因时因地因人因事熟练使用经营

和管理工具解决现实问题。如果这一点缺乏，其他方面再优秀都难以立足。换句话说，缺乏这一点就无法证明你优秀。

丰富本领具有多种途径。

最常见的途径就是读 MBA 或 EMBA。对于有多年经营管理经验的职业经理人，在经过 MBA 或 EMBA 案例式研讨和学习后，会打通经营管理的逻辑曲线，让多年实践在学习和思考中、在学习与自己的实践中融会贯通。但是千万不要以为读了 MBA 或 EMBA 就是合格的职业经理人，实际上还有很长的路要走。管理企业是一门实践的艺术。什么叫实践的艺术？就像弹钢琴，读再多琴谱，上再多钢琴课，看再多的演奏，不亲自动手弹就永远不会。也像开车，看再多的关于开车的书，与再多的人讨论如何开车，如果不是亲自开车练习就永远不会开车。我们在现实中也看到很多专业和行业都很对口的人，当被委以管理职位时很快被淘汰下来，反而是那些没有什么相关学历，一步步从基层干上来的人顶用。

实践，再实践。是不是实践了就能成为合格的职业经理人了呢？不一定。仅仅是实践，你至多会增加经历而不是经验，实践这门艺术需要在过程中思考、总结、比较、分析、归纳并加以概念。一句话，要用心去实践。

如果用心，一个人的实践是可以让职业经理人逐步成熟的，但仅此还不够，远远不够。如果你能够通过与不同职业经理人和专业工作者的沟通及交流，你的实践效能会倍增。特别是，你在一家企业从事管理工作，如果你能够凝聚大家的实践、认识、经验和教训，你会进步更快。这就是当今各种研讨会、论坛和私董会方兴未艾的重要原因之一。

二、选择平台

职业经理人能否发挥作用平台非常重要，许多在其他企业做出卓越业绩的职业经理人却在另一家企业折戟沉沙，有时不一定是职业经理人的能力出了问题，也不一定是他（她）不尽心，而是选错了平台。

要知道，处于这个时代的企业掌门人的性格、境界、胸怀、工作方法、习惯差别非常大，想聘请职业经理人的老板很普遍，但是并不是所有企业都适合职业经理人发展，企业掌门人聘请职业经理人的心态也非常复杂。

（1）在正式进入企业工作前甚至在接受聘书前要对企业进行详细了解，看看适不适合你，你能否实现企业提出的目标和愿景，更重要的是要掌握老板的工作方式方法以及这家企业内部的人际关系。

（2）不要仅仅为了高薪而签约。高薪是你创造价值的结果而不应是目的。如果这家企业给你的薪水远远高于给其他职业经理人的薪水，那更要注意。

（3）一些药企在一段时间的快速发展后处于困难阶段，老板急需一位“神”级操盘手带领企业走出徘徊局面。一般来说，这类药企存在问题的症结在老板自己，只是老板自己看不到或不想看到或者不想改，而老板不改变问题是不会自动消除的，即使是神一样的职业经理人也无法完成任务。

（4）老板总想出奇迹的药企不适合职业经理人。这类药企，掌门人一方面不放手、不授权，但制定的目标却出奇高，他（她）认为世界上总会有这样一位神人能够实现这个目标，所以总是不信任已经存在的职业经理人而仍然各处寻找更好的职业经理人，这注定是一场美丽的误会。

（5）一些药企实际上是不缺优秀职业经理人的，如诺华的前CEO、前以岭的总经理、前神威的副总裁都在一家企业工作过，这些人才在别的平台上做得有声有色，但到了这家药企这些知名职业经理人就成为“废材”，为何？原因和症结还在企业的掌门人。人是最能适应环境的动物，在一个好的老板手下，一般的管理者也会越干越能干；在一个差的老板手下，优秀的管理者也会越来越平庸。这如同烧砖，本来是好坯子，可是火候不当，就会烧成次品。所以，选择平台的核心是选择老板。

三、注重方法

（1）职业定位。一些职业经理人工作时间不长就读完了 MBA 或 EMBA，本事没涨信心涨了，整天想跳槽或者到一家企业做 CEO。殊不知这样的结果对自己未来的发展并不一定是好事。职业经理人处于经验和年龄的不同阶段应具有不同阶段的职业定位，这个阶段应该有个初步的职业规划，然后选择自己擅长又能发挥作用的平台及角色，在实践中去积累经验、历练自己的品格、境界和心智，一开始就好高骛远不利于自己长远和健康地发展。

（2）职业经理人切忌以“救世主”的心态进入企业，以为自己有跨国公司工作经历、有名校 MBA 学历就可以百战百胜。特别是进入的企业人才缺乏、整体素质不高时，职业经理人更容易滋生“救世主”心态和老虎进入羊群的感觉。这样的职业经理人尽管进入时是被千宠百爱，但在离开时十有八九会灰溜溜的。

（3）本来有一技之长的职业经理人如果带着“救世主”的心态开展工作，很可能会觉得自己不是拥有一技之长而是无所不能，什么都想管，看什么都不顺眼，都觉得不是自己想看到的，当你在上升时期，大家都忍了，都会默默支持你。一旦你出现过错，那接下来的落井下石者有之，群起而攻者有之，这就进入了自己在这家企业的下半场。

（4）不与老板比。一些职业经理人在工作一段时间以后喜欢与老板比，哪些方面、技能比老板强，哪些问题看得更透。这更是找死的方法。弥补老板的不足是职业经理人的天职，有时也是老板聘请职业经理人的初衷。另外，职业经理人不宜与老板争功，不能用职业经理人的眼光去看老板，不能以自己的角度去判断老板的对错。

四、心智和思想修炼

职业经理人是以业绩和能力立足的一个特殊阶层，面对的经常是陌生的世界、快速变化的环境和一座又一座高山，需要具备调节心智的能力。

（1）职业经理人特别是在商海中拼打多年的或多或少、或高或低会有一些成绩，但是切记不能躺在过去的成绩中，也不能模仿过去自己的成功前行。一定要泼了这半杯水，忘掉过去，继续前行。

（2）将学习、求知、思考特别是反思、总结、分析作为自己的习惯，对一些项目进行复盘。使自己始终保持谦逊、低调、渴望学习的状态并随时接受批评包括不切实际的批评。骄傲、自满、忘乎所以是所有人的忌更是职业经理人的大忌。

（3）实绩与传道。职业经理人既要有在变化和不确定性环境中找准方向、创造业绩的能力，也要有传道能力。传道会督促自己去总结和思考，也会改善你与周围人的关系，让大家理解你，你通过传道也会培养人才，提升你的凝聚力和亲和力，进而提升你的个人品牌。

笔者对职业经理人上述四项建议主要是基于以下理由：职业经理人在自己的职业生涯中，要逐步清晰自己的愿景目标、使命并创造和维护自己的品牌。一个真正成功的职业经理人，我们看到的是他在台上的辉煌，是高额的薪酬，是闪光的个人品牌。是什么在支撑着这些呢？是个人的愿景目标、使命和个人品牌在支撑着。

什么是个人愿景目标？就是你想成为什么样的人，如果你下定了决心并持续保持这种个人定位，你的思维、你的行为、你的心都会向着这个愿景目标，而且你周围的资源也会不自觉地理解和支持你的目标。有了这个目标，你就不会东撞西冲，不会分散资源和精力，不会浑浑噩噩去工作和生活。

确定自己的使命，就是你为什么活着？为什么做职业经理人？能给你服务的平台提供什么价值？以笔者自己为例，笔者57岁之前的使命是带领自己主导的企业，创造所掌握和影响资源条件下最好的境界与业绩并为优质成长的年轻人提供最好的机会。而在58岁以后，“无我成你”，教练和支持人才与药企实现更大的潜力并造福社会。这也符合笔者一直的价值观：价值、自由和成长。

职业经理人本没有固定的成长模式，一切因人因地而变化，借用通用电气前CEO韦尔奇提出的职业经理人4E品质结束本篇：充沛的精力（Energy）；激发别人的能力（Energi zer）；敢于提出强硬要求——要有棱角（Edge）；执行的能力（Execute）——不断将远见变为实绩的能力。

第三节　医药职业经理人“微三观”

不论是职业生涯规划还是职业导师或职业教练，重点都是强调人生观、世界观和价值观这“三观”在人生道路上的重要性。笔者认为这都很重要，但是作为职业经理人，仅仅完成这“三观”的修炼还不足以让自己的职业生涯更顺畅、更有价值、更容易实现自己的愿景目标和使命，还必须完成职业生涯中的权力观、信任观和自己人观这“微三观”的修炼。

一、权力观

在现代企业中，权力是企业制度设计和建设中最核心的一环，是推动各项工作进行、实现愿景目标和使命不可或缺的载体。但权力同时又是最为诡秘、变化最快的经营要素，有隐性和显性不同的表现形式。权力也是上下级博弈的一种工具，更是老板和职业经理人博弈的主战场。

作为职业经理人怎样看待权力对自己创造业绩的重要性？怎样看待权力对个人使命、价值和愿景目标的必要性？怎样使用权力？怎样规避权力对自己的危害？当然，也有的职业经理人在天天想如何获得权力，如何获得更多更大的权力。

毋庸置疑，在组织管理中多数企业都会按照权责匹配、职权一致、职责相等原则去设计，同时会有一整套权力互相制约的机制，防止滥权、擅权发生，也一定会有一个制度之外的系统来处理在制度失灵或失控状态时保证企业不偏离正轨的机制，这是常规。

作为职业经理人，一定不要被这套冠冕堂皇的制度体系、合规体系和纠错机制所蒙蔽。同样的制度体系和机制，在不同的企业，一家企业不同的时期，面对不同的掌门人都会有不同的表现形式。

在现实中我们经常看到一些药企新聘请的职业经理人特别是有在像辉瑞、施贵宝、华瑞、默克等跨国医药巨头工作经历的职业经理人，对权力特别看重，觉得没有权利或权力不足无法开展工作或无法实现目标。而企业老板，对权力也比较看重，在没有看到自己聘任的职业经理人的实际业绩、职业能力之前，在没有看到职业经理人能够正确用权和准备把握权力之前很少完全放权。

这就出现了一个无法回避的驳论，一方面需要权力去完成任务，另一方面权力无法完全下放，而且还要业绩，怎么办？笔者将此称为“有限权力下的业绩”。这种情况在当今和可以预见的未来，在药企中非常普遍。当然，在跨国医药巨头中规范性会好些，职业经理人的责权利边界线会更清晰一些。

在实际工作中，笔者也经常遇到这样的案例。位于山西的一家药企，有三五百人的员工队伍，对经理人的权力从书面上是赋予的，但是在实际工作中却无法实现，每一分钱都要老板批，否则寸步难行。药企的外包装工由于不直接接触药品，而且按件计酬，所以工资相对不高，员工流动性比较大，多数都是附近农村妇女。但是这家药企外包装工人职都要老板面试和批准，由于老板比较忙，所以缺员经常补充不上，影响供货。笔者问这位老板："外包装工的面试权可否交给车间主任和人力资源部门?"他说："杜总，这是人权，不能放，一放就乱。"在薪酬方面，有的药企都是请外脑设计的薪酬体系，比较规范和系统，但是在实际执行中，老板会抛开绩效管理和职业经理人按照自己的意愿给每位员工确定薪酬标准，久而久之那个原来设计好的薪酬体系就形同虚设，而企业则被冠以"不符合实际"的帽子。

面对这样的情况职业经理人怎么办？要么离开，要么消极忍受。笔者的建议是，如果这家药企的主流尚好，实际上可以在"有限权力"下积极、主动创造业绩，同时影响决策者。

作为经营者、管理者，推动工作和绩效的不仅仅是权力，还有你的专业能力、工作方法、个人影响力。而对后者笔者称为"软权力"。作为职业经理人，即使老板给了你足够的权力，如果你仅仅用权力来推动工作和业绩，副作用也会非常大。在现实生活中，我们经常看到一些职业经理人一朝有权全用尽，最后将自己扫地出门。

笔者最近接触到一家药企聘请了几位职业经理人，初进这家药企时，原有的职业经理人对其并不怎么认同，老板虽然表面上放权并支持，实际上也是将信将疑地使用。但是几个月下来，这几位职业经理人用心正，专业能力强，方法得当，懂得尊重人、培养人、容纳不同思想，不仅业绩见到曙光，也赢得原有经理人的认同和追随。在此情况下，掌门人也一定会支持和认同，接下来会有进一步的实质性放权，形成良性循环。

多用"软权力"增强"软实力"。

二、信任观

"信任"这个词本身就只有相对意义，世界上没有无缘无故的信任，也没有百分之百的信任，更没有单方面的信任。职业经理人与老板之间的信任，不论你的“出身”多么高贵，不论你与老板喝多少酒，承诺什么，不论你过去的业绩多么好，都要依靠一点一点的业绩、行为和感觉去积累。

职业经理人的卓越之处就在于在不完全信任中能够全力以赴而不仅仅是尽职尽责，不留后手、不留后路，道路才有无限选择。

三、自己人观

许多职业经理人将自己职业生涯中成功或不成功的原因归结为是否在企业中有“自己人”，认为没有自己人办事难上加难。用“自己人”开展工作容易一些在社会上也是有些共识的，不论在学术界、政界还是企业界几乎都是如此，所以我们看到诸多“一朝天子一朝臣”现象。同时，我们也看到“自己人”背后给职业经理人带来的巨大风险。

（1）由于认为自己是领导的“自己人”，有这位“大哥级”大牌职业经理人撑腰，所以不仅工作起来充满自信，有时还藐视其他非“自己人”。这样的背景，无论你城府多深、多能装，你骨子里的这种感觉会通过言语、手势甚至眼神体现出来，不可避免会得罪其他员工特别是圈外职业经理人，为自己出局埋下隐患。

（2）众多的“自己人”一旦有一位出现过错或失误都会连累所有的“自己人”甚至“大哥级”职业经理人。

（3）由于有“自己人”在政策、措施和经营管理的所有环节想做到一视同仁非常难，内外有别会加剧矛盾和冲突。有时即使“大哥级”职业经理人想公平处理，但是在非“自己人”感觉中也会有另外的看法。

所以要慎用“自己人”。

权力观、信任观、自己人观这“微三观”看似小事，对职业经理人则是大事，不可不察，不可不慎。

第四节　新时代医药职业经理人的三个维度

处在新时代的药企职业经理人将何去何从？职业经理人队伍会不会消失？药企职业经理人在新时代中需要掌握哪些创造价值的工具？职业经理人与药企的关系将怎样定位？

未来的医药职业经理人会有怎样的趋势？医药职业经理人如何在医药行业从高速增长向高质量增长过程中创造价值？

（1）定位越来越模糊。职业经理人作为社会分工中的一个阶层不会消失而会越来越重要，但是，由于环境、政策的不断变化和不确定性增强，新技术大量出现，新业态不断涌现，竞争从分散、要素层面向药企整体转移，企业中人的作用越来越大，而在药企中人的作用层面，职业经理人的作用会越来越凸显。为了稳定和激励职业经理人为药企发展做出更多、更大贡献，越来越多的药企会采取股权、期权、利润分享等激励措施，有些企业还会聘用经过实践考验优秀的职业经理人作为股东或合伙人，所以职业经理人在未来的定位会在职业经理人、股东、合伙人之间徘徊，会更模糊而不是更清晰。

（2）工作越来越国际化。过去我们一直在喊药企国际化，实际上真正的国际化才刚到来，这个标志不是中国加入 WTO，而是中国原食药监总局加入 ICH，“两会”上总理做的政府工作报告承诺降低关税和正在酣战的中美贸易战，如果说还有第四项因素，那就是改革开放以来中国药企练就的本事和经营经验积累，这四者叠加的结果，中国药企国际化和中国药品市场国际化才会真正实现。在医药国际化的背景下，职业经理人不仅要懂国际交往语言，还要有国际化的思维方式，国际化的经营手段和方法。

在过去，本土药企接收或者聘用了大量从跨国医药巨头回流的职业经理人，这些职业经理人带着跨国药企的光环进入本土药企。而未来的国际化的职业经理人绝不是镀金的国际化职业经理人，一定是具有国际化思维方式和价值准则，能够面对不同的市场规则并在错综复杂环境中能够赢的管理者。

（3）短期业绩型向短期业绩与长期价值平衡型转型。在过去的40多年特别是风投在中国遍地开花的十几年中，急功近利的业主多，有耐心坚持“长跑”型业主少；被投资方牵着鼻子走的多，能够将药企的长期价值做出来的少。随着中国改革开放进入新时代，经济进入新常态，急功近利的路越来越窄，药企掌门人的战略方向在转，越来越多的药企更注重自己的长远价值，对职业经理人的要求也在转型，会将短期业绩和长期价值的平衡作为主要用人导向，所以活跃在医药产业的职业经理人也要不断修正自己的价值导向和技能修炼方向。强化战略能力、运营能力和药企整体营销能力及品牌塑造能力的培养与积累，将所在企业品牌与自身品牌更多地结合起来。

（4）快速变化的环境催生越来越多和不断变化的企业经营模式与新业态。职业经理人如果想用过去熟悉的、刻板、守旧和简单的经营与管理办法已经难以成功，弄不好还有被淘汰的可能，所以面对新时代的职业经理人必须不断学习，不断思考，不断创新和探索。将平凡和被动的管理工作与创新性工作结合起来。不能吃老本，不能依靠十几年甚至二十几年前的业绩行在当下的道路上。

（5）从社会和产业角度看。一方面，当下医药经理人频繁跳槽；另一方面，药企频繁调整高层经营管理者。从《E药经理人》杂志等媒体药企高层变动的统计结果，仅2017年12月就有28家药企发布人事公告。其中，有18位药企高管辞职，包括恒瑞医药高管、辰欣药业董事、昆药集团总裁、益普生人力资源副总裁、美敦力中国区总裁、华海药业董事、以岭药业董事兼副总经理、财务负责人等。这些统计还仅限于上市公司的高级管理者，对非公开上市药企和药企中的职能部门职业经理人尚无确切统计。从 2017 年全年看，高管变动几乎涉及三分之二以上的药企。从笔者接触到的职业经理人和药企掌门人来看，初衷上，双方都想稳定，但现实中难以稳定。其中的原因非常复杂，有整个社会环境的原因，也有不同的职业经理人和掌门人个性的原因，还有药企发展阶段的原因。

从医药职业经理人的角度判断未来的走向，无论是社会机制还是药企需求，均没有一位职业经理人在一家药企永远做下去的理由和环境。这虽然出乎我们的初衷和预料但又是现实的，所以作为职业经理人要处理好对企业忠诚与加强自身能力、境界、品牌修炼和培养的关系，处理好在现在药企建功立业与保留体面离去的权力之间的关系。

（6）做真正能够提升价值的活动而不是看起来显得高效和努力。到现在为止，仍然有一些药企的掌门人希望职业经理人甚至员工能够做到经常贪黑起早、周六日加班，但也有越来越多的药企掌门人将过去这种“付薪买时间”的观念转变为“付薪买业绩”。所以，职业经理人做“真活儿”将是必然趋势。但是，过去早九晚五的有规律性工作将被更开放、弹性的时间所代替，竞争的激烈和环境的不确定性让职业经理人的时间变得碎片化，而移动互联网的兴起则为这种需求带来便利和可能，所以职业要求不可避免地造成工作与生活的不断碰撞，职业经理人要做好准备。

（7）新时代医药经理人面对诸多新的需求和环境，有时要回到职业生涯的出发点和根本上面去思考和行动，做好自己的“职业锚”。这个理论虽然出自美国专家埃德加·H. 施恩（Edgar. H. Schein），实际上对中国当下和未来的职业经理人具有至关重要的作用，不要被眼花缭乱的“新时代”所扰乱了内心。职业锚，是指当一个人不得不做出选择的时候，他无论如何都不会放弃的职业中的那种至关重要的东西或价值观。实际就是人们选择和发展自己的职业时所围绕的中心。

新时代医药经理人面对着新的环境和机遇，必须有新的察觉、新的认知、新的对策和新的改变并身体力行去尝试，在尝试中去取舍。

职业经理人在当前和今后相当长环境快速变化时期的药企工作，应把握住三个维度六个因素，即道与术、知与行、变与稳。

知行－道术－变稳模型见图6－1。

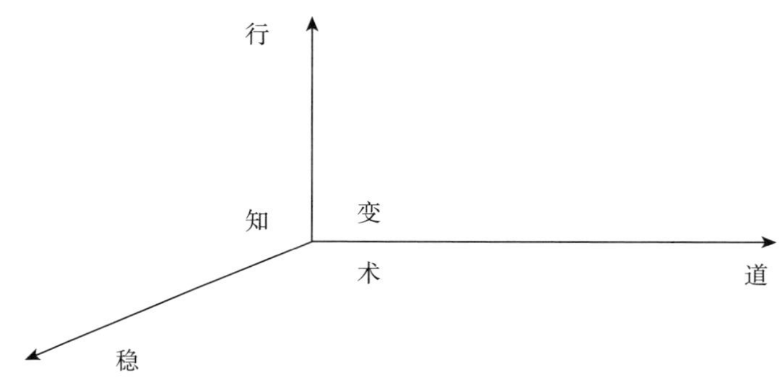

图6－1　知行－道术－变稳模型

职业经理人在职业生涯中既要掌握药企经营和管理的若干工具和技巧并知道在何时何种情况下对何团队使用，也要将这些术层面的技巧和工作上升到战略高度，能够抽象和概念到经营哲学高度，这是道的层面，这样就可以常驻自己意识中，在持续的职业生涯中运用到实践。

在知与行维度，职业经理人要有意识地锻炼自己的觉察能力和认识事物及其本质的能力，并能够将分散和看似各不相关的点联系起来分析与综合，同时要能够力行并取得结果，这种力行既包括亲力亲为也包括通过他人实现目标。中国古代哲学提倡知行合一，许多职业经理人对知行合一理解偏差很大，他们将知与行割裂去看和力行。以笔者的理解，所谓知行合一，就是知必须体现在行上，没有行或行没有达到目标就是不知。不存在有知没行或只行没知，知行合一是辩证的，也是统一的。

在变与稳这个维度，职业经理人更应该辩证地看待变与稳，没有绝对的稳，也不存在没有稳的变，一切都是相对的。

在道与术、知与行、变与稳这三个维度六个涉及医药职业经理人工作的因素中，道与术、知与行都要根据变与稳的程度去采取行动和把握。

第五节　药企掌门人如何与职业经理人相处

这里“药企掌门人”既指药企所有者或控股方，也指虽然不是药企所有者或控股方，但在药企发展中起着举足轻重的作用而且长期服务企业，依靠工资和奖金获取报酬的管理者，这些管理者不持有所在企业股份或持有的股份非常少。

纵观中国药企在改革开放 40 多年中职业经理人与掌门人相处的经验和教训，药企掌门人在职业经理人队伍成熟、发展和创造独特价值过程中一直起到不可或缺的作用。职业经理人专业水准提升、领导力优化、能否为药企创造更多更大价值，都与掌门人息息相关。本篇将重点分析药企掌门人与职业经理人相处的方式、方法。

在使用职业经理人方面，许多药企掌门人深深绕在心头最重要的一个问题就是：为什么同样的职业经理人在别的药企业绩辉煌而在我的企业却一塌糊涂？这一问题看似简单，实际上既涉及药企用人最为关键的观念问题，也涉及实际操作问题，还涉及看似不经意间双方相处的细节。21 世纪开始以来的 18 年是中国药企跨越式发展最为关键的时期，也是跨国药企中中国本土职业经理人回归数量最多的时期。

一、这期间药企掌门人在任用职业经理人方面遭遇困难最多的方面有以下几种

（1）僵化地看待职业经理人以前的业绩。用人只用以前有业绩而且业绩很好的职业经理人。这看似合理的命题实际上存在重大认知缺陷：

①按照这个理念美国总统都要在做过之后才有机会再次被选上，实际上多数美国总统都是一次性的，两届后东山再起者至今没有。

②在现实中特别是改革开放40多年来中国药企波澜壮阔的发展、转型中成功的药企及其管理者过去都没有相同、相类似企业的成功经验，也是一次性的，相反，倒是有些经理人在出现失误或波折后才取得成功。

③不论是药企还是其他企业甚至在任何组织中，成功都是不可复制的。成功都是内部资源、外部环境、时机、经营策略、职业经理人与掌门人配合的默契程度等多种因素的函数，可以说，因缘际会成就一时的业绩。在实践中我们经常会看到，同一位职业经理人在同一家企业的不同时期用同一种方法很难都成功；同一位职业经理人在不同的企业用同一种方法也很难完全成功。

④凡是带领药企持续成功的职业经理人一定是不断提高觉察力和内省能力，根据环境和资源最新变化情况采取措施的结果。

⑤一些职业经理人因为在前一家或几家药企有成功的案例或经历而不可一世，要价高，不能根据本药企的实际情况采取措施而总是搬用以前的方法，不愿意持续学习并缺少必要的谦逊和谨慎态度。

（2）既要求职业经理人必须创造出超出常规的业绩，又要求听话甚至言听计从。实际上，在中国医药产业环境快速变化和空前不确定性的情况下，能够取得一时或一个产品系列或一个环节的成功已属不易，不断提升竞争优势并持续取得成功则是难上加难，如果再要求职业经理人听话特别是言听计从，不仅难以实现而且会扼杀职业经理人的积极性和创造性，也会牺牲其专业水准。如果掌门人的想法或者缺乏依据或者不现实，则会让职业经理人非常为难。在现实中，几乎多数有一技之长或专业水准很高的职业经理人都有一些特殊的性格，如或比较直率或认准的方向很难改变。换句话说，既要听话又要有卓越业绩实际上是不可兼得的，掌门人必须对这点有清醒的认识和准备。

（3）不会倾听就不会沟通。许多药企掌门人在创业过程中表现非凡，但是，从草创向高水平运营转型过程中掌门人自己的认知水平并没有提高多少，虽然同时读很多MBA甚至超级MBA，参加过很多朋友聚会，酒没少喝。从掌门人角度沟通主要是以下三点：

①要有与职业经理人特别是关键岗位职业经理人主动沟通的意愿。任何职业经理人包括已经取得若干卓越业绩职业经理人都对与自己的直接上级或掌门人沟通抱有热切期待，但是由于级别差距、信任关系差距以及对掌门人心思不了解等因素，一些职业经理人在与掌门人沟通方面存在障碍，这时掌门人要主动甚至提供机会。

②一些掌门人认为我聘用你就是由于你是成熟经理人，不需要沟通你就应该做出成绩。

③一些药企掌门人自恃是企业控股方大权在握，不愿意与经理人沟通，让你做什么你就做什么。怎么经营企业还用沟通吗？有些掌门人躲避职业经理人，甚至一些职业经理人向掌门人汇报工作掌门人都要躲。这里面实际上有双方信任的问题，但是无论如何上下级之间的躲不是最好办法，即使让对方离开也是要通过沟通来解决。

二、职业经理人最怕什么

（一）怕没有规则

这里讲的规则主要是指职业经理人自己与掌门人之间的沟通和决策乃至默契规则，其次是企业制度和流程，最为重要的是就企业核心价值观、发展方向、战略乃至产品线和用人策略达成共识。如果药企掌门人与职业经理人在这几方面或其中的某些方面达成共识或默契，不仅会有助于沟通甚至还会为产生信任奠定基础。有规则则会减少双方的误解，降低沟通成本，甚至减少误解和摩擦。

（二）怕猜

一些掌门人有了决策不到万不得已不会宣布，有些即使宣布了也留一些内容让下级猜。大致的原因有以下几种：一是感觉还不是很成熟；二是习惯；三是考验职业经理人的悟性和情商；四是自己并不知道职业经理人或其他下级怎么想，有何期待。实际上，越是不成熟越需要沟通和讨论。

（三）怕掌门人反复无常

个别掌门人不仅仅是承诺的东西不兑现，在经营方面也是左右摇摆，让下级特别是关键岗位上的职业经理人左右为难。近几年来，药企经营环境、政策和竞争在急剧变化，药企的应对措施甚至战略也会进行调整，这是正常的。但是在变化的政策和环境背后隐含着不变的趋势，药企要想持续进步并创造竞争优势，仅仅根据环境和政策变化而变化还不足以长治久安。所以要掌握好节奏，让全体员工特别是职业经理人跟上掌门人的节奏。

（四）怕掌门人急功近利

我们偶尔会看到一些药企或在持续高速发展后陷入停滞，或在环境变化中处于弱势状态。掌门人往往把其归结为现在的职业经理人能力不行，所以频繁更换职业经理人；更有的掌门人认为自己很行而职业经理人不能够把自己的战略思想有效执行或变成现实。所以，每年都会提出无法达到的目标。

（五）问题的症结在掌门人自己，但掌门人自己并不准备改

这是许多药企出现问题和职业经理人感到为难的地方。药企在一位掌门人的经营下或者几十年或者几年，这个企业已经形成掌门人自己深深的烙印，不论是成就还是缺点，不论是文化还是经营业绩。但是，医药产业政策调整、环境的变化、人力资源的变化需要药企主动调整自己适应这些变化，而掌门人则将自己困在已有的“成功”之中，或者对问题、问题的原因乃至症结缺乏客观认识，或者认识到了但自己不想改

变，或者自己想改变但改变不了。

三、在目前和今后医药政策和环境继续变化及不确定性强的环境下需要怎么做

（一）掌门人必须清楚自己需要什么样的职业经理人

掌门人必须清楚你的药企在发展的不同阶段需要不同的职业经理人。有些职业经理人擅长药品研发，有些擅长医药技术，在技术方面“全才”很少，有的擅长化学药技术，有的擅长生物药技术，有的擅长重要技术，有的擅长资源整合，有的善于与人打交道，能够调动不同性格和特长的人的积极性和创造性，有的善于处理复杂问题，在混沌中辨清方向。当然，掌门人希望自己的职业经理人是全才，什么都能做，但实际很难找到这样的人。

同样，处于创业阶段的职业经理人与能够带领药企攀登下一个高峰的职业经理人乃至挽救下坡阶段药企的职业经理人也是不同的。能够伴随药企从创业阶段、上升阶段一直走下来的职业经理人并不多，需要不断充实、学习并调整自己，从客人心态调整为主人心态。

掌门人有时饥不择食，有时看中某位职业经理人过去的光环，有时一面之交或喝一顿酒就决心聘请，后来请神容易送神难。

（二）建立规则和默契

除了药企自己的制度、流程、标准以外，掌门人与职业经理人首先是要建立彼此的沟通办法、渠道和深度乃至沟通方式。其次是就企业的发展战略、关键措施、资源情况达成共识。没有这些，掌门人与职业经理人很难处久。

（三）掌门人与职业经理人必须也能够通过工作层面的互相了解和推心置腹的沟通建立信任关系

有些掌门人不敢这样，怕职业经理人如果业绩不好难以辞退，实际上大可不必担心，双方如果能够推心置腹，很少业绩会特差，即使达不到要求而不得不辞退，能够推心置腹的职业经理人与掌门人也会很好处理此事并减少后遗症。

（四）改进掌门人自己的认知差距

中国医药产业的掌门人学习能力强、商业敏感、吃苦耐劳是三项全球都公认的。在创业和经营过程中读了很多名校 MBA，从北大和清华的 MBA 读到中欧的 MBA，有的甚至参加很多游学之类的学习活动。在经营技巧等方面丝毫不比跨国药企差，在某些方面还更强些。

但是，在认知方面的差距比较大。什么是认知力？认知力是指一个人的主观对非主观的事物的反映能力。认知力越高，反映越接近事物的本质。人的认知能力包括：观察力、记忆力、想象力、注意力。一些药企掌门人觉得我已经将自己的企业做这么强大了，这样成功，怎么会存在认知力不足问题。我们应该认识到，中国高速发展的动力有企业自身的作用，也与世界发展大势、中国经济市场化有非常密切的关系，掌门人千万不要过高估计自己的作用。能够在从现在到未来的竞争中存活下来并再上新台阶的企业才是成熟的。这 40 年中国药企没有经过太多太大特别是翻天覆地的风浪，有些药企就是国家保护和支持的产物。解决企业家认知力问题，用传统的 MBA 和灌输式学习难以解决，需要企业家提升内省能力，寻找职业教练，采用持续的一对一的教练来解决你的个性问题。

（五）倾听的技巧和提问的技巧

一些药企掌门人长期掌握权力、资源，逐步从创业时期谦逊、学习和实事求是变为骄傲、封闭、武断。“所谓沟通就是靠骂，所谓业绩基本靠吓”，一些汇报没有结束，掌门人已经没有耐心听下去，就会打断，告诉下级如何做。

在未来的竞争中，企业家必须提高倾听能力和提问能力。

第一个层面的倾听是“听而不闻”；第二个层面的倾听是“敷衍了事”；第三个层面的倾听是“选择地听”，只听自己喜欢和认知范围内的内容；第四个层面的倾听是“专注地听”；第五个层面的倾听是“具备同理心的倾听”。这是领导力最为关键的部分。

提问的能力呢？一些药企掌门人觉得自己会问，但在职业经理人层面或第三方来看，你往往问不到点上。首先是无助于了解事实真相，其次是不能通过问问题启发下级积极思考。

掌门人与职业经理人相处既是一家药企人力资源最为关键的事情，也是掌门人与人相处能力最直接的体现。处理好了就是双赢，处理不好就会双输，不得不谨慎。

四、让私董会为医药企业家创造价值

有位企业家说过下面这段话：“梦想是企业家一次孤独的履行。人类的局限是人人都有自我。我们的一生长期受制于我们的身体、思想、财富、名誉、地位、成功经验和失败教训。快速迭代是当今企业家最稀缺的一种能力，以自我为中心的企业，经常陷入成长的困境中，其根本原因实际上是作为这个企业的带路人困于成长的陷阱，不能超越自己，战胜自己。”笔者认为这段话说出了当今企业家特别是药企掌门人的心态和状况。

改革开放以来成长起来的企业家，在国家整体经济生活从计划经济向市场经济转轨过程中曲折、茁壮成长，也有些专家称这一时期的医药企业家是“活在不成熟时代的成功中”，这些野蛮生长的中国企业家具有三个方面的鲜明特点：商业洞察力强、勤奋、孤独。

面向未来，始于2015年下半年的医改特别是2017年医改政策由中央深化改革领导小组统筹，重要文件由“两办”联合下发，这预示着这一轮的医改新政已经上升到国家层面。与此相关，药企生存机制、竞争制胜机制正在发生历史性变化，原来医药企业家熟悉的环境和许多竞争手段在今后不管用了，新的环境政策条件下采用什么方式赢得竞争优势还在探索之中。与此同时，经济增速从10%回落到6.5%左右，药企边际风险增加，违法成本高，市场不确定性、波动性、不确定性、模糊性、复杂性都在增强。

企业内部适应企业家变化的速度跟不上企业家思想的变化速度，得力人才“缺乏”。在这样的双重压力下，处于药企最顶端的企业家虽然外表光鲜、激情十足，但实际其内心孤独感会更强，焦虑会加剧，同时无助感、无力感油然而生。这些都无法与家人商量，无法与朋友商量，更无法与同事、下属商量。

这是何等扭曲的工作状态？长此以往，对医药企业家自己，对药企甚至对整个医药产业埋下极大的风险。

怎样化解医药企业家的这种焦虑、孤独、无助和无力感？目前各位企业家经常使用而且比较娴熟的途径包括读MBA、参加企业家沙龙、同行业企业家聚会、参加医药产业各种论坛、读书、药企内部交流和研讨。毫无疑问，这些都或多或少、或轻或重会改善医药企业家的孤独感、无助感和无力感。但是，MBA毕竟是研究过去的案例而且很少是药企的案例，当今以新网络技术为代表的技术进步以及政策转型，仅仅读MBA有不解渴之感。医药行业的企业家聚会和沙龙当然沟通的都是当下和产业内部的事情，但是保密性差，大家难以说真话。参加各种论坛，虽然会开阔眼界和视野，但是扣到自己企业的问题距离还很远。读书可以充实企业家自己，但这是与作者交流而作者的书是固定的，激发灵感效果有限。药企内部交流是激发思想的好途径，但是当企业家自己主持或者参加会议时，下属难免有畏惧心理，也很难说真话。

实践一再证明，规范的私董会可以对症解决这些困难。

专业的私董会邀请10～18位同量级、不同细分市场和产品的企业家在一起，就这些企业家提出的关于企业发展或企业家个人困惑的难题通过有效和科学的交流流程，通过这十几位企业家之间的脑力震荡和激发，加上主持人私董会总教练的引导和推动，深度认识问题，挖掘问题产生的原因和背景，找到解决问题的途径。由于一个私董会小组一年几次定期聚会、人员固定，长期坚持，所以许多从中受益的企业家称私董会是企业家的精神家园。从私董会诞生到在全球实践几十年的经历和在中国十几年的效果看，给企业家带来的效果是明显的。

私董会通过哪些方式对参加的企业家产生价值呢？

（1）私董会不是采用传统的讲课、讲座这样你教我学的方式，而是由小组中的一位成员提出一个现实问题，引起所有参加者的思考、分享、交流这样的脑力激荡，提出问题者通过参与交流和受同伴启发，加上自己的深度思考，产生行动计划。

（2）解决的不是陈旧和过去式的问题而是鲜活的现实问题。

（3）对问题的提出、对问题原因的挖掘，对解决问题途径和办法的激荡都是同伴激发和引领而案主自己做出的选择和决策，无关他人，所以自我实现感强，对由讨论问题而产生的知识吸收效果好，对行动计划落实也积极主动。

（4）参加小组的同伴都是同量级高手，有同频效应，思想和境界既互补又有共鸣，容易激发彼此的新思想。

（5）多行业或者即使在同一个大行业也不会在一个细分市场和产品类里，而且私董会内的保密制度已经提高到私董会生命线的高度，没有泄密风险。所以参加者可以说真话，不能与同事、政府部门、朋友、家人、下属等讲的话都可以在私董会说，这会大大改善解决问题的进度和质量。

（6）在这样的私董会中，大家都是平等的，不论参加者是行业龙头还是世界五百强，没有中心，没有权威，大家在平等的氛围中交流，有助于产生新的和真的思想。

（7）这里的发言不会有通常会议和论坛中经常发生跑题、重复表述、长篇大论等会议痼疾，时间也会有很好的把握，这样的交流会透彻和简单。

（8）在这里信任是基础，全体成员会带着关怀挑战对方，目的是共同成长。

有了私董会，医药企业家将不再孤独，在面对快速变化的产业环境，面对各项不确定性，面对内外挑战时，会多一分从容和自信，因为有私董会这个温馨、理性和有价值的精神家园。

愿有更多的医药企业家认识到私董会的价值并积极参与，成就自己和自己主导的药企。

后　记

为什么要写这本书

中国医药产业正在发生规则和生态重构，这种变化对于正在成长中的中国医药产业既是改革开放以来最大的坎，也是对未来产业走向影响最具指标性的趋势，为数不少的药企正在经历痛苦的蜕变过程，是化蛹为蝶还是蛹残蝶灭就要看药企自身的认知和选择。笔者正是在这巨变的三十年中分别在不同的制药企业作为经营者亲身经历了这一历史进程，有实践、有探索、有思考。这本书就是笔者长期以来实践、探索、思考的结果。本书中个别篇章的核心内容和观点曾分别在《医药经济报》《医药地理》《经济要参》等报刊发表。

为什么要写这本书？总的来说有以下三方面的动力：

第一，痛心于资源和时间的浪费。

自改革开放以来，药界同仁披星戴月、孜孜以求，资源没少投入，钱没少花，但是真正具有全球水平的药不多，得到全球认可的药企寥寥无几，而患者付出的成本、原料药生产给社会造成的污染与日俱增。为什么？以我们的体制优势、勤劳智慧的人民和极具企业家精神的经理人，本应该让百姓以更低的付出享受到更优良的药品。笔者相信一定有原因，也一定有办法来解决这一问题。对此，笔者进行了长时间思考、探索，希望本书的出版能够激发业界同人共同思考。

第二，管理作为一门科学、艺术和实践手艺是改革开放后的舶来品。

作为世界上最善于学习的民族之一，改革开放以来中国人读西方管理书，读西化的MBA，从跨国药企聘用职业经理人，到外资企业学习。刚接触这些理论恍然大悟，以为找到了救命稻草，找到了做好自己药企的金钥匙，但是三四十年后进行评估，实际上效果差强人意。

为什么？是拜师拜错了吗？没有。但为何结果不理想？笔者认为错的不是老师，而是我们自己，我们丢掉了初心去学，往往不得要领。希望借助本书与业界一起思考。

第三，掌门人就是做好药企的“金钥匙”。

笔者57岁从制药企业决策岗位退下后，倒净了自己仅有的“半杯水”，全身心投入系统性的教练理念、技能和实践训练并从事私董会、职业教练和战略咨询。以职业教练和私董会领教角度回过头来看医药产业，觉得本可以做得更好。究其原因，核心在掌门人。掌门人就是做好药企的“金钥匙”，只要这把“金钥匙”对自己的认知、对自己掌握药企的认知、对产业环境和发展趋势认知达到一定深度，这家药企就一定有未来。本书在一定意义上就是给千千万万掌握药企命运掌门人的，以期激发他们的深度思考，知己胜己。

基于以上原因，本书的特殊价值包括以下内容：

第一，本书注重对产业认知的推动。

中国医药产业市场化进程不过近40年时间，变化是客观和不可回避的，如化学药、中成药、生物药、医疗器械乃至化学药的制剂和原料药等不同的子领域也不一样，国际先进企业发展环境、政策和进程与中国也不一样，所以中国医药产业发展既应借鉴其他国家、子领域的经验教训，同时又不能照抄照搬。这一切都有一个不容回避的前提，就是对不同时期产业发展状况和趋势的认知，透过种种现象，穿过迷雾，直抵本质。本书特别强调和阐述了对产业环境、政策的认知方法，这是把握战略和运营不可或缺的基础。实践重要，正确和有深度的认知则是保证实践朝着正确方向推进的前提，离开这个前提的实践是没有价值的。

第二，本书强调经营的系统性。

中国药企 40 年的市场化进程，成绩有目共睹，缺点也非常痛心，如果能够有更强的系统性，以 40 年消耗的资源今天中国的医药产业本可以更好，为百姓贡献更多高水平、安全和价格合理的药品。应该说 40 年走了不少弯路，资源投向左右摇摆，总是解决自己前期造成的问题，这些都是系统思考不够的结果。

第三，本书重视战略和企业家的战略思考能力。

更重要的是将战略与执行和领导力相结合，形成“战略－执行－领导力”魔鬼三角方程式，使战略本身就具有执行和落地的资源与能力，从而解决了长期以来一直困扰药企战略落不了地的问题。

第四，本书强调运营体系建设。

很多药企研发和营销做得都不错，但整体运营效果不彰，原因可能很多。但运营体系空白和紊乱都是主要原因，所以即使有先进的战略、先进的产品也难以有良好结果。

第五，本书将人力资源放到经营体系中去考虑，强调人力资源对企业发展的能动作用。

这既是笔者经营企业使多家企业起死回生的法宝，也是快速变化环境下变不确定性为确定性的核心。

经营没有万全之策但有有效的方法，管理没有诀窍但需要用心去体验和实践。只要掌门人和各级管理者心无旁骛，踏踏实实去实践企业的使命，企业一定会蒸蒸日上。希望各位读者能够从本书中汲取到你所需要的营养。

致 谢

严格来说，这本书用去了我五六年时间，或者说囊括了从 1982 年参加工作以来所有的实践、探索、感悟和思考。这些观点、感悟和思考散落在书的不同位置，需要各位读者在阅读中去“遇见”和挖掘，能否遇见，遇见后是否会擦肩而过，而且每一个观点不同的读者会有不同的理解，仁者见仁智者见智，就要看各位读者的“功力”，至此，我才理解了刘禹锡“千淘万漉虽辛苦，吹尽黄沙始到金”的意义。

感谢在这些文章成形过程中提出意见、建议的朋友！没有业内各位朋友的支持和期望，就不会有这些文章，更不会有本书。特别感谢《医药经济报》和刘莉老师！感谢《医药地理》杂志和微信公众号以及李梦姣老师！在中国医药产业处于激烈转型时期帮助我在这两个媒体发表大量的文章。感谢自己三十八年在企业经营、管理、执行一线的经历、思考和探索！没有自己的实践就不会有大量一手素材和思考。感谢古今中外先贤和大师留给我那么多书和其他文献，让我能够在实践的基础上不断升华自己的境界和战略思考水平！感谢我夫人孙敏老师！下班后两人分别在各自的书房查找资料、切磋文字，虽然她不懂我所在的医药行业，我也不懂她所在的教育行业，但还是能够挑出很多毛病并互相鼓励。感谢本书编辑马优老师！是您的辛勤努力和高水平指导让本书具有更高的价值。

愿这点文字能够见证中国医药产业从出发到辉煌直至转型这一时期中一位职业经理人的实践、探索、感悟和思考。

本书在撰写过程中参考了以下书籍，特向作者和出版者致以真诚的谢意！

（1）《执行：如何完成任务的学问》，作者：拉里·博西迪和拉姆·查兰，机械工业出版社；

（2）《高效能人士七个习惯》，作者：斯蒂芬·柯维，中国青年出版社；

（3）《U 型理论》，作者奥托·夏莫，浙江人民出版社；

（4）本书还引用了一些专家和公开出版物的观点，限于条件至出版时为止尚未联系到相关人士，在此一并致谢并请有关人士与作者联系，作者邮箱：duchen@ vip. sina. com。

推荐作者得新书！

博瑞森征稿启事

亲爱的读者朋友：

感谢您选择了博瑞森图书！希望您手中的这本书能给您带来实实在在的帮助！

博瑞森一直致力于发掘好作者、好内容，希望能把您最需要的思想、方法，一字一句地交到您手中，成为管理知识与管理实践的桥梁。

但是我们也知道，有很多深入企业一线、经验丰富、乐于分享的优秀专家，或者忙于实战没时间，或者缺少专业的写作指导和便捷的出版途径，只能茫然以待……

还有很多在竞争大潮中坚守的企业，有着异常宝贵的实践经验和独特的洞察，但缺少专业的记录和整理者，无法让企业的经验和故事被更多的人了解、学习……

对读者而言，这些都太遗憾了！

博瑞森非常希望能将这些埋藏的“宝藏”发掘出来，贡献给广大读者，让更多的人从中受益。

所以，我们真心地邀请您，我们的老读者，帮我们搜寻：

推荐作者

可以是您自己或您的朋友，只要对本土管理有实践、有思考；可以是您通过网络、杂志、书籍或其他途径了解的某位专家，不管名气大小，只要他的思想和方法曾让您深受启发。

可以是管理类作品，也可以超出管理，各类优秀的社科作品或学术作品。

推荐企业

可以是您自己所在的企业，或者是您熟悉的某家企业，其创业过程、运营经历、产品研发、机制创新，等等。无论企业大小，只要乐于分享、有值得借鉴书写之处。

总之，好内容就是一切！

博瑞森绝非“自费出书”，出版费用完全由我们承担。您推荐的作者或企业案例一经采用，我们会立刻向您赠送书币 1000 元，可直接换取任何博瑞森图书的纸书或电子书。

感谢您对本土管理原创、博瑞森图书的支持！

推荐投稿邮箱：bookgood@126.com　　推荐手机：13611149991

企业案例·老板传记

	书名．作者	内容/特色	读者价值
企业案例·老板传记	**你不知道的加多宝：原市场部高管讲述** 曲宗恺　牛玮娜　著	前加多宝高管解读加多宝	全景式解读，原汁原味
	借力咨询：德邦成长背后的秘密 官同良　王祥伍　著	讲述德邦是如何借助咨询公司的力量进行自身与发展的	来自德邦内部的第一线资料，真实、珍贵，令人受益匪浅
	娃哈哈区域标杆：豫北市场营销实录 罗宏文　赵晓萌　等著	本书从区域的角度来写娃哈哈河南分公司豫北市场是怎么进行区域市场营销，成为娃哈哈全国第一大市场、全国增量第一高市场的一些操作方法	参考性、指导性，一线真实资料
	六个核桃凭什么：从0过100亿 张学军　著	首部全面揭秘养元六个核桃裂变式成长的巨著	学习优秀企业的成长路径，了解其背后的理论体系
	像六个核桃一样：打造畅销品的36个简明法则 王　超　范　萍　著	本书分上下两篇：包括“六个核桃”的营销战略历程和36条畅销法则	知名企业的战略历程极具参考价值，36条法则提供操作方法
	解决方案营销实战案例 刘祖轲　著	用10个真案例讲明白什么是工业品的解决方案式营销，实战、实用	有干货、真正操作过的才能写得出来
	招招见销量的营销常识 刘文新　著	如何让每一个营销动作都直指销量	适合中小企业，看了就能用
	我们的营销真案例 联纵智达研究院　著	五芳斋粽子从区域到全国/诺贝尔瓷砖门店销量提升/利豪家具出口转内销/汤臣倍健的营销模式	选择的案例都很有代表性，实在、实操！
	中国营销战实录：令人拍案叫绝的营销真案例 联纵智达　著	51个案例，42家企业，38万字，18年，累计2000余人次参与……	最真实的营销案例，全是一线记录，开阔眼界
	双剑破局：沈坤营销策划案例集 沈　坤　著	双剑公司多年来的精选案例解析集，阐述了项目策划中每一个营销策略的诞生过程，策划角度和方法	一线真实案例，与众不同的策划角度令人拍案叫绝、受益匪浅
	宗：一位制造业企业家的思考 杨　涛　著	1993年创业，引领企业平稳发展20多年，分享独到的心得体会	难得的一本老板分享经验的书
	简单思考：AMT咨询创始人自述 孔祥云　著	著名咨询公司（AMT）的CEO创业历程中点点滴滴的经验与思考	每一位咨询人，每一位创业者和管理经营者，都值得一读
	边干边学做老板 黄中强　著	创业20多年的老板，有经验、能写、又愿意分享，这样的书很少	处处共鸣，帮助中小企业老板少走弯路
	三四线城市超市如何快速成长：解密甘雨亭 IBMG国际商业管理集团　著	国内外标杆企业的经验＋本土实践量化数据＋操作步骤、方法	通俗易懂，行业经验丰富，宝贵的行业量化数据，关键思路和步骤
	中国首家未来超市：解密安徽乐城 IBMG国际商业管理集团　著	本书深入挖掘了安徽乐城超市的试验案例，为零售企业未来的发展提供了一条可借鉴之路	通俗易懂，行业经验丰富，宝贵的行业量化数据，关键思路和步骤

互联网＋

	书名．作者	内容/特色	读者价值
互联网＋	**新营销** 刘春雄　著	新营销的新框架体系是场景是产品逻辑，IP是品牌逻辑，社群是连接逻辑，传播是营销逻辑	助力品牌商实现由传统营销到新营销的理念和行动的跨越，助力企业打赢升级转型之仗
	企业微信营销全指导 孙　巍　著	专门给企业看到的微信营销书，手把手教企业从小白到微信营销专家	企业想学微信营销现在还不晚，两眼一抹黑也不怕，有这本书就够

续表

互联网+	**企业网络营销这样做才对:B2B大宗B2C** 张　进　著	简单直白拿来就用,各种窍门信手拈来,企业网络营销不麻烦也不用再头疼,一般人不告诉他	B2B、大宗B2C企业有福了,看了就能学会网络营销
	互联网时代的银行转型 韩友诚　著	以大量案例形式为读者全面展示和分析了银行的互联网金融转型应对之道	结合本土银行转型发展案例的书籍
	正在发生的转型升级·实践 本土管理实践与创新论坛　著	企业在快速变革期所展现出的管理变革新成果、新方法、新案例	重点突出对于未来企业管理相关领域的趋势研判
	触发需求:互联网新营销样本·水产 何足奇　著	传统产业都在苦闷中挣扎前行,本书通过鲜活的案例告诉你如何以需求链整合供应链,从而把大家熟知的传统行业打碎了重构、重做一遍	全是干货,值得细读学习,并且作者的理论已经经过了他亲自操刀的实践检验,效果惊人,就在书中全景展示
	移动互联新玩法:未来商业的格局和趋势 史贤龙　著	传统商业、电商、移动互联,三个世界并存,这种新格局的玩法一定要懂	看清热点的本质,把握行业先机,一本书搞定移动互联网
	微商生意经:真实再现33个成功案例操作全程 伏泓霖　罗晓慧　著	本书为33个真实案例,分享案例主人公在做微商过程中的经验教训	案例真实,有借鉴意义
	阿里巴巴实战运营——14招玩转诚信通 聂志新　著	本书主要介绍阿里巴巴诚信通的十四个基本推广操作,从而帮助使用诚信通的用户及企业更好地提升业绩	基本操作,很多可以边学边用,简单易学
	阿里巴巴实战运营2:诚信通热卖技巧 聂嵘海　著	诚信通TOP商家赚钱的密码箱,手把手教你操作,拿来就用	图文并茂,内容齐全,直接可以对照使用
	抖音营销如何做:未来抖商 刘大贺　著	解密从0到1亿粉丝的实操路径,深度剖析抖音营销全系统策略	企业做抖音营销的第一书
	微商团队长:从入门到精通 罗品牌　著	由浅入深,涵盖微商团队长必学技能的方方面面	只要照着做,就能当好微商团队长
	互联网精准营销 蒋　军　著	怎么在互联网时代整体策划、包装品牌和产品,并在此基础上为企业设计商业模式,技术实现并运营落地	为有基础的小微企业(大企业的新项目)1年实现销售额过亿,2年对接资本,3年左右准IPO
	今后这样做品牌:移动互联时代的品牌营销策略 蒋　军　著	与移动互联紧密结合,告诉你老方法还能不能用,新方法怎么用	今后这样做品牌就对了
	互联网+"变"与"不变":本土管理实践与创新论坛集萃·2016 本土管理实践与创新论坛　著	本土管理领域正在产生自己独特的理论和模式,尤其在移动互联时代,有很多新课题需要本土专家们一起研究	帮助读者拓宽眼界、突破思维
	创造增量市场:传统企业互联网转型之道 刘红明　著	传统企业需要用互联网思维去创造增量,而不是用电子商务去转移传统业务的存量	教你怎么在"互联网+"的海洋中创造实实在在的增量
	重生战略:移动互联网和大数据时代的转型法则 沈　拓　著	在移动互联网和大数据时代,传统企业转型如同生命体打算与再造,称之为"重生战略"	帮助企业认清移动互联网环境下的变化和应对之道
	画出公司的互联网进化路线图:用互联网思维重塑产品、客户和价值 李　蓓　著	18个问题帮助企业一步步梳理出互联网转型思路	思路清晰、案例丰富,非常有启发性
	7个转变,让公司3年胜出 李　蓓　著	消费者主权时代,企业该怎么办	这就是互联网思维,老板有能这样想,肯定倒不了
	跳出同质思维,从跟随到领先 郭　剑　著	66个精彩案例剖析,帮助老板突破行业长期思维惯性	做企业竟然有这么多玩法,开眼界

续表

行业类:零售、白酒、食品/快消品、农业、医药、建材家居等			
	书名.作者	内容/特色	读者价值
零售·超市·餐饮·服装	**总部有多强大,门店就能走多远** IBMG 国际商业管理集团 著	如何把总部做强,成为门店的坚实后盾	了解总部建设的方法与经验
	超市卖场定价策略与品类管理 IBMG 国际商业管理集团 著	超市定价策略与品类管理实操案例和方法	拿来就能用的理论和工具
	连锁零售企业招聘与培训破解之道 IBMG 国际商业管理集团 著	围绕零售企业组织架构、培训体系建设等内容进行深刻探讨	破解人才发现和培养瓶颈的关键点
	中国首家未来超市:解密安徽乐城 IBMG 国际商业管理集团 著	介绍了乐城作为中国首家未来超市从无到有的传奇经历	了解新型零售超市的运作方式及管理特色
	三四线城市超市如何快速成长:解密甘雨亭 IBMG 国际商业管理集团 著	揭秘一家三四线连锁超市的经验策略	不但可以欣赏它的优点,而且可以学会它成功的方法
	新零售 新终端 迪智成咨询团队 著	梳理和提炼新零售的系统打法,将之落地在新终端建设上	让新零售这一看似形而上的商业概念有了可以落地的立足点
	新零售动作分解:建材 家居 家具 盛斌子 著	第一本锁定在家居建材、家电、家装等耐用消费品领域谈新零售的书	第一本谈新零售的具体动作、策略、方法、招术的书,拿来就用
	新零售进化趋势与未来格局 李政权 著	通过业态、品类、体验、场景等,逐一呈现新零售的未来进化	就新零售未来的发展方向与进化趋势给出一个确定性的未来
	涨价也能卖到翻 村松达夫 【日】	提升客单价的 15 种实用、有效的方法	日本企业在这方面非常值得学习和借鉴
	移动互联下的超市升级 联商网专栏频道 著	深度解析超市转型升级重点	帮助零售企业把握全局、看清方向
	手把手教你做专业督导:专卖店、连锁店 熊亚柱 著	从督导的职能、作用,在工作中需要的专业技能、方法,都提供了详细的解读和训练办法,同时附有大量的表单工具	无论是店铺需要统一培训,还是个人想成为优秀的督导,有这一本就够了
	百货零售全渠道营销策略 陈继展 著	没有照本宣科、说教式的絮叨,只有笔者对行业的认知与理解,庖丁解牛式的逐项解析、展开	通俗易懂,花极少的时间快速掌握该领域的知识及趋势
	零售:把客流变成购买力 丁 昀 著	如何通过不断升级产品和体验式服务来经营客流	如何进行体验营销,国外的好经营,这方面有启发
	餐饮企业经营策略第一书 吴 坚 著	分别从产品、顾客、市场、盈利模式等几个方面,对现阶段餐饮企业的发展提出策略和思路	第一本专业的、高端的餐饮企业经营指导书
	餐饮新营销 杨 勇 程绍珊 著	在新环境下,对餐饮营销管理进行了全面深入的解读,提供了方式方法	全面性、系统性,区别于市面上的纯操作类作品
	电影院的下一个黄金十年:开发·差异化·案例 李保煜 著	对目前电影院市场存大的问题及如何解决进行了探讨与解读	多角度了解电影院运营方式及代表性案例
	赚不赚钱靠店长:从懂管理到会经营 孙彩军 著	通过生动的案例来进行剖析,注重门店管理细节方面的能力提升	帮助终端门店店长在管理门店的过程中实现经营思路的拓展与突破
耐消品	**商用车经销商运营实战** 杜建君 王朝阳 章晓青 等著	从管理到经营,从销售到服务,系统化运作全指导	为经销商经营开阔思路,掌握方法
	汽车配件这样卖:汽车后市场销售秘诀 100 条 俞士耀 著	汽配销售业务员必读,手把手教授最实用的方法,轻松得来好业绩	快速上岗,专业实效,业绩无忧

续表

耐消品	**润滑油销售:这样说这样做更有效** 张金荣　著	针对渠道、经销商、终端的超实用话术	上车看,下车用,3分钟就能学会。
	新经销:新零售时代,教你做大商 黄润霖　著	从选址、产品、促销、团队、规模阐述新经销变与不变的市场手法和操作思路	实地拜访近100位经销商在传统营销手法上的创新、新营销工具的发现
	珠宝黄金新营销 崔德乾　著	营销、品牌、产品、连接、场景、社群、服务、传播、管理及产业价值链	新营销在珠宝行业的实战应用,业内必备第一书
	跟行业老手学经销商开发与管理:家电、耐消品、建材家居 黄润霖　著	全部来源于经销商管理的一线问题,作者用丰富的经验将每一个问题落实到最便捷快速的操作方法上去	书中每一个问题都是普通营销人亲口提出的,这些问题你也会遇到,作者进行的解答则精彩实用
白酒	**酒水饮料快消品餐饮渠道营销手册** 朱伟杰　著	主要针对快消品(酒水、饮料)的餐饮渠道,提供了区域、商圈、不同业态的规划和促销安排等多种工具,并提出了经销商、批发商等相关人员的管理方法	一本酒水饮料如何在餐饮渠道销售的全能手册,内容深入翔实,可以直接照搬套用,这样的便利简直千金不换
	白酒到底如何卖 赵海永　著	以市场实战为主,多层次、全方位、多角度地阐释了白酒一线市场操作的最新模式和方法,接地气	实操性强,37个方法、6大案例帮你成功卖酒
	变局下的白酒企业重构 杨永华　著	帮助白酒企业从产业视角看清趋势,找准位置,实现弯道超车的书	行业内企业要减少90%,自己在什么位置,怎么做,都清楚了
	1. 白酒营销的第一本书(升级版) **2. 白酒经销商的第一本书** 唐江华　著	华泽集团湖南开口笑公司品牌部长,擅长酒类新品推广、新市场拓展	扎根一线,实战
	区域型白酒企业营销必胜法则 朱志明　著	为区域型白酒企业提供35条必胜法则,在竞争中赢销的葵花宝典	丰富的一线经验和深厚积累,实操实用
	10步成功运作白酒区域市场 朱志明　著	白酒区域操盘者必备,掌握区域市场运作的战略、战术、兵法	在区域市场的攻伐防守中运筹帷幄,立于不败之地
	酒业转型大时代:微酒精选2014－2015 微酒　主编	本书分为五个部分:当年大事件、那些酒业营销工具、微酒独立策划、业内大调查和十大经典案例	了解行业新动态、新观点,学习营销方法
快消品·食品	**中国快消品营销的这些年** 史贤龙　著	作者精华文章的合集,一本书浓缩了过去十五年,中国营销的实战历程与前沿思考	快消品营销行业的案例和方法都原汁原味呈现,在反映当时风貌的同时,展望与反思
	营销中国茶:2小时读懂茶叶营销 史贤龙　著	从不同视角对中国的茶营销进行了思考,内容涉及中国茶产业战略困境、茶企规模化、茶品牌崛起、茶文化、茶营销、茶消费、茶零售、茶道等	内容丰富扎实,文字流畅,浓缩的都是精华,让你2小时读懂茶叶营销
	这样打造快消品标杆市场 罗宏文　著	帮助你解决如何成功打造标杆市场和进行持续增量管理两大问题	一套系统的方法论,通俗易懂,可以直接套用
	5小时读懂快消品营销:中国快消品案例观察 陈海超　著	多年营销经验的一线老手把案例掰开了、揉碎了,从中得出的各种手段和方法给读者以帮助和启发	营销那些事儿的个中秘辛,求人还不一定告诉你,这本书里就有
	快消品招商的第一本书:从入门到精通 刘　雷　著	深入浅出,不说废话,有工具方法,通俗易懂	让零基础的招商新人快速学习书中最实用的招商技能,成长为骨干人才
	乳业营销第一书 侯军伟　著	对区域乳品企业生存发展关键性问题的梳理	唯一的区域乳业营销书,区域乳品企业一定要看

续表

快消品·食品	**金龙鱼背后的粮油帝国** 余　盛　著	讲述金龙鱼品牌及母公司丰益国际的商业冒险故事	在精彩的阅读体验中学到营销管理的方法
	食用油营销第一书 余　盛　著	10多年油脂企业工作经验，从行业到具体实操	食用油行业第一书，当之无愧
	中国茶叶营销第一书 柏　龑　著	如何跳出茶行业"大文化小产业"的困境，作者给出了自己的观察和思考	不是传统做茶的思路，而是现在商业做茶的思路
	调味品企业八大必胜法则 张　戟　著	八大规律性的关键成功要素，背后都有本土调味品企业的成功实践	"观点阐述＋案例描述"，行业必读
	调味品营销第一书 陈小龙　著	国内唯一一本调味品营销的书	唯一的调味品营销的书，调味品的从业者一定要看
	快消品营销人的第一本书：从入门到精通 刘　雷　伯建新　著	快消行业必读书，从入门到专业	深入细致，易学易懂
	变局下的快消品营销实战策略 杨永华　著	通胀了，成本增加，如何从被动应战变成主动的"系统战"	作者对快消品行业非常熟悉、非常实战
	快消品经销商如何快速做大 杨永华　著	本书完全从实战的角度，评述现象，解析误区，揭示原理，传授方法	为转型期的经销商提供了解决思路，指出了发展方向
	快消品营销：一位销售经理的工作心得2 蒋　军　著	快消品、食品饮料营销的经验之谈，重点图书	来源与实战的精华总结
	快消品营销与渠道管理 谭长春　著	将快消品标杆企业渠道管理的经验和方法分享出来	可口可乐、华润的一些具体的渠道管理经验，实战
	成为优秀的快消品区域经理（升级版） 伯建新　著	用"怎么办"分析区域经理的工作关键点，增加30%全新内容，更贴近环境变化	可以作为区域经理的"速成催化器"
	销售轨迹：一位快消品营销总监的拼搏之路 秦国伟　著	本书讲述了一个普通销售员打拼成为跨国企业营销总监的真实奋斗历程	激励人心，给广大销售员以力量和鼓舞
	快消老手都在这样做：区域经理操盘锦囊 方　刚　著	非常接地气，全是多年沉淀下来的干货，丰富的一线经验和实操方法不可多得	在市场摸爬滚打的"老油条"，那些独家绝招妙招一般你问都是问不来的
	动销四维：全程辅导与新品上市 高继中　著	从产品、渠道、促销和新品上市详细讲解提高动销的具体方法，总结作者18年的快消品行业经验，方法实操	内容全面系统，方法实操
农业	**饲料营销有方法：策略　案例　工具** 陈石平　著	跳出饲料看饲料，根据饲料营销的关键成功要素（KSF）提出7大核心命题	紧跟农牧产业发展大势，提高饲料企业营销竞争力
	新农资如何换道超车 刘祖轲　等著	从农业产业化、互联网转型、行业营销与经营突破四个方面阐述如何让农资企业占领先机、提前布局	南方略专家告诉你如何应对资源浪费、生产效率低下、产能严重过剩、价格与价值严重扭曲等
	中国牧场管理实战：畜牧业、乳业必读 黄剑黎　著	本书不仅提供了来自一线的实际经验，还收入了丰富的工具文档与表单	填补空白的行业必读作品
	中小农业企业品牌战法 韩　旭　著	将中小农业企业品牌建设的方法，从理论讲到实践，具有指导性	全面把握品牌规划，传播推广，落地执行的具体措施
	农资营销实战全指导 张　博　著	农资如何向"深度营销"转型，从理论到实践进行系统剖析，经验资深	朴实、使用！不可多得的农资营销实战指导
	农产品营销第一书 胡浪球　著	从农业企业战略到市场开拓、营销、品牌、模式等	来源于实践中的思考，有启发
	变局下的农牧企业9大成长策略 彭志雄　著	食品安全、纵向延伸、横向联合、品牌建设……	唯一的农牧企业经营实操的书，农牧企业一定要看

续表

医药	**在中国，医药营销这样做：时代方略精选文集** 段继东　主编	专注于医药营销咨询15年，将医药营销方法的精华文章合编，深入全面	可谓医药营销领域的顶尖著作，医药界读者的必读书
	医药新营销：制药企业、医药商业企业营销模式转型 史立臣　著	医药生产企业和商业企业在新环境下如何做营销？老方法还有没有用？如何寻找新方法？新方法怎么用？本书给你答案	内容非常现实接地气，踏实谈问题说方法
	医药企业转型升级战略 史立臣　著	药企转型升级有5大途径，并给出落地步骤及风险控制方法	实操性强，有作者个人经验总结及分析
	新医改下的医药营销与团队管理 史立臣　著	探讨新医改对医药行业的系列影响和医药团队管理	帮助理清思路，有一个框架
	医药营销与处方药学术推广 马宝琳　著	如何用医学策划把"平民产品"变成"明星产品"	有真货、讲真话的作者，堪称处方药营销的经典！
	医药行业大洗牌与药企创新 林延君　沈　斌　著	一方面，围绕着变革，多角度阐述药企的应对之道；另一方面，紧扣实践，介绍近百家医药企业创新实践案例	医改变革10年，医药企业如何应对大洗牌？重磅出击的药企人必读书
	新医改了，药店就要这样开 尚　锋　著	药店经营、管理、营销全攻略	有很强的实战性和可操作性
	电商来了，实体药店如何突围 尚　锋　著	电商崛起，药店该如何突围？本书从促销、会员服务、专业性、客单价等多重角度给出了指导方向	实战攻略，拿来就能用
	OTC医药代表药店销售36计 鄢圣安　著	以《三十六计》为线，写OTC医药代表向药店销售的一些技巧与策略	案例丰富，生动真实，实操性强
	OTC医药代表药店开发与维护 鄢圣安　著	要做到一名专业的医药代表，需要做什么、准备什么、知识储备、操作技巧等	医药代表药店拜访的指导手册，手把手教你快速上手
	引爆药店成交率1：店员导购实战 范月明　著	一本书解决药店导购所有难题	情景化、真实化、实战化
	引爆药店成交率2：经营落地实战 范月明　著	最接地气的经营方法全指导	揭示了药店经营的几类关键问题
	引爆药店成交率：专业化销售解决方案 范月明　著	药品搭配分析与关联销售	为药店人专业化助力
	处方药合规推广实战宝典 赵佳震　著	推广体系搭建、推广人员岗位工作内容、推广服务外包商管理等六个方面	解决"医药代表转型"和"推广服务外包商管理"的困惑
	医药代理商实操全指导：新环境　新战法 戴文杰　著	结合医药市场政策环境解读新环境下医药招商的战法，着重分析药品产业链的盈利机会	医药销售业务人员的必备读物
	攻略基层诊所：医药营销这样做 张江民　著	对基层诊所的开发、维护和动销，拿来就用的方式方法	实战是本书的主旨，只要用心去看，就能在基层诊所市场中运用
	互联网医药的未来 动脉网　编著	介绍了互联网医药发展的现状与趋势	帮助创业者和投资人看清未来，把握当下
	处方药零售这样做 田　军　著	阐述了处方药零售的重要性，以及做处方药零售市场的具体措施和方法	系统性了解和掌握处方药零售方法
建材家居	**成为最赚钱的家具建材经销商** 李治江　著	从销售模式、产品、门店等老板们最关注和最需要的方面解决问题、提供方法	只要你是建材、家具、家居用品的经销商老板，这就是一本必读的书
	定制家居黄金十年 韩　锋　翁长华　著	梳理了定制家居的商业模式和发展情况	帮助定制家居看清方向，把握当下
	家具建材促销与引流 薛　亮　李永峰　著	十大促销模式的详细方法和工具	让你天天签大单

续表

建材家居	**家具行业操盘手** 王献永　著	家具行业问题的终结者	解决了干家具还有没有前途？为什么同城多店的家具经销商很难做大做强等问题
	建材家居营销：除了促销还能做什么 孙嘉晖　著	一线老手的深度思考，告诉你在建材家居营销模式基本停滞的今天，除了促销，营销还能怎么做	给你的想法一场革命
	建材家居营销实务 程绍珊　杨鸿贵　主编	价值营销运用到建材家居，每一步都让客户增值	有自己的系统、实战
	家居建材门店 6 力爆破 贾同领　著	合盘道出一线品牌销量秘籍	6 力招招见血，既有招数，又有策略
	建材家居门店销量提升 贾同领　著	店面选址、广告投放、推广助销、空间布局、生动展示、店面运营等	门店销量提升是一个系统工程，非常系统、实战
	10 步成为最棒的建材家居门店店长 徐伟泽　著	实际方法易学易用，让员工能够迅速成长，成为独当一面的好店长	只要坚持这样干，一定能成为好店长
	手把手帮建材家居导购业绩倍增：成为顶尖的门店店员 熊亚柱　著	生动的表现形式，让普通人也能成为优秀的导购员，让门店业绩长红	读着有趣，用着简单，一本在手、业绩无忧
	建材家居经销商实战 42 章经 王庆云　著	告诉经销商：老板怎么当、团队怎么带、生意怎么做	忠言逆耳，看着不舒服就对了，实战总结，用一招半式就值了
工业品	**销售是门专业活：B2B、工业品** 陆和平　著	销售流程就应该跟着客户的采购流程和关注点的变化向前推进，将一个完整的销售过程分成十个阶段，提供具体方法	销售不是请客吃饭拉关系，是个专业的活计！方法在手，走遍天下不愁
	解决方案营销实战案例 刘祖轲　著	用 10 个真案例讲明白什么是工业品的解决方案式营销，实战、实用	有干货、真正操作过的才能写得出来
	变局下的工业品企业 7 大机遇 叶敦明　著	产业链条的整合机会、盈利模式的复制机会、营销红利的机会、工业服务商转型机会……	工业品企业还可以这样做，思维大突破
	工业品市场部实战全指导 杜　忠　著	工业品市场部经理工作内容全指导	系统、全面、有理论、有方法，帮助工业品市场部经理更快提升专业能力
	工业品营销管理实务 李洪道　著	中国特色工业品营销体系的全面深化、工业品营销管理体系优化升级	工具更实战，案例更鲜活，内容更深化
	工业品企业如何做品牌 张东利　著	为工业品企业提供最全面的品牌建设思路	有策略、有方法、有思路、有工具
	丁兴良讲工业 4.0 丁兴良　著	没有枯燥的理论和说教，用朴实直白的语言告诉你工业 4.0 的全貌	工业 4.0 是什么？本书告诉你答案
	资深大客户经理：策略准，执行狠 叶敦明　著	从业务开发、发起攻势、关系培育、职业成长四个方面，详述了大客户营销的精髓	满满的全是干货
	两化融合管理系统贯标流程与方法 戴　勇　张华杰　张百荣　编著	全面梳理贯标流程和方法	帮助企业成功贯标
	一切为了订单：订单驱动下的工业品营销实战 唐道明　著	其实，所有的企业都在围绕着两个字在开展全部的经营和管理工作，那就是“订单”	开发订单、满足订单、扩大订单。本书全是实操方法，字字珠玑、句句干货，教你获得营销的胜利
金融	**交易心理分析** (美)马克·道格拉斯　著 刘真如　译	作者一语道破赢家的思考方式，并提供了具体的训练方法	不愧是投资心理的第一书，绝对经典
	精品银行管理之道 崔海鹏　何　屹　主编	中小银行转型的实战经验总结	中小银行的教材很多，实战类的书很少，可以看看

续表

金融	**支付战争** Eric M. Jackson　著 徐　彬　王　晓　译	PayPal 创业期营销官，亲身讲述 PayPal 从诞生到壮大到成功出售的整个历史	激烈、有趣的内幕商战故事！了解美国支付市场的风云巨变
	中外并购名著专业阅读指南 叶兴平　等著	在 5000 多本并购类图书中精选的 200 著作，在阅读的基础上写的读书评价	精挑细选 200 本并一一评介，省去读者挑选的烦恼，快捷、高效
	新三板信息披露全流程：操作与工具 和珩科技　著	详细拆解董秘日常工作过程中所需的信息披露流程	董秘案头必备用书
	成功并购 300 本：一本书搞定并购难题 浩德军师并购联盟　著	从财务，税务，法律等角度详细解答疑问	能解决 80% 的并购问题
	互联网时代的银行转型 韩友诚　著	以大量案例形式为读者全面展示和分析了银行的互联网金融转型应对之道	结合本土银行转型发展案例的书籍
房地产	**产业园区/产业地产规划、招商、运营实战** 阎立忠　著	目前中国第一本系统解读产业园区和产业地产建设运营的实战宝典	从认知、策划、招商到运营全面了解地产策划
	人文商业地产策划 戴欣明　著	城市与商业地产战略定位的关键是不可复制性，要发现独一无二的“味道”	突破千城一面的策划困局
	中国城市群房地产投资策略 吕俊博　著	全方位、多角度分析城市群房地产现状是趋势	让亿元资产投资更理性、更安全
	电影院的下一个黄金十年：开发·差异化·案例 李保煜　著	对目前电影院市场存大的问题及如何解决进行了探讨与解读	多角度了解电影院运营方式及代表性案例
能源	**全能型班组：城市能源互联网与电力班组升级** 国网天津市电力公司　编著	借鉴国内外优秀企业的转型升级思路，通过对于新型班组组织模式和运行机制的大胆设想，力图构建充分适应内外环境变化的全能型班组	看看庞大的国企在新环境下是如何顺应时代的
	国网天津电力全能型班组建设实务 国网天津市电力公司　编著	本书聚焦于天津电力公司在探索全能型班组转型升级时的优秀实践	电力行业的班组实践，具体、可操作性强

经营类：企业如何赚钱，如何抓机会，如何突破，如何“开源”

	书名．作者	内容/特色	读者价值
抓方向	**让经营回归简单．升级版** 宋新宇　著	化繁为简抓住经营本质：战略、客户、产品、员工、成长	经典，做企业就这几个关键点！
	混沌与秩序Ⅰ：变革时代企业领先之道 **混沌与秩序Ⅱ：变革时代管理新思维** 彭剑锋　尚艳玲　主编	汇集华夏基石专家团队 10 年来研究成果，集中选择了其中的精华文章编纂成册	作者都是既有深厚理论积淀又有实践经验的重磅专家，为中国企业和企业家的未来提出了高屋建瓴的观点
	活系统：跟任正非学当老板 孙行健　尹　贤　著	以任正非的独到视角，教企业老板如何经营公司	看透公司经营本质，激活企业活力
	重构：快消品企业重生之道 杨永华　著	从 7 个角度，帮助企业实现系统性的改造	提供转型思想与方法，值得参考
	公司由小到大要过哪些坎 卢　强　著	老板手里的一张“企业成长路线图”	现在我在哪儿，未来还要走哪些路，都清楚了
	企业二次创业成功路线图 夏惊鸣　著	企业曾经抓住机会成功了，但下一步该怎么办？	企业怎样获得第二次成功，心里有个大框架了
	老板经理人双赢之道 陈　明　著	经理人怎养选平台、怎么开局，老板怎样选/育/用/留	老板生闷气，经理人牢骚大，这次知道该怎么办了

续表

抓方向	**简单思考:AMT 咨询创始人自述** 孔祥云　著	著名咨询公司(AMT)的 CEO 创业历程中点点滴滴的经验与思考	每一位咨询人,每一位创业者和管理经营者,都值得一读
	企业文化的逻辑 王祥伍　黄健江　著	为什么企业绩效如此不同,解开绩效背后的文化密码	少有的深刻,有品质,读起来很流畅
	使命驱动企业成长 高可为　著	钱能让一个人今天努力,使命能让一群人长期努力	对于想做事业的人,'使命'是绕不过去的
思维突破	**盈利原本就这么简单** 高可为　著	从财务的角度揭示企业盈利的秘密	多方面解读商业模式与盈利的关系,通俗易懂,受益匪浅
	经营:打造你的盈利系统 高可为　著	从盈利角度梳理了系统化的经营方式	让企业掌舵者把控经营全局
	创模式:23 个行业创新案例 段传敏　著	23 位行业精英的创新对话	创业者、转型者的实战参考
	企业良性成长:用顶层设计突破瓶颈 刘建兆　著	全方位介绍企业顶层设计的方法和思路	帮助企业用顶层设计突破成长瓶颈
	移动互联新玩法:未来商业的格局和趋势 史贤龙　著	传统商业、电商、移动互联,三个世界并存,这种新格局的玩法一定要懂	看清热点的本质,把握行业先机,一本书搞定移动互联网
	画出公司的互联网进化路线图:用互联网思维重塑产品、客户和价值 李　蓓　著	18 个问题帮助企业一步步梳理出互联网转型思路	思路清晰、案例丰富,非常有启发性
	重生战略:移动互联网和大数据时代的转型法则 沈　拓　著	在移动互联网和大数据时代,传统企业转型如同生命体打算与再造,称之为"重生战略"	帮助企业认清移动互联网环境下的变化和应对之道
	创造增量市场:传统企业互联网转型之道 刘红明　著	传统企业需要用互联网思维去创造增量,而不是用电子商务去转移传统业务的存量	教你怎么在"互联网 +"的海洋中创造实实在在的增量
	7 个转变,让公司 3 年胜出 李　蓓　著	消费者主权时代,企业该怎么办	这就是互联网思维,老板有能这样想,肯定倒不了
	跳出同质思维,从跟随到领先 郭　剑　著	66 个精彩案例剖析,帮助老板突破行业长期思维惯性	做企业竟然有这么多玩法,开眼界
	互联网+"变"与"不变":本土管理实践与创新论坛集萃·2016 本土管理实践与创新论坛　著	加速本土管理思想的孕育诞生,促进本土管理创新成果更好地服务企业、贡献社会	各个作者本年度最新思想,帮助读者拓宽眼界、突破思维
	消费升级:实践　研究(文集) 本土管理实践与创新论坛　著	38 位管理专家及 7 位学者的精华思想,从经营、管理、行业及思想研究四个方面阐述中国企业在消费升级下的实践与研究	思想启发,行业借鉴
财务	**写给企业家的公司与家庭财务规划——从创业成功到富足退休** 周荣辉　著	本书以企业的发展周期为主线,写各阶段企业与企业主家庭的财务规划	为读者处理人生各阶段企业与家庭的财务问题提供建议及方法,让家庭成员真正享受财富带来的益处
	互联网时代的成本观 程　翔　著	本书结合互联网时代提出了成本的多维观,揭示了多维组合成本的互联网精神和大数据特征,论述了其产生背景、实现思路和应用价值	在传统成本观下为盈利的业务,在新环境下也许就成为亏损业务。帮助管理者从新的角度来看待成本,进一步做好精益管理

续表

财务	财报背后的投资机会 蒋　豹　著	以具体的公司案例分析，教你迅速看出财务报表与企业经营的关系、所反映的企业经营现状，从而找到投资机会	前四大会计所员工为读者解密财报，发现投资机会
管理类：效率如何提升，如何实现经营目标，如何“节流”			
	书名．作者	内容/特色	读者价值
通用管理	让管理回归简单·升级版 宋新宇　著	从目标、组织、决策、授权、人才和老板自己层面教你怎样做管理	帮助管理抓住管理的要害，让管理变得简单
	让经营回归简单·升级版 宋新宇　著	从战略、客户、产品、员工、成长、经营者自身等七个方面，归纳总结出简单有效的经营法则	总结出的真正优秀企业的成功之道：简单
	让用人回归简单 宋新宇　著	从用人的原则、用人的难题与误区、用人的方法和用人者的修炼四大方面，总结出适合中小企业做好人才管理工作的法则	帮助管理者抓住用人的要害，让用人变得简单
	历史深处的管理智慧1：组织建设与用人之道 刘文瑞　著	对历史之典故、政事、人事、政制进行管理解析，鉴照企业人才的选用育留	推动理论与实践的对接，实现理性与情感的渗透，用中国话语说明管理智慧
	历史深处的管理智慧2：战略决策与经营运作 刘文瑞　著	对历史之典故、政事、人事、政制进行管理解析，鉴照企业战略设计与经营实践	推动理论与实践的对接，实现理性与情感的渗透，用中国话语说明管理智慧
	历史深处的管理智慧3：领导修炼与文化素养 刘文瑞　著	对历史之典故、政事、人事、政制进行管理解析，鉴照企业领导职业能力提升与文化修养	推动理论与实践的对接，实现理性与情感的渗透，用中国话语说明管理智慧
	管理的尺度 刘文瑞　著	对管理中的种种普遍性问题进行了批评	提高把握管理尺度的能力
	管理学在中国 刘文瑞　著	系统性介绍了管理学在中国的发展和演变	了解管理学在中国的发展脉络，更清晰理解管理学的本质
	看电影，懂管理 刘文瑞　著	16部经典电影，带你感悟管理智慧	能够帮助读者放松身心，驰骋想象，在不知不觉中增长智慧
	管理：以规则驾驭人性 王春强　著	详细解读企业规则的制定方法	从人与人博弈角度提升管理的有效性
	打造集成供应链：走出挂一漏十的改善困境 王春强　著	详解集成供应链全过程	帮助企业优化供应链管理
	用好骨干员工：关键人才培养与激励 王　敏　著	系统化分享关键人才打造与激励方法	企业能实在用人的最大化价值
	改变世界的管理学大师1：管理学的前世今生 刘文瑞　编著	介绍了古典管理学时期的大师事迹和思想	深入了解管理大师们的思想和智慧
	成为企业欢迎的咨询师 张国祥　著	从调研到落地，手把手教你咨询流程	不走弯路，方便直接的学到老咨询师的套路
	员工心理学超级漫画版 邢　雷　著	以漫画的形式深度剖析员工心理	帮助管理者更了解员工，从而更轻松地管理员工
	老板有想法，高层有干法：企业中的将帅之道 王清华　著	深入剖析老板与高管的异同	各司其职，各行其是，相辅相成
	分股合心：股权激励这样做 段磊　周剑　著	通过丰富的案例，详细介绍了股权激励的知识和实行方法	内容丰富全面、易读易懂，了解股权激励，有这一本就够了
	边干边学做老板 黄中强　著	创业20多年的老板，有经验、能写、又愿意分享，这样的书很少	处处共鸣，帮助中小企业老板少走弯路

续表

通用管理	**成为敏感而体贴的公司** 王　涛　著	本书为作者对企业的观察和冥想的随笔记录。从生活中的一个现象入手,进而探索现象背后的本质	从全新角度认识公司
	中国企业的觉醒:正直　善良　成长 王　涛　著	围绕着企业人如何发生转化展开,对中国人、中国文化及由此导致的企业现状的观察和思考	企业除了要利润,还需要道德
	有意识的思考:轻松化解问题的7个思考习惯 王　涛　著	本书是对思想、思考过程、思考方式进行的细致观察	养成好的思考习惯,更深刻地看问题
	中国式阿米巴落地实践之从交付到交易 胡八一　著	本书主要讲述阿米巴经营会计,"从交付到交易",这是成功实施了阿米巴的标志	阿米巴经营会计的工作是有逻辑关联的,一本书就能搞定
	中国式阿米巴落地实践之激活组织 胡八一　著	重点讲解如何科学划分阿米巴单元,阐述划分的实操要领、思路、方法、技术与工具	最大限度减少"推行风险"和"摸索成本",利于公司成功搭建适合自身的个性化阿米巴经营体系
	中国式阿米巴落地实践之持续盈利 胡八一　著	把企业做成平台,企业才能做大(格局);把平台做成阿米巴,企业才能做强(专业);把阿米巴做成合伙制,企业才能做久(机制)	中国式阿米巴落地实践三部曲的最后一部,告诉你企业如何做大做强做久
	集团化企业阿米巴实战案例 初勇钢　著	一家集团化企业阿米巴实施案例	指导集团化企业系统实施阿米巴
	阿米巴经营的中国模式 李志华　著	让员工从"要我干"到"我要干",价值量化出来	阿米巴在企业如何落地,明白思路了
	欧博心法:好管理靠修行 曾　伟　著	用佛家的智慧,深刻剖析管理问题,见解独到	如果真的有'中国式管理',曾老师是其中标志性人物
	领导这样点燃你的下属 孟广桥　著	领导者如何才能让员工积极主动地工作?如何让你的员工和下属保持工作的热情,自动自发?看了这本书就知道	只要你希望手下的"兵将"永远充满工作的斗志,这本书将使你获益良多
流程管理	**1. 用流程解放管理者** **2. 用流程解放管理者2** 张国祥　著	中小企业阅读的流程管理、企业规范化的书	通俗易懂,理论和实践的结合恰到好处
	跟我们学建流程体系 陈立云　著	畅销书《跟我们学做流程管理》系列,更实操,更细致,更深入	更多地分享实践,分享感悟,从实践总结出来的方法论
	人人都要懂流程 金国华　余雅丽　著	当前各企业流程管理方面最为典型的痛点现象及问题案例	通俗易懂,适合企业全员阅读
质量管理	**IATF16949质量管理体系详解与案例文件汇编:TS16949转版IATF16949:2016** 谭洪华　著	针对IATF的新标准做了详细的解说,同时指出了一些推行中容易犯的错误,提供了大量的表单、案例	案例、表单丰富,拿来就用
	五大质量工具详解及运用案例:APQP/FMEA/PPAP/MSA/SPC 谭洪华　著	对制造业必备的五大质量工具中每个文件的制作要求、注意事项、制作流程、成功案例等进行了解读	通俗易懂、简便易行,能真正实现学以致用
	ISO9001:2015新版质量管理体系详解与案例文件汇编 谭洪华　著	紧密围绕2015年新版质量管理体系文件逐条详细解读,并提供可以直接套用的案例工具,易学易上手	企业质量管理认证、内审必备
	ISO14001:2015新版环境管理体系详解与案例文件汇编 谭洪华　著	紧密围绕2015年新版环境管理体系文件逐条详细解读,并提供可以直接套用的案例工具,易学易上手	企业环境管理认证、内审必备

续表

质量管理	**ISO9001:2015 完整文件汇编:制造业** 贺红喜　著	按照ISO9001标准并超出标准的要求,提供了一套完整的制造业的质量管理体系文件	原汁原味完整收入,直接可以拿来就用
	SA8000:2014 社会责任管理体系认证实战 吕　林　著	作者根据自己的操作经验,按认证的流程,以相关案例进行说明SA8000认证体系	简单,实操性强,拿来就能用
	精益质量管理实战工具 贺小林　著	制造类企业日常工作中所需要的精益管理工具的归纳整理,并进行案例操作的细致分析	可以直接参考,实际解决生产中的具体问题
战略落地	**重生——中国企业的战略转型** 施　炜　著	从前瞻和适用的角度,对中国企业战略转型的方向、路径及策略性举措提出了一些概要性的建议和意见	对企业有战略指导意义
	公司大了怎么管:从靠英雄到靠组织 AMT金国华　著	第一次详尽阐释中国快速成长型企业的特点、问题及解决之道	帮助快速成长型企业领导及管理团队理清思路,突破瓶颈
	低效会议怎么改:每年节省一半会议成本的秘密 AMT王玉荣　著	教你如何系统规划公司的各级会议,一本工具书	教会你科学管理会议的办法
	年初订计划,年尾有结果:战略落地七步成诗 AMT郭晓　著	7个步骤教会你怎么让公司制定的战略转变为行动	系统规划,有效指导计划实现
人力资源	**HRBP是这样炼成的之"菜鸟起飞"** 新　海　著	以小说的形式,具体解析HRBP的职责,应该如何操作,如何为业务服务	实践者的经验分享,内容实务具体,形式有趣
	HRBP是这样炼成的之中级修炼 新　海　著	本书以案例故事的方式,介绍了HRBP在实际工作中碰到的问题和挑战	书中的HR解决方案讲究因时因地制宜、简单有效的原则,重在启发读者思路,可供各类企业HRBP借鉴
	HRBP是这样炼成的之高级修炼 新　海　著	以故事的形式,展现了HRBP工作者在职业发展路上的层层深入和递进	为读者提供HRBP在实际工作中遇到种种问题的解决方案
	新任HR高管如何从0到1 黄渊明　著	全景式展现新任高管华丽转身全过程	助力新任高管安全着陆
	HR的劳动法内参 李皓楠　著	100个劳动法案例和分析	轻松掌握劳动法知识,方便运用
	把面试做到极致:首席面试官的人才甄选法 孟广桥　著	作者用自己几十年的人力资源经验总结出的一套实用的确定岗位招聘标准、提升面试官技能素质的简便方法	面试官必备,没有空泛理论,只有巧妙的实操技能
	人力资源体系与e-HR信息化建设 刘书生　陈　莹　王美佳　著	将作者经历的人力资源管理变革、人力资源管理信息化咨询项目方法论、工具和成果全面展现给读者,使大家能够将其快速应用到管理实践中	系统性非常强,没有废话,全部是浓缩的干货
	回归本源看绩效 孙　波　著	让绩效回顾"改进工具"的本源,真正为企业所用	确实是来源于实践的思考,有共鸣
	世界500强资深培训经理人教你做培训管理 陈　锐　著	从7大角度具体细致地讲解了培训管理的核心内容	专业、实用、接地气

续表

人力资源	**曹子祥教你做激励性薪酬设计** 曹子祥　著	以激励性为指导，系统性地介绍了薪酬体系及关键岗位的薪酬设计模式	深入浅出，一本书学会薪酬设计
	曹子祥教你做绩效管理 曹子祥　著	复杂的理论通俗化，专业的知识简单化，企业绩效管理共性问题的解决方案	轻松掌握绩效管理
	把招聘做到极致 远　鸣　著	作为世界500强高级招聘经理，作者数十年招聘经验的总结分享	带来职场思考境界的提升和具体招聘方法的学习
	人才评价中心．超级漫画版 邢　雷　著	专业的主题，漫画的形式，只此一本	没想到一本专业的书，能写成这效果
	走出薪酬管理误区 全怀周　著	剖析薪酬管理的8大误区，真正发挥好枢纽作用	值得企业深读的实用教案
	集团化人力资源管理实践 李小勇　著	对搭建集团化的企业很有帮助，务实，实用	最大的亮点不是理论，而是结合实际的深入剖析
	我的人力资源咨询笔记 张　伟　著	管理咨询师的视角，思考企业的HR管理	通过咨询师的眼睛对比很多企业，有启发
	本土化人力资源管理8大思维 周　剑　著	成熟HR理论，在本土中小企业实践中的探索和思考	对企业的现实困境有真切体会，有启发
企业文化	**36个拿来就用的企业文化建设工具** 海融心胜　主编	数十个工具，为了方便拿来就用，每一个工具都严格按照工具属性、操作方法、案例解读划分，实用、好用	企业文化工作者的案头必备书，方法都在里面，简单易操作
	企业文化建设超级漫画版 邢　雷　著	以漫画的形式系统教你企业文化建设方法	轻松易懂好操作
	华夏基石方法：企业文化落地本土实践 王祥伍　谭俊峰　著	十年积累、原创方法、一线资料，和盘托出	在文化落地方面真正有洞察，有实操价值的书
	企业文化的逻辑 王祥伍　著	为什么企业之间如此不同，解开绩效背后的文化密码	少有的深刻，有品质，读起来很流畅
	企业文化激活沟通 宋杼宸　安　琪　著	透过新任HR总经理的眼睛，揭示出沟通与企业文化的关系	有实际指导作用的文化落地读本
	在组织中绽放自我：从专业化到职业化 朱仁健　王祥伍　著	个人如何融入组织，组织如何助力个人成长	帮助企业员工快速认同并投入到组织中去，为企业发展贡献力量
	企业文化定位·落地一本通 王明胤　著	把高深枯燥的专业理论创建成一套系统化、实操化、简单化的企业文化缔造方法	对企业文化不了解，不会做？有这一本从概念到实操，就够了
生产管理	**精益思维：中国精益如何落地** 刘承元　著	笔者二十余年企业经营和咨询管理的经验总结	中国企业需要灵活运用精益思维，推动经营要素与管理机制的有机结合，推动企业管理向前发展
	300张现场图看懂精益5S管理 乐　涛　编著	5S现场实操详解	案例图解，易懂易学
	高员工流失率下的精益生产 余伟辉　著	中国的精益生产必须面对和解决高员工流失率问题	确实来源于本土的工厂车间，很务实
	车间人员管理那些事儿 岑立聪　著	车间人员管理中处理各种“疑难杂症”的经验和方法	基层车间管理者最闹心、头疼的事，‘打包’解决

续表

生产管理	**1. 欧博心法:好管理靠修行** **2. 欧博心法:好工厂这样管** 曾　伟　著	他是本土最大的制造业管理咨询机构创始人,他从400多个项目、上万家企业实践中锤炼出的欧博心法	中小制造型企业,一定会有很强的共鸣
	欧博工厂案例1:生产计划管控对话录 **欧博工厂案例2:品质技术改善对话录** **欧博工厂案例3:员工执行力提升对话录** 曾　伟　著	最典型的问题、最详尽的解析,工厂管理9大问题27个经典案例	没想到说得这么细,超出想象,案例很典型,照搬都可以了
	工厂管理实战工具 欧博企管　编著	以传统文化为核心的管理工具	适合中国工厂
	苦中得乐:管理者的第一堂必修课 曾　伟　编著	曾伟与师傅大愿法师的对话,佛学与管理实践的碰撞,管理禅的修行之道	用佛学最高智慧看透管理
	比日本工厂更高效1:管理提升无极限 刘承元　著	指出制造型企业管理的六大积弊;颠覆流行的错误认知;掌握精益管理的精髓	每一个企业都有自己不同的问题,管理没有一剑封喉的秘笈,要从现场、现物、现实出发
	比日本工厂更高效2:超强经营力 刘承元　著	企业要获得持续盈利,就要开源和节流,即实现销售最大化,费用最小化	掌握提升工厂效率的全新方法
	比日本工厂更高效3:精益改善力的成功实践 刘承元　著	工厂全面改善系统有其独特的目的取向特征,着眼于企业经营体质(持续竞争力)的建设与提升	用持续改善力来飞速提升工厂的效率,高效率能够带来意想不到的高效益
	3A顾问精益实践1:IE与效率提升 党新民　苏迎斌　蓝旭日　著	系统的阐述了IE技术的来龙去脉以及操作方法	使员工与企业持续获利
	3A顾问精益实践2:JIT与精益改善 肖志军　党新民　著	只在需要的时候,按需要的量,生产所需的产品	提升工厂效率
	化工企业工艺安全管理实操 黄　娜　编著	化工企业工艺安全管理全指导	帮助企业树立安全意识,强化安全管理方法
	手把手教你做专业的生产经理 黄　娜　著	物流、信息流、资金流,让生产经理管理有抓手	从菜鸟到能把控全局
员工素质提升	**TTT培训师精进三部曲(上):深度改善现场培训效果** 廖信琳　著	现场把控不用慌,这里有妙招一用就灵	课程现场无论遇到什么样的情况都能游刃有余
	TTT培训师精进三部曲(中):构建最有价值的课程内容 廖信琳　著	这样做课程内容,学员有收获培训师也有收获	优质的课程内容是树立个人品牌的保证
	TTT培训师精进三部曲(下):职业功力沉淀与修为提升 廖信琳　著	从内而外提升自己,职业的道路一帆风顺	走上职业TTT内训师的康庄大道
	培训师,如何让你的事业长青:自我管理的10项法则 廖信琳　著	建立了一套完整的培训师自我管理体系,为培训师的职业成长与发展提供有益的指引	培训师如何在自己的职业道路上越走越高,事业长青,一直有所收获与成长?本书将给你答案
	管理咨询师的第一本书:百万年薪　千万身价 熊亚柱　著	从问题出发,发现问题、分析问题、解决问题,让两眼一抹黑的新人快速成长	管理咨询师初入职场,让这本书开启百万年薪之路

续表

员工素质提升	**手把手教你做专业督导：专卖店、连锁店** 熊亚柱　著	从督导的职能、作用，在工作中需要的专业技能、方法，都提供了详细的解读和训练办法，同时附有大量的表单工具	无论是店铺需要统一培训，还是个人想成为优秀的督导，有这一本就够了
	跟老板“偷师”学创业 吴江萍　余晓雷　著	边学边干，边观察边成长，你也可以当老板	不同于其他类型的创业书，让你在工作中积累创业经验，一举成功
	销售轨迹：一位快消品营销总监的拼搏之路 秦国伟　著	本书讲述了一个普通销售员打拼成为跨国企业营销总监的真实奋斗历程	激励人心，给广大销售员以力量和鼓舞
	在组织中绽放自我：从专业化到职业化 朱仁健　王祥伍　著	个人如何融入组织，组织如何助力个人成长	帮助企业员工快速认同并投入到组织中去，为企业发展贡献力量
	企业员工弟子规：用心做小事，成就大事业 贾同领　著	从传统文化《弟子规》中学习企业中为人处事的办法，从自身做起	点滴小事，修养自身，从自身的改善得到事业的提升
	手把手教你做顶尖企业内训师：TTT培训师宝典 熊亚柱　著	从课程研发到现场把控、个人提升都有涉及，易读易懂，内容丰富全面	想要做企业内训师的员工有福了，本书教你如何抓住关键，从入门到精通
	28天速成文案高手 秦士　安丽　著	解构优秀品牌和出彩文案背后的逻辑，28天循序渐进成为文案高手	让优质文案变成“智慧工厂”般的工序管理与稳定出品
	让投诉顾客满意离开：客户投诉应对与管理 孟广桥　著	立足于投诉处理的实践，剖析了不同投诉者投诉的特点和应对措施，并提供各种技巧方法、赢得客户信赖所需培养的品质修炼、处理投诉应掌握的法律法规等工具	是投诉处理人员适应岗位职能需要、提升工作技能的良师益友，是企业变诉为金、培养业务骨干的法宝

营销类：把客户需求融入企业各环节，提供“客户认为”有价值的东西

	书名．作者	内容/特色	读者价值
营销模式	**精品营销战略** 杜建君　著	以精品理念为核心的精益战略和营销策略	用精品思维赢得高端市场
	变局下的营销模式升级 程绍珊　叶宁　著	客户驱动模式、技术驱动模式、资源驱动模式	很多行业的营销模式被颠覆，调整的思路有了！
	动销操盘：节奏掌控与社群时代新战法 朱志明　著	在社群时代把握好产品生产销售的节奏，解析动销的症结，寻找动销的规律与方法	都是易读易懂的干货！对动销方法的全面解析和操盘
	弱势品牌如何做营销 李政权　著	中小企业虽有品牌但没名气，营销照样能做的有声有色	没有丰富的实操经验，写不出这么具体、详实的案例和步骤，很有启发
	老板如何管营销 史贤龙　著	高段位营销16招，好学好用	老板能看，营销人也能看
	洞察人性的营销战术：沈坤教你28式 沈坤　著	28个匪夷所思的营销怪招令人拍案叫绝，涉及商业竞争的方方面面，大部分战术可以直接应用到企业营销中	各种谋略得益于作者的横向思维方式，将其操作过的案例结合其中，提供的战术对读者有参考价值
	动销：产品是如何畅销起来的 吴江萍　余晓雷　著	真真切切告诉你，产品究竟怎么才能卖出去	击中痛点，提供方法，你值得拥有
	1000铁杆女粉丝 张兵武　著	连接是女性与生俱来的特质。能善用连接的营销人员，就像拿到打开女性荷包的钥匙	重新认识女性的传播力量
	360°谈营销：一位营销咨询师20年实战洞察 王清华　古怀亮　著	各个角度，全方位，多视点剥营销	思路单一，此书帮你破

续表

营销模式	营销按钮:扣动一触即发的力量 老　苗　著	提供各种奇形怪状的营销武器	一定会带给你不一样的思维震撼
	孙子兵法营销战 刘文新　著	逐句解读孙子兵法,以及在营销方面的感悟	帮助营销人用智慧打营销仗
销售	资深大客户经理:策略准,执行狠 叶敦明　著	从业务开发、发起攻势、关系培育、职业成长四个方面,详述了大客户营销的精髓	满满的全是干货
	大客户销售这样说这样做 陆和平　著	大客户销售十大模块68个典型销售场景应对策略和话术,直接拿来就用	从"为什么要这么干"到"干什么、怎么干"
	成为资深的销售经理:B2B、工业品 陆和平　著	围绕"销售管理的六个关键控制点"一一展开,提供销售管理的专业、高效方法	方法和技术接地气,拿来就用,从销售员成长为经理不再犯难
	销售是门专业活:B2B、工业品 陆和平　著	销售流程就应该跟着客户的采购流程和关注点的变化向前推进,将一个完整的销售过程分成十个阶段,提供具体方法	销售不是请客吃饭拉关系,是个专业的活计! 方法在手,走遍天下不愁
	向高层销售:与决策者有效打交道 贺兵一　著	一套完整有效的销售策略	有工具,有方法,有案例,通俗易懂
	学话术　卖产品 张小虎　著	分析常见的顾客异议,将优秀的话术模块化	让普通导购员也能成为销售精英
组织和团队	升级你的营销组织 程绍珊　吴越舟　著	用"有机性"的营销组织替代"营销能人",营销团队变成"铁营盘"	营销队伍最难管,程老师不愧是营销第1操盘手,步骤方法都很成熟
	用数字解放营销人 黄润霖　著	通过量化帮助营销人员提高工作效率	作者很用心,很好的常备工具书
	成为优秀的快消品区域经理(升级版) 伯建新　著	用"怎么办"分析区域经理的工作关键点,增加30%全新内容,更贴近环境变化	可以作为区域经理的"速成催化器"
	成为资深的销售经理:B2B、工业品 陆和平　著	围绕"销售管理的六个关键控制点"一一展开,提供销售管理的专业、高效方法	方法和技术接地气,拿来就用,从销售员成长为经理不再犯难
	一位销售经理的工作心得 蒋　军　著	一线营销管理人员想提升业绩却无从下手时,可以看看这本书	一线的真实感悟
	快消品营销:一位销售经理的工作心得2 蒋　军　著	快消品、食品饮料营销的经验之谈,重点突出	来源于实战的精华总结
	销售轨迹:一位快消品营销总监的拼搏之路 秦国伟　著	本书讲述了一个普通销售员打拼成为跨国企业营销总监的真实奋斗历程	激励人心,给广大销售员以力量和鼓舞
	用营销计划锁定胜局:用数字解放营销人2 黄润霖　著	全方位教你怎么做好营销计划,好学好用真简单	照搬套用就行,做营销计划再也不头痛
	快消品营销人的第一本书:从入门到精通 刘　雷　伯建新　著	快消行业必读书,从入门到专业	深入细致,易学易懂
产品	产品开发管理方法·流程·工具:从作坊式到规范化 任彭枞　著	产品研发管理体系全指导	既有工具,又能开拓思路
	新产品开发管理,就用IPD(升级版) 郭富才　著	10年IPD研发管理咨询总结,国内首部IPD专业著作	一本书掌握IPD管理精髓

续表

产品	**这样打造大单品：案例 策略 方法** 迪智成咨询团队 著	囊括十三个不同行业、企业的实际案例，从不同角度详细剖析、总结了这些品牌厂家打造大单品的成功经验或者失败教训	厘清大单品打造的策划与路径，得出持续经营的思路与方法
	研发体系改进之道 靖 爽 陈年根 马鸣明 著	提出一套系统性的方法与工具	指引企业少走弯路，提高成功率
	资深项目经理这样做新产品开发管理 秦海林 著	以 IPD 为思想，系统讲解新产品开管理的细节	提供管理思路和实用工具
	产品炼金术Ⅰ：如何打造畅销产品 史贤龙 著	满足不同阶段、不同体量、不同行业企业对产品的完整需求	必须具备的思维和方法，避免在产品问题上走弯路
	产品炼金术Ⅱ：如何用产品驱动企业成长 史贤龙 著	做好产品、关注产品的品质，就是企业成功的第一步	必须具备的思维和方法，避免在产品问题上走弯路
品牌	**中小企业如何建品牌** 梁小平 著	中小企业建品牌的入门读本，通俗、易懂	对建品牌有了一个整体框架
	采纳方法：破解本土营销 8 大难题 朱玉童 编著	全面、系统、案例丰富、图文并茂	希望在品牌营销方面有所突破的人，应该看看
	中国品牌营销十三战法 朱玉童 编著	采纳 20 年来的品牌策划方法，同时配有大量的案例	众包方式写作，丰富案例给人启发，极具价值
	今后这样做品牌：移动互联时代的品牌营销策略 蒋 军 著	与移动互联紧密结合，告诉你老方法还能不能用，新方法怎么用	今后这样做品牌就对了
	中小企业如何打造区域强势品牌 吴 之 著	帮助区域的中小企业打造自身品牌，如何在强壮自身的基础上往外拓展	梳理误区，系统思考品牌问题，切实符合中小区域品牌的自身特点进行阐述
渠道通路	**深度分销：掌控渠道价值链** 施 炜 著	制造商通过掌控渠道价值链，将管理触角延伸至零售层面及顾客现场，对市场根部精耕细作，从而挖掘需求，构筑区域市场尤其是三四级市场的竞争壁垒	深度分销是中国企业对世界营销的独特贡献。实践证明，互联网时代深度分销仍有生命力
	快消品营销与渠道管理 谭长春 著	将快消品标杆企业渠道管理的经验和方法分享出来	可口可乐、华润的一些具体的渠道管理经验，实战
	传统行业如何用网络拿订单 张 进 著	给老板看的第一本网络营销书	适合不懂网络技术的经营决策者看
	采纳方法：化解渠道冲突 朱玉童 编著	系统剖析渠道冲突，21 个渠道冲突案例、情景式讲解，37 篇讲义	系统、全面
	学话术 卖产品 张小虎 著	分析常见的顾客异议，将优秀的话术模块化	让普通导购员也能成为销售精英
	向高层销售：与决策者有效打交道 贺兵一 著	一套完整有效的销售策略	有工具，有方法，有案例，通俗易懂
	通路精耕操作全解：快消品 20 年实战精华 周 俊 陈小龙 著	通路精耕的详细全解，每一步的具体操作方法和表单全部无保留提供	康师傅二十年的经验和精华，实践证明的最有效方法，教你如何主宰通路

管理者读的文史哲·生活

书名．作者		内容/特色	读者价值
思想·文化	**德鲁克管理思想解读** 罗 珉 著	用独特视角和研究方法，对德鲁克的管理理论进行了深度解读与剖析	不仅是摘引和粗浅分析，还是作者多年深入研究的成果，非常可贵
	德鲁克与他的论敌们：马斯洛、戴明、彼得斯 罗 珉 著	几位大师之间的论战和思想碰撞令人受益匪浅	对大师们的观点和著作进行了大量的理论加工，去伪存真、去粗存精，同时有自己独特的体系深度